# ENSEMBLE

## Culture et Société

# ENSEMBLE

## Culture et Société

### An integrated approach to French

**THIRD EDITION**

*Raymond F. Comeau*
Harvard University

*Francine L. Bustin*
Late of Milton Academy

*Normand J. Lamoureux*
College of the Holy Cross

HOLT, RINEHART and WINSTON
*New York    Chicago    San Francisco*
*Philadelphia    Montreal    Toronto    London*
*Sydney    Tokyo    Mexico City    Rio de Janeiro    Madrid*

Acknowledgments for the use of reading selections and illustration credits appear at the end of the book.

**Cover:**

Sonia Delaunay. *Prismes électriques.* 1914. Musée National d'Art Moderne, Paris. Scala/Art Resource, New York.

Drawings by Denis Bustin

**Library of Congress Cataloging-in-Publication Data**

Comeau, Raymond F.
　Ensemble, culture et société.

　English and French.
　1. French language—Readers—France.　2. French language—Text-books for foreign speakers—English.
3. France—Civilization—1945-　　—Addresses, essays, lectures.　I. Bustin, Francine L.　II. Lamoureux, Normand J.　III. Title.　IV. Title: Ensemble.
PC2127.F7C6　1986　　　448.6′421　　　85-24759

ISBN 0-03-003482-5

Address correspondence to:
383 Madison Avenue
New York, NY 10017

6 7 8 9 0　039　9 8 7 6 5 4 3 2

CBS COLLEGE PUBLISHING
Holt, Rinehart and Winston
The Dryden Press
Saunders College Publishing

# *Preface*

*Ensemble* is an integrated approach to the study of French language, literature, and culture. It has been designed as a complete Intermediate French
course, although it may profitably be used in more advanced courses as well.
In concrete terms, *Ensemble* consists of three texts: a review grammar (with
accompanying language laboratory program), a literary reader, and a cultural reader. Although the three texts have been thematically and linguistically
coordinated with one another, each text may be used independently of the
other two.

*Ensemble: Culture et Société* responds to the interest that students have in
the human aspects of a culture of which they have thus far experienced
primarily the language. The material is organized around a number of
themes of permanent relevance (education, the family, politics, communication, the arts, etc.), with an emphasis on issues of current interest in the
French-speaking world (urban renewal, immigrant workers, French-Canadian nationalism, *"nouvelle cuisine,"* etc.). Each of the eleven chapters of the
reader includes the following features:

An introduction giving background information about the issues discussed
in the selections. It is in English in order to offer immediate access to the
subjects at hand and to eliminate unnecessary guesswork and contextual misunderstanding.

The selections have been chosen for their intrinsic cultural value. They
include newspaper or magazine articles, excerpts from essays, literary works,
travel guides, interviews, and cartoons. In order to help students with their
reading, words included in the glossaries at the bottom of the pages are
marked by small circles in the text. Words marked with a superscript[C] are
meant to be looked up in the *Index culturel* at the end of the text.

In a set of preliminary questions called *Intelligence du texte*, students are
checked for their understanding of the selections. Questions should be an-

swered by referring to the texts themselves, which supply key concepts and terminology to be used in subsequent discussions. As students progress in the book and increase their reading ability, questions calling for a broader understanding are gradually introduced into this section.

A basic vocabulary section, *Vocabulaire satellite*, consists of an associative grouping of terms needed for the activities outlined in the following two sections. Students should master this vocabulary before reading the texts.

The *Pratique de la langue* encourages students to express articulate opinions on the topics introduced by the various selections. A large number of role-playing activities are also proposed at this point. Collective writing assignments (signs, slogans, pamphlets) are suggested for the purpose of testing the group's ability to combine writing competence with oral effectiveness.

The *Sujets de discussion ou de composition* are intended to promote a more substantial development of students' ideas in the form of written or oral essays.

In addition to the divisions outlined above, the cultural reader also includes an *Index culturel*, which supplies basic factual information about a number of cultural terms that need to be explained in the context of modern French society. It also contains a French-English vocabulary.

**NOTE TO THE SECOND EDITION**   This second edition of *Culture et Société* naturally involved the necessary updating of facts, figures, and other general information, but it also allowed us to adapt the text to the suggestions of its many users. Following an extensive survey conducted among college and secondary school instructors, we selected new materials while retaining those excerpts whose classroom effectiveness had been overwhelmingly confirmed.

In the sections dealing with youth and women—two areas where attitudes have registered some significant changes—the new selections are designed to present the students with a fresh orientation. The same applies to Chapter 9, *La communication*, which reappraises the place of language in modern France and extends its coverage to the media. In addition, in order to strike a more even balance between social and cultural issues, the section on French politics has been replaced by a new chapter, *Images de la France*, which supplies elements of everyday culture in an attempt to round off our coverage of modern France. Exercises have been systematically revised to multiply the opportunities for student participation. Finally, the range of sources has also been extended to further bring out the variety of styles that can best approximate the diversity of contemporary France, especially in those areas of current concern which *Culture et Société* tries to emphasize.

Commenting on the first edition, one of our reviewers wrote: "Students like it: we are kept up to date with life in France." We hope that our second edition will achieve this goal even more fully.

*F.L.B.*

**NOTE TO THE THIRD EDITION**   This third edition of *Ensemble: Culture et Société* has undergone a major revision in format. In the first two editions each reading was followed only by a series of questions designed to test reading comprehension *(Intelligence du texte)*. Students had to wait until they reached the end of each chapter before they encountered more personalized questions and activities based on the chapter as a whole *(Pratique de la langue)*.

In this edition, however, each reading has become a self-contained unit that goes well beyond the mere testing of comprehension. In precise terms, each reading is now accompanied by its own specialized vocabulary *(Vocabulaire satellite)* and personalized questions and activities *(Pratique de la langue)*, as well as the comprehension questions *(Intelligence du texte)* found in previous editions. We believe that this new format will encourage greater student interaction and communication by motivating students to use actively in class the vocabulary and concepts they have learned in each reading. In order to make room for this additional practice, the grammar exercises that appeared in the first two editions have been dropped from this edition and now appear only in *Ensemble: Grammaire*.

The reading selections have also been substantially revised and updated. Chapter 6, which treated the judicial system in the second edition, now deals with two popular themes, politics and the economy. In addition, a good number of new readings (nearly a third of the readings are new to this edition) have been added to reflect current opinion and thought. We believe that these changes in format and content will make *Ensemble: Culture et Société* an even more effective tool for the teaching of contemporary French culture and language.

*F.L.B.*

**A word about *Ensemble: An Integrated Approach to French***   The three books— the review grammar, the cultural reader, and the literary reader—which comprise the *Ensemble* series are each designed to stand alone; but, more importantly, they fit together to form an "ensemble." The review grammar and the laboratory manual that accompanies it integrate grammar and theme by incorporating thematic vocabulary in examples and exercises. The two readers, in turn, treat the same themes in the literary and cultural readings.

A single program composed of three separate yet integrated texts offers distinct advantages. For one thing, it provides greater opportunity for reading and exercises, thereby allowing for a more comprehensive, mature, and articulate treatment of the subject. In addition, the recurrence of the same thematic vocabulary in all three texts provides continuous vocabulary reinforcement. The unique comprehensive and integrated nature of *Ensemble* will encourage, we believe, more lively and meaningful student participation.

For most intermediate classes it is recommended that instruction begin with a chapter in the grammar and proceed to the same chapter in either of the readers. Instructors may wish to vary the reading selections within a given chapter by alternating between the literary and the cultural reader. An instructor teaching an advanced course may wish to assign the grammar as outside work and spend class time with readings and oral reports. Since the three texts are thematically coordinated, a lesson may even begin with the readings and end with a rapid grammar review.

## Acknowledgments

We are grateful to the following reviewers, whose comments and suggestions helped shape this edition of *Ensemble: Culture et Société*: Dorothy Betz, Georgetown University; Karin Breedlove, University of Southern California; Jack D. Brown, University of Mississippi; Stanley Shinall, University of Illinois, Urbana.

We wish to express our appreciation to the staff of Holt, Rinehart and Winston, particularly to Nedah Abbott, our publisher, for her ready availability and gentle prodding, and to Pamela Forcey, our project editor, for her careful attention to detail. We wish to acknowledge, too, the excellent suggestions and constant encouragement of our copy editor, Clifford Browder, who always returned a much better draft than he received. Our wives, Jean Comeau and Priscilla Lamoureux, deserve special praise for their unfailing moral support and in Priscilla's case for her excellent work in typing the manuscripts.

Finally, we dedicate this third edition to our beloved colleague Francine Bustin, who died as the project was nearing completion, and to her devoted husband Edouard, who took it upon himself to complete the work in her memory.

*R.F.C*
*N.J.L.*

# Contents

# ENSEMBLE

## Culture et Société

# Vie sociale

# Les jeunes

## Les jeunes et l'amour

Popularized by the singer and screen actor Yves Montand, this short poetic
song written by Pierre Barouh, with music by Francis Lai, captures the freshness
of adolescent love and the charm of summer days in the French countryside.

### La bicyclette

Quand on partait de bon matin
Quand on partait par les chemins°
À bicyclette
Nous étions quelques bons copains°
5 Y avait° Fernand, y avait Firmin
Y avait Francis et Sébastien
Et puis Paulette...
Nous étions tous amoureux d'elle
On se sentait pousser des ailes°

**le chemin** *small road;* **chemin de terre** *dirt road*  /  **le copain** = l'ami  /  **y avait** = il y avait  /
**on se sentait pousser des ailes** *we felt as though we were growing wings*

10 À bicyclette
   Sur les petits chemins de terre
   On a souvent vécu l'enfer°
   Pour ne pas mettre pied à terre°
   Devant Paulette.

15 Faut dire° qu'elle y mettait du cœur°
   C'était la fille du facteur°
   À bicyclette
   Et depuis qu'elle avait huit ans
   Elle avait fait en le suivant
20 Tous les chemins environnants°
   À bicyclette
   Quand on approchait la rivière
   On déposait dans les fougères°
   Nos bicyclettes
25 Puis on se roulait dans les champs
   Faisant naître° un bouquet changeant
   De sauterelles,° de papillons°
   Et de rainettes°...

   Quand le soleil à l'horizon
30 Profilait sur tous les buissons°

---

**vivre l'enfer** *to go through hell, to suffer*  /  **mettre pied à terre** *to get off one's bike*  /  **faut dire** = il faut dire  /  **elle y mettait du cœur** *she put her heart into it*  /  **le facteur** *mailman*  /  **environnant** *surrounding*  /  **la fougère** *fern*  /  **faisant naître** *creating*  /  **la sauterelle** *cricket*  /  **le papillon** *butterfly*  /  **la rainette** *small green frog*  /  **le buisson** *bush*

Nos silhouettes
On revenait fourbus°, contents
Le cœur un peu vague° pourtant
De ne pas être seul un instant
35 Avec Paulette
Prendre furtivement sa main
Oublier un peu les copains
La bicyclette...
On se disait, c'est pour demain
40 J'oserai,° j'oserai demain
Quand on ira par les chemins
À bicyclette...

Paroles de Pierre Barouh, musique de Francis Lai,
chanté par Yves Montand

## INTELLIGENCE DU TEXTE

1. Qui sont Fernand, Firmin, Francis et Sébastien, et que font-ils?
2. Quels sont les sentiments de tous les copains pour Paulette?
3. Dans le groupe, les garçons sont-ils les meilleurs cyclistes? Pourquoi Paulette est-elle si bonne cycliste?
4. Quelles images de joie simple dans la nature évoque ce poème?
5. Pourquoi les garçons ont-ils le cœur un peu vague?
6. Qu'est-ce qu'ils pensent qu'ils vont oser faire demain?

## *Vocabulaire satellite*

| | |
|---|---|
| faire du sport | *to engage in sports* |
| faire de la bicyclette (de la voile, du ski, du tennis, du jogging) | *to cycle, (to sail, to ski, to play tennis, to jog)* |
| jouer au football, au tennis, au basket | *to play soccer, tennis, basketball* |
| nager | *to swim* |
| courir | *to run* |
| faire des promenades (à pied, à bicyclette) | *to take walks, bicycle rides* |
| être amoureux (-euse) de | *to be in love with* |

*Il faut avoir confiance en soi.*

**fourbu** = très fatigué  /  **le cœur un peu vague** *a little heartsick*  /  **oser** *to dare*

| | |
|---|---|
| sortir avec (un garçon, une fille) | *to go out with, to date (a boy, a girl)* |
| être timide | *to be shy* |
| avoir confiance en soi | *to be self-confident* |
| embrasser | *to kiss* |
| se marier | *to get married* |

## PRATIQUE DE LA LANGUE

1. Pendant les vacances, que faites-vous avec vos copains (vos copines)?
2. Quels sports faites-vous régulièrement? Demandez aux autres étudiants quels sports ils préfèrent et dressez une liste des sports les plus populaires.
3. Que pensez-vous des copains de Paulette? Osez-vous toujours parler aux filles (aux garçons)? Pourquoi pas?
4. Votre copain est amoureux mais il n'ose rien dire ni rien faire. Quelles suggestions lui faites-vous?
5. Sortez-vous avec un(e) petit(e) ami(e) ou avec des copains (copines)? Combien de fois par semaine? Quels jours? Que faites-vous?
6. Beaucoup de jeunes Français ne veulent pas se marier; ils préfèrent vivre ensemble. Qu'en pensez-vous? À quel âge est-il bon de se marier?

# Les jeunes et l'école

The French school system, which is nationally administered, greatly affects the lives of all young persons, whether they successfully negotiate the system's challenges or have their career options drastically curtailed by it. All students leaving elementary school are admitted to a *collège d'enseignement secondaire* (C.E.S.), which corresponds roughly to the American junior high school. At the end of the *troisième* (ninth grade), students go on either to a *lycée technique* or to the more traditional *lycée*. At the *lycée*, after one year of general studies they must choose between specialized tracks in the humanities (A), economics (B), mathematics and science (S), computer science (H), or other technical specialties (E, F, G). The "S" section later offers an even more specific orientation toward mathematics and physics or the natural sciences during the last year of the *lycée*. These various tracks, each of which includes French and foreign languages, are pursued through the *première* and *terminale* (eleventh and twelfth grade), which prepare the students for a nationally administered exam in their chosen field. Comprehensive and demanding, the *baccalauréat* (familiarly, the *bac* or *bachot*) tests the students' general as well as specialized knowledge. The *bac* is a crucial hurdle, for only those who pass it (65 percent) can go on to the university or enter the preparatory classes leading to the *grandes écoles*.[c1]

Following a series of reforms designed to give the system greater flexibility and so increase the student population, French secondary education, while remaining more rigorously structured than its American counterpart, has gradually relaxed its extreme selectivity—a development that many middle-class parents view with alarm. Competitiveness among the students has now taken another turn: in recent years, the shift from the *bac A*, oriented toward the liberal arts, to the more exacting *bac C* reflects the students' desire for a diploma opening the way to the more prestigious schools and careers. Also indicative is the proliferation of private schools (93 percent of them Catholic and almost entirely subsidized by the government), that, once seen as marginal, now constitute a solid alternative.

*La condition de l'enseignement secondaire est aujourd'hui un sérieux sujet de préoccupations. Les livres, la presse, la télévision en parlent. Voici quelques faits et opinions qui mettent en évidence les problèmes majeurs.*

# L'enseignement secondaire

*Le baccalauréat, clé de votre avenir (annonce publicitaire de l'École Universitaire)*

Que veut-on faire du bachot? Si c'est un examen d'enseignement° supérieur, alors il faut évidemment qu'il constitue une sélection. Je n'ai pas peur du mot.

Georges Pompidou, ancien président de la République

5  De 1958 à 1983 le nombre des élèves peuplant° les lycées publics (second cycle de l'enseignement secondaire) a bondi° d'environ huit cent mille à près de deux millions, cependant que les bacheliers,° qui ne représentaient que 3% d'une classe d'âge en 1939, passaient à 6% en 1953, 12% en 1963 et 27% en 1983 (dont° 10% pour les baccalauréats techniques). C'est encore peu au
10 regard du° Japon et des États-Unis; et si l'on veut, comme Alain Savary,°

**l'enseignement** (m) *education, teaching*  /  **peupler** *here: to attend*  /  **bondir** *to leap, to jump*  /
**le bachelier, la bachelière** *secondary school graduate who has passed the bac*  /  **dont** *including*  /
**au regard de** = en comparaison avec  /  **Alain Savary** *Minister of Education during the first years of the Mitterrand administration*

[1] Words marked with a [c] are explained in the *Index culturel* at the back of the book.

accroître° le nombre des étudiants, il faudra commencer par réduire° le
nombre des échecs° au bac.

«Lycée : le diagnostic du Docteur Prost», *L'Express*, 3 février 1984


*Le point de vue d'un professeur:*

15      De plus en plus, on doit prendre en charge des élèves dont le niveau° est
faible et le manque de motivation pour les études si évident qu'on se demande comment on peut leur être utile : instabilité, passivité, inaptitude à
l'effort, pauvreté et confusion de la pensée, surtout à l'écrit,° vocabulaire
approximatif,° ignorance des règles de la grammaire et de l'orthographe°
20   deviennent des choses courantes auxquelles on nous demande de nous
adapter. Si les élèves ne veulent plus ou ne peuvent plus fournir° l'effort
intellectuel, il faut trouver les moyens° de les intéresser autrement: organiser
des débats, regarder des films, faire des sorties,° animer des clubs... se dis-
perser dans de multiples activités para-scolaires° dont il ne restera pas grand-
25   chose° dans l'esprit des jeunes. J'ai l'impression que, mis à part quelques îlots
privilégiés,° les lycées sont en train de se transformer en garderies° où l'on
ne vient plus pour apprendre mais pour passer le temps entre copains.

Maurice T. Maschino, *Voulez-vous vraiment des enfants idiots?*
Paris: Hachette, 1984


*Le point de vue des élèves:*

30      Il y a trop de matières° et l'on touche à tout sans rien traiter sérieusement.
La sélection se fait encore et toujours sur les maths ou le français. Ah! les
maths! Ah! la section C! «Le lycée est le meilleur endroit pour apprendre.
Malheureusement, même si on est attiré° par les lettres,° le système vous
embarque contre votre gré° vers les matières scientifiques», dit Sylvie, étu-
35   diante en terminale au Lycée Rodin. «J'étais d'un niveau moyen° en maths
mais bonne en français; on m'a mise en C. Résultat : j'ai raté° le bac et je
recommence en A».

«Les lycéens : une furieuse envie de changement», *L'Étudiant*,
février 1983


40   Il ne fait guère de doute en ce moment que le choix de ceux qui envisagent
de quitter l'école et de commencer à gagner leur vie° est fortement guidé par

---

**accroître** = augmenter  /  **réduire** = diminuer  /  **l'échec (m)** *failure*  /  **le niveau** *level (of*
*performance)*  /  **à l'écrit** *in written tests or papers*  /  **approximatif** = imprécis  /
**l'orthographe** (f) *spelling*  /  **fournir** = faire  /  **le moyen** *means*  /  **la sortie** *(class) outing,*
*trip*  /  **para-scolaire** *pseudo-educational*  /  **pas grand-chose** = pas beaucoup  /  **mis à part**
**quelques îlots privilégiés** *apart from some small privileged islands*  /  **la garderie** *day-care center*  /
**la matière** *subject matter, content (of a course)*  /  **attiré** *attracted*  /  **les lettres** (f) *literature,*
*letters*  /  **vous embarque contre votre gré** *pushes you against your will*  /  **moyen** *average*  /
**rater** *to fail, to flunk*  /  **gagner sa vie** *to earn a living*

des conditions dont ils ne sont pas maîtres. Le chômage,° l'idée qu'il faut chercher le plus tôt possible un emploi° au mépris des formations supé-rieures° guident le choix de certains bacheliers.

45
«Que faire après le bac?», L'Étudiant, février 1983

### INTELLIGENCE DU TEXTE

1. Vrai ou faux?
   a. Le bac représente une série d'examens difficiles.
   b. 95 pour cent des lycéens qui présentent le bac deviennent bacheliers.
   c. Le bachot n'est pas utile pour l'avenir.
   d. La population des lycées est restée stable durant les trente dernières années.
   e. Il y avait presque cinq fois plus de bacheliers en 1983 qu'en 1953.
   f. Le pourcentage d'étudiants qui terminent le secondaire est plus élevé en France qu'aux États-Unis.
   g. Georges Pompidou et Alain Savary avaient la même conception du bac.
2. Pourquoi le professeur pense-t-il qu'il ne peut pas être utile à certains élèves?
3. Résumez *(summarize)* le point de vue pessimiste du professeur sur les lycées.
4. Qu'est-ce que les étudiants pensent des matières et de la sélection?
5. Quelle est la section la plus désirable dans la dernière année du lycée?
6. Pourquoi certains jeunes ne continuent-ils pas leurs études après le bac? De quoi ont-ils peur?

## *L'enseignement supérieur*

Many aspects of the French postsecondary school system may puzzle Americans. The system is almost entirely state-run, state-supported, and practically free, yet it is by no means open to everyone. After the *bac* a student may choose to attend (subject to residence requirements) one of the seventy universities where courses offered by the *facultés* (schools or departments) are not general but specialized, leading to a specific degree and career. Enjoying even greater status are the *grandes écoles.*° These schools, however, take only a limited number of students, whom they recruit on the basis of a highly selective entrance examination *(le concours)* for which a long and arduous preparation is necessary. Some *lycées* offer such candidates special advanced classes. Enrolled for two years in these *classes préparatoires,* the college-age students *(préparationnaires)* cram to meet the demands of the particular type

---

**le chômage** *unemployment*  /  **l'emploi** (m) *job*  /  **au mépris des formations supérieures** *at the cost of forgoing higher education*

of *grande école* they want to enter. Some of the most prestigious of these schools, such as *l'École Polytechnique, l'École des Arts et Métiers,* and *l'École Normale Supérieure,* date back to Napoleon. Others such as E.N.A. *(École Nationale d'Administration)* or ESSEC and H.E.C. (business schools) are more recent, but all guarantee their graduates interesting and well-paid careers.

*Des étudiants de ces «prépas» (classes préparatoires) parlent ici des problèmes qu'ils rencontrent pendant ces années difficiles, mais aussi de leurs motivations.*

# L'angoisse° des «prépas»

«Pourquoi est-ce que je suis là? Parce que je n'ai pas envie de bouffer° des pâtes° à la fin du mois quand je serai dans la vie active°». C'est un argument solide. Dans la cour° du Lycée Saint-Louis, qui n'accueille que° des «préparationnaires», Jean-François se tourne vers ses copains. Ils sont quatre,
5 élèves de «math sup».° Tous avaient passé de bons bacs, C selon l'usage, et ils ne sont pas plus boutonneux que la moyenne.°

«La première semaine, c'était vraiment dur. J'essayais de me raccrocher aux° autres mais on était tous au même point. À la fin du premier week-end, quand je suis rentré chez moi, j'ai failli° ne pas revenir». Et puis Stéphane a
10 pris le rythme° du boulot° (trente heures de cours, quinze heures de travail personnel par semaine), de l'internat° avec ses petites cellules° tristes, de la camaraderie très «sport» qui résiste aux classements affichés° après chaque interro° écrite. Un rythme qui ne permet pas les amourettes° et les envies° de cinéma, et Stéphane conclut : «Il faut partir° du principe qu'on n'est pas
15 là pour se faire plaisir».°

Un «taupin»° a 80% de chance d'entrer dans une école d'ingénieurs dont il sortira, dans 90% des cas, avec un diplôme en poche, une dizaine de propositions de travail et un haut salaire. «Il faut bosser° là où ça rapporte,° avant les interros. Après l'école, tu commences à vivre». Tant de renonce-

---

**l'angoisse** (f) *anxiety*  /  **bouffer** (fam.) = manger les pâtes: *pasta*  /  **la vie active** *real world*  /  **la cour** *yard*  /  **n'accueille que** = reçoit seulement  /  **math sup** = mathématiques supérieures  /  **pas plus boutonneux que la moyenne** *with no more pimples than average*  /  **se raccrocher à** *to hang on to*  /  **j'ai failli** *I almost did*  /  **a pris le rythme** *got into the routine*  /  **le boulot** (fam.) = le travail  /  **l'internat** (m) *residence hall, dorm (in a boarding school)*  /  **la cellule** *cell*  /  **les classements affichés** *posting of grades by order of rank*  /  **l'interro** (f) = interrogation, test  /  **les amourettes** (f) *romantic entanglements, flirtations*  /  **les envies** (f) = les désirs  /  **il faut partir** *one must start*  /  **se faire plaisir** = s'amuser  /  **le taupin** = dans l'argot des lycées : l'étudiant de math sup (la taupe : *mole*)  /  **bosser** (argot) = travailler dur  /  **où ça rapporte** *where it pays (counts)*

20 ments pour décrocher,° les yeux cernés,° une place° de cadre moyen ou supérieur!°

D'autres témoignages°:

Véronique prépare pour le concours d'une Grande École de Commerce :
«Je suis ici avant tout pour l'intérêt des études. Même si je ne décroche pas
25 H.E.C.,° je ne regretterai rien. Je suis toujours aussi nulle° en math, mais
maintenant je peux lire *Le Monde*° et comprendre ce qui se passe».

Laurent lui aussi apprécie la valeur des études qu'il reçoit. Il prépare l'entrée dans une École Normale Supérieure.° «Ici, c'est la vraie interdisciplina-
rité. On fait sérieusement de tout. Même si on ne réussit pas à intégrer Fon-
30 tenay ou Saint-Cloud,° on aura acquis une culture générale et des méthodes
de travail qui nous seront utiles partout....» On n'est pas des bûcheurs,° plutôt des lutteurs.° Il faut lutter° contre la politique de découragement que
pratiquent certains profs. Par exemple : le premier jour un prof est arrivé :
«Vous êtes 70 aujourd'hui, vous serez 50 à Noël et 25 passeront à la fin de
35 l'année».

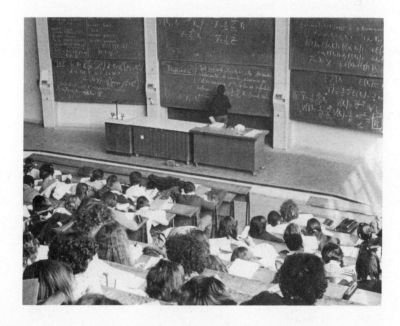

**décrocher** = obtenir / **les yeux cernés** *with rings under one's eyes* / **une place** = un
emploi / **le cadre moyen ou supérieur** *middle- or top-level executive* / **le témoignage**
*testimony, evidence* / **H.E.C.** = Haute École de Commerce (*France's top business school*) /
**nulle** *worthless* / **Le Monde** *the most highbrow of French daily newspapers* / **École Normale
Supérieure** = Grande École *where the students specialize in literature, language, and philosophy* /
**intégrer Fontenay ou Saint-Cloud** *to enter Fontenay or Saint-Cloud (two of the* Écoles Normales
Supérieures*) / **le bûcheur** (*argot*) *grind, hard-working student* / **le lutteur** *fighter* / **lutter** *to
struggle*

Qu'est-ce qui motive ces étudiants? Un professeur de Saint-Louis con-clut : «C'est plutôt contre eux-mêmes qu'ils se battent,° contre la peur de l'échec, la peur de décevoir° leurs parents et, surtout, de ne pas être à la hauteur de° l'image qu'ils ont d'eux-mêmes».

Odile Cuaz, *Le Nouvel Observateur*, 20 janvier 1984

## INTELLIGENCE DU TEXTE

1. «Bouffer des pâtes» veut dire ici : (a) avoir un bon métier? (b) gagner peu d'argent? (c) être au chômage?
2. Qu'est-ce qui vous paraît particulièrement dur dans ce système d'études : le boulot, l'internat, les classements affichés, les interros, l'absence de vie so-ciale? Expliquez.
3. Quelles sont les chances du «taupin» quand il a fini ses études? Citez deux carrières possibles.
4. Est-ce qu'il y a d'autres arguments que des arguments pratiques ou écono-miques qui motivent ces étudiants?
5. Avez-vous rencontré des professeurs qui découragent les étudiants? Si oui, racontez.
6. Êtes-vous un bûcheur, une bûcheuse, un lutteur, une lutteuse? Qu'est-ce qui vous motive dans votre travail?

## *Vocabulaire satellite*

| | |
|---|---|
| les **jeunes** | *young people* |
| les **jeunes gens** (m) | *young people, or: young men (when contras-ted with* **jeunes filles**) |
| les **jeunes filles** | *young women* |
| l' **université** (f) | *university, college* |
| le **collège** | *name used for certain types of secondary schools* |
| **apprendre** | *to learn* |
| **suivre des cours** | *to attend classes, to take courses* |
| **faire des études** | *to study, to get an edu-cation* |
| le **cours** | *class, course* |
| la **matière** | *subject matter, content (of a course)* |
| **bosser** | *to work hard, to cram* |

*Il a décroché un bon diplôme.*

**se battre** *to fight* / **décevoir** = désappointer / **être à la hauteur de** *to be equal to, to measure up against*

| | | | | |
|---|---|---|---|---|
| sécher un cours | to cut a class | | penser à l'avenir | to think of the future |
| s' amuser | to enjoy oneself, to have fun | | gagner de l'argent | to earn money |
| | | | être au chômage, | to be unemployed |
| s' ennuyer | to be bored | | être chômeur, | |
| être stimulé | to be stimulated | | (chômeuse) | |
| manquer d'intérêt | to be lacking in interest | | décrocher un di- | to get a diploma |
| se spécialiser | to specialize | | plôme | |
| choisir une car- rière | to choose a career | | | |

## PRATIQUE DE LA LANGUE

1.  À débattre : le système français d'enseignement est plus difficile que le système américain.
2.  Est-ce que les étudiants français doivent choisir leur carrière plus tôt ou plus tard que les étudiants américains? Pourquoi?
3.  Si vous n'avez pas une idée précise de votre future carrière, pourquoi allez-vous à l'université? Posez la même question aux autres étudiant(e)s et dressez une liste des raisons citées le plus fréquemment.
4.  Improvisez les dialogues suivants :
    a.  Un(e) étudiant(e) en lettres et un(e) taupin(e) parlent de leurs perspectives d'avenir.
    b.  Un professeur exigeant donne des conseils à un(e) étudiant(e) qui ne travaille pas assez et lui demande de s'expliquer.
    c.  Deux professeurs de lycée se plaignent de leurs étudiant(e)s.
5.  Séchez-vous quelquefois un cours? Pourquoi?
6.  Demandez à vos camarades de classe ce qu'ils (elles) aimeraient faire après leurs études universitaires (poursuivre leurs études, travailler, voyager, etc.), puis dressez une liste des choix les plus populaires.
7.  Préparez et présentez en classe une discussion entre deux étudiant(e)s : un bûcheur (une bûcheuse) et un cancre *(dunce)*. Chacun(e) critique le comportement *(behavior)* de l'autre et offre les raisons ou les avantages de sa propre attitude. Les autres membres de la classe poseront des questions et expliqueront pourquoi ils préfèrent l'un(e) à l'autre.

# *Vie sociale et culturelle des étudiants*

Dans la vie sociale des étudiants français le café joue un rôle important. Le temps important que tant d'étudiants passent au café peut apparaître comme une «perte° de temps». Il répond, à vrai dire, en grande partie, à tout un ensemble de° besoins que l'étudiant cherche à satisfaire, en dehors du° temps
5 consacré au travail. Aller au café, ce n'est pas uniquement chercher un re-

la perte *waste* / un ensemble de *a number of* / en dehors de *outside*

fuge entre deux cours quand la bibliothèque est pleine, ou éviter° un dépla-
cement° lorsqu'on habite une chambre éloignée° de la Faculté, ou trop
exiguë,° ou mal chauffée,° ou encore coûteuse à chauffer. Il semble que le
café réponde avant tout à un besoin de contacts que les structures universi-
10  taires n'ont pas satisfait jusqu'à maintenant. Le café est bien souvent le seul
lieu où fuir la solitude, où nouer des connaissances° et se faire des amis.

*Des étudiants, habitués° du Quartier latin, expriment leurs opinions sur
le rôle du café dans la vie de l'étudiant :*

«S'il n'y avait pas de café, on se sentirait lâché dans la nature».° «On se
15  sent moins seul. La chaleur humaine fait du bien. C'est gai, on oublie ses
idées noires», vous diront les habitués du Quartier latin.
Les plus esseulés° vont toujours au même café. Ils s'y sentent un peu chez
eux, ils prennent plaisir à retrouver les mêmes habitués, à être traités amicalement par les garçons. À l'âge où les relations amicales ou amoureuses
20  commencent à prendre plus d'importance que les relations familiales, les étudiants apprécient tout ce que peut leur apporter l'ambiance° d'un café fami-
lier. «L'amitié, la camaraderie, ne peuvent pas se trouver dans la famille. Au
café, on n'est pas forcé de répondre à tous les appels. Ça détend,° on est
entre jeunes, c'est mieux que d'être en famille».

---

**éviter** *avoid*  /  **le déplacement** *trip*  /  **éloigné** *far*  /  **exigu** = très petit  /  **chauffé**
*heated*  /  **nouer des connaissances** = faire des connaissances  /  **l' habitué(e)** *regular visitor or*
*customer*  /  **lâché dans la nature** = tout à fait désorienté  /  **esseulé** = solitaire  /  **tout ce**
**que peut leur apporter l'ambiance** = tout ce que l'ambiance peut leur apporter  /  **détendre**
*to relax*

25    Au café, l'étudiant devient un être sociable. Il goûte l'imprévu des rencontres,° qu'elles soient° de peu d'importance ou marquantes.°

    Il se sent disponible,° détaché de toute contrainte. Le fait d'inviter des
amis chez soi suppose une sélection, alors qu'°au café on ne se sent pas engagé vis-à-vis de ceux que l'on y fréquente. C'est souvent là que se racontent
30  le film à voir,° le livre à lire, le disque à acheter. C'est aussi l'endroit où
rencontrer des gens qui peuvent vous indiquer du travail, une chambre à
louer, bref, c'est sortir du monde clos des cafétérias de Facultés° ou de Résidences.°

    Au cours d'une enquête° sur les loisirs° faite par la Mutuelle des Étu-
35  diants,° un garçon déclarait : «On acquiert au café une culture générale, bien
mieux qu'à la Faculté, parce qu'on y rencontre des non-étudiants. On écoute
les conversations des voisins, on regarde vivre les autres. C'est le lieu où se
forme l'intelligence de la vie, pas seulement la connaissance : on se dépola-
rise°».

40    Quels autres délassements° occupent une place dans les loisirs des étudiants?

    La lecture occupe la place prépondérante dans le temps des loisirs, parce
qu'il est facile d'arrêter de travailler pour prendre un livre, et que la lecture
est une détente° pour l'esprit en même temps qu'un enrichissement. Les trois
45  quarts des étudiants interrogés lisent en moyenne° un roman par mois (dont
un quart sont des romans policiers) et régulièrement de la poésie alors que
les poètes sont souvent délaissés° par les lecteurs plus âgés, malgré les efforts
faits pour publier de la poésie en livre de poche.

    Dans la très grande variété de revues° et d'hebdomadaires° politiques,
50  techniques, littéraires, de mode,° lus par les étudiants, les noms de *L'Express*°
et du *Nouvel Observateur*° sont cités les premiers. Mais on continue de lire
*Spirou, Pilote, Tintin* et *Astérix.*°

    Dans le seul domaine de l'information, un sondage° fait à l'E.S.S.E.C.°
révèle que 65% des étudiants de l'École écoutent la radio tous les jours,
55  9,25% regardent la télévision. Les autres (23,2%) préfèrent lire le journal en
écoutant des disques. Toujours dans cette même École, 59% lisent un quo-
tidien° tous les jours, 22% deux à trois fois par semaine, 15% une fois par
semaine.

    La lecture est suivie d'assez loin par le cinéma. C'est, avec le café, l'endroit
60  favori des étudiants dans la journée, entre deux cours. On peut y entrer à

---

**l' imprévu** (m) **des rencontres** *chance encounters* / **qu'elles soient** *whether they be* / **marquant**
*meaningful, noteworthy* / **disponible** *available, free* / **alors que** *whereas* / **que se racontent**
**le film à voir...** = que le film à voir... se racontent / **la Résidence** *student housing, dormitory* /
**l'enquête** (f) *survey* / **le loisir** *leisure time* / **la Mutuelle des Étudiants** *a social service agency
run by the students themselves* / **se dépolariser** = ouvrir l'esprit / **le délassement** = le passe-
temps / **la détente** *relaxation* / **en moyenne** *on an average* / **délaisser** = abandonner /
**la revue** *magazine* / **l'hebdomadaire** (m) *weekly (newspaper or magazine)* / **la mode** *fashion* /
**L'Express, le Nouvel Observateur** *news magazines* / **Spirou, Pilote, Tintin et Astérix** *popular comic
books (see Chapter 9)* / **le sondage** *public opinion poll* / **l' E.S.S.E.C.** = l'École des Sciences
Sociales et Économiques / **le quotidien** *daily newspaper*

tout moment de midi à minuit et la distraction est peu coûteuse. Le théâtre attire moins d'étudiants : 30% ont déclaré y aller entre 15 et 30 fois par an. Quant aux concerts : 40% y vont mais de 1 à 5 fois par an.

Catherine Vallabrègue, *La Condition étudiante*

## INTELLIGENCE DU TEXTE

1. Les étudiants ont-ils l'impression qu'ils perdent leur temps au café? À quels besoins répond le café dans la vie des étudiants français?
2. Par quels mots ou expressions s'exprime l'enthousiasme des habitués des cafés du Quartier latin?
3. Citez trois raisons pour lesquelles l'étudiant «esseulé» va toujours au même café.
4. Pourquoi est-ce qu'on se détend au café? De quoi parle-t-on? Pensez-vous qu'on peut acquérir une culture générale au café? Comment?
5. Qu'est-ce qui occupe la place la plus importante dans les loisirs des étudiants? Pourquoi?
6. Que lisent les étudiants français? Quelles sont leurs bandes dessinées *(comic strips)* favorites? En connaissez-vous vous-même?
7. En dehors du café, quel est l'endroit préféré par les étudiants? Pourquoi?
8. Les étudiants français vont-ils plus souvent au théâtre et au concert que les étudiants américains?
9. Est-ce que les étudiant(e)s américain(e)s passent autant de temps au café que les étudiant(e)s français(es)? Si non, où et comment se détendent les étudiant(e)s américain(e)s? Qu'est-ce que ces différences peuvent révéler, à votre avis, sur la façon de vivre dans les deux pays?

## *Vocabulaire satellite*

| | |
|---|---|
| la **distraction** | *entertainment, amusement* |
| se **distraire** | *to amuse oneself* |
| la **détente** | *relaxation* |
| se **détendre** | *to relax, to seek relaxation* |
| **passer du temps** | *to spend time* |
| **perdre du temps** | *to waste time* |
| se **cultiver** | *to acquire some culture* |
| **rencontrer** | *to meet* |
| **nouer des contacts (des amitiés)** | *to strike up acquaintances (friendships)* |
| **prendre un verre** | *to have a drink* |
| **aller danser** | *to go dancing* |
| **aller au musée** | *to go to the museum* |
| la **culture générale** | *general education, liberal arts background* |

*On va prendre un verre?*

| | |
|---|---|
| la **lecture** | *reading* |
|    **écouter une confé-** | *to hear a lecture* |
|      **rence** | |
| **regarder la** | *to watch TV* |
|    **télé(vision)** | |

## PRATIQUE DE LA LANGUE

1. Improvisez les rôles suivants :
   a. Un père reproche à son fils de passer trop de temps au café. Que répond le fils?
   b. Une jeune fille ne veut pas sortir le samedi soir. Un copain et une copine
   veulent la convaincre d'aller avec eux en ville.
   c. Un(e) étudiant(e) passe tout son temps au café ou à regarder la télévision. Son ami(e) veut le (la) persuader d'avoir des distractions plus
   intéressantes. Que lui dit-il (elle)?
2. Quelles sont vos distractions favorites?
3. Quand sentez-vous le besoin de vous détendre et que faites-vous dans ce
   cas?
4. Que faites-vous pour vous cultiver?

## SUJETS DE DISCUSSION OU DE COMPOSITION

1. Faut-il toujours encourager les étudiants? Est-il parfois plus utile de les décourager? Dans quelles circonstances?
2. Imaginez que vous écrivez une lettre à un(e) étudiant(e) français(e). Ra-
   contez-lui votre vie d'étudiant en la comparant un peu avec la sienne.
3. Est-ce que les étudiant(e)s mènent *(lead)* une existence privilégiée, à votre
   avis? Dans quelle mesure sont-ils (elles) artificiellement isolé(e)s ou pro-
   tégé(e)s de la réalité quotidienne? Faut-il, à votre avis, remédier à cette
   situation et, si oui, comment?

# 2

# *Les femmes*

## *Les femmes et le travail*

The role of French women in the family and in society is a powerful one. Women have been influential throughout French history. They have achieved fame in the literary and artistic world—and even in science, as witness two Nobel Prize winners: the Polish-born Marie Curie (1903, 1911) and her daughter Irène Joliot-Curie (1935). And yet women in France have not made it a point to take part in movements involving their sex as a whole. French women regard themselves as equal to men, but different. As John Ardagh writes: «France is still the land, cliché or not, of *la petite différence*: it is not the land of the suffragettes, nor of the women's club, beloved of Anglo-Saxon amazons.»[1]

For a long time, French women were treated as minors, a condition that was actually enshrined in the 1804 *Code Civil*, the cornerstone of the set of legal codes commissioned by Napoleon. It reflected the philosophy and the prejudices of a military man for whom "la femme est la propriété de l'homme comme l'arbre à fruit celle du jardinier," and who unabashedly claimed that "nature has made woman our slave." Over the next 150 years, legislation on the rights of women was surprisingly slow in coming, compared with the United States. Not until 1945 did women gain the right to vote in national elections and to run for public office.

[1] John Ardagh, *France in the 1980s.*

In recent years, however, the position of women has improved markedly with respect to civil rights, marriage, and birth control. Women have achieved a growing self-awareness and a new active role in society; the number of them in prominent positions in government, the legislature, and even in the top ranks of the rigid French bureaucracy—although small—is increasing.

*Le magazine* L'Express *a interrogé trente-six jeunes filles, étudiantes au lycée d'Orsay. Comment voient-elles leur avenir de femmes?*

## *Femmes de demain*

Ces lycéennes d'Orsay, dans la grande banlieue° parisienne, ont entre 14 et 16 ans et suivent les cours de 3<sup>e</sup> au C.E.S.[1] Alexander-Fleming. Leurs parents sont artisans, employés, ouvriers professionnels, ingénieurs, enseignants ou médecins. Trente-six d'entre elles ont accepté de se raconter. Elles
5 parlent de leur futur métier, de leur rôle dans la société, des inégalités entre les deux sexes. Cette photographie de trente-six adolescentes fige une minuscule parcelle° de la réalité. Telle quelle,° elle permet cependant de dessiner à grands traits° le profil actuel° des femmes de demain.

**la banlieue** *suburbs, outskirts* / **fige une minuscule parcelle** *captures a small fraction* / **Telle quelle** *Such as it is* / **dessiner à grands traits** *to sketch in broad lines* / **actuel** = présent

[1]Collège d'enseignement secondaire<sup>c</sup>

Pas une seule de ces jeunes filles n'envisage «de rester à la maison». Elles
10  veulent toutes exercer un métier. La femme ne doit plus être «la maman»
qui «fait seulement la cuisine, le ménage, la vaisselle et élève les enfants».
Elle a aussi droit,° parallèlement, à une vie professionnelle, «ce qui n'est pas
en contradiction avec la féminité».

Et ces adolescentes ne se satisfont pas de la situation présente. Cinq
15  d'entre elles seulement estiment que les femmes ont autant de débouchés°
que les hommes. Les autres retiennent° le favoritisme dont ces derniers bénéficient et se révoltent contre les différences de salaires : «Je ne comprends
pas pourquoi une femme ingénieur gagne une certaine somme et un homme
exerçant le même métier gagne plus». Si elles veulent bien° admettre que
20  «les femmes n'ont pas intérêt° à faire des efforts physiques trop durs», elles
les jugent parfaitement aptes à toutes les autres tâches.° De fait,° beaucoup
se préparent à des métiers qui ne sont pas spécifiquement «féminins» : ingénieur, médecin, chercheur.° Les femmes devraient avoir plus de volonté°
pour essayer de faire les grandes écoles.ᶜ

25  Ce désir de mener une vie active ne les conduit pas à renier° la maternité : elles veulent toutes, sans exception, avoir des enfants, rarement plus
de deux ou trois. Vingt-neuf d'entre elles, dans le cadre de la famille traditionnelle; sept seulement envisageant une vie hors du mariage. «Je ne me
marierai pas, car, si je n'aime plus l'homme avec qui je vis, le divorce c'est
30  cher, beaucoup de formalités».

Quelles sont, prises sur le vif,° leurs opinions sur le rôle de la femme et
l'homme dans le couple?

«Il faut que les hommes prennent une part de responsabilité dans l'édu-
cation° des enfants, partagent le travail familial». Elles ne veulent plus de
35  mari qui affirme : «C'est moi qui amène le fric,° je veux que tu sois là pour
préparer la bouffe.° C'est pour choyer° l'homme que les femmes sont nées».

Quant aux enfants, elles se promettent d'avoir avec eux un comporte-
ment° différent de celui que leurs parents ont eu avec elles : «Je souhaite
rester jeune d'esprit pour pouvoir parler avec mes enfants, discuter avec eux
40  sur tous les problèmes de la vie».

En fait, ce qu'elles désirent, c'est la vérité : «La femme ne doit pas négliger la vie, elle doit s'occuper, aller aux expositions,° au théâtre, au cinéma,
voyager». Et, avant tout, la liberté sexuelle : «Je trouve que la femme est
trop souvent à la disposition de l'homme. Elle n'a pas pu imposer sa loi et
45  ses droits de disposer de son corps comme elle l'entend°....»

---

**avoir droit à** *to have the right to*  /  **le débouché** *job opportunity*  /  **retenir** *to recall*  /
**vouloir bien** *to be willing*  /  **les femmes n'ont pas intérêt** *it's not in the interest of women*  /  **la**
**tâche** = le travail à faire  /  **De fait** *In point of fact*  /  **le chercheur** *research worker*  /  **volonté**
*willpower*  /  **renier** = rejeter  /  **pris sur le vif** *taken on the spot*  /  **l'éducation** (f) *raising,*
*upbringing*  /  **le fric** (argot) = l'argent  /  **la bouffe** (argot) = la nourriture  /  **choyer** *to*
*coddle*  /  **le comportement** *behavior*  /  **l' exposition** (f) *art exhibit*  /  **comme elle l'entend** *as*
*she pleases*

Deux adolescentes se prononcent contre l'avortement.° Aucune contre la pilule.° Les trente-six pensent que la contraception est un acquis° fondamental mais trois ou quatre se révoltent déjà : «Pourquoi les femmes doivent-elles supporter° tous les moyens de contraception? Peut-on alors parler
50 d'égalité?»

Ces jeunes filles s'intéressent-elles aux mouvements féministes?

...Pour l'instant, elles sont très frappées par l'absence d'égalité politique entre les hommes et les femmes : «Il faudrait une femme chef de l'État, et beaucoup plus de femmes ministres, maires ou préfets».<sup>c</sup> «Pourquoi nous
55 faisons-nous toujours gouverner par des hommes?» Mais il n'y en a que dix sur trente-six pour se déclarer prêtes à militer dans un parti politique ou à se battre pour une société socialiste qui leur paraît plus conforme à leurs vœux.° Le M.L.F.° ne jouit pas° auprès d'elles d'une grande audience° : elles ne sont que deux à vouloir y adhérer.

60 En somme, des adolescentes, réformistes plutôt que révolutionnaires, qui ont assimilé la nouvelle image culturelle de la femme—«Liberté, égalité, sexualité»—que les combats politiques et les média ont imposée depuis quelques années. Qu'en feront-elles?

Elisabeth Schemla, «Femmes de demain», *L'Express*

## INTELLIGENCE DU TEXTE

1. Décrivez le milieu social et les études des jeunes filles interrogées.
2. Comment envisagent-elles l'avenir?
3. Le souci *(concern)* de la féminité est-il remarquable chez ces jeunes filles? Vous étonne-t-il?
4. À quelles carrières «masculines» se préparent certaines?
5. Quelle attitude ont-elles à l'égard de la maternité?
6. Parmi les opinions citées sur le vif, y en a-t-il que vous approuvez particulièrement? Y en a-t-il certaines que vous critiquez?
7. Dans quel domaine trouvent-elles qu'il y a le plus d'inégalité entre les hommes et les femmes?
8. Pourquoi, à votre avis, le M.L.F. n'a-t-il pas beaucoup de succès auprès de ces jeunes filles?
9. Avez-vous l'impression que les média donnent aujourd'hui une nouvelle image de la femme? Si oui, citez des exemples.
10. Sur la base de cette enquête, dessinez un profil des Françaises de demain. Sont-elles différentes, à votre avis, des jeunes Américaines?

---

**l' avortement** (m) *abortion*  /  **la pilule** *the pill*  /  **l' acquis** (m) *right*  /  **supporter** = endurer  /  **le vœu** *wish*  /  **le M.L.F.** = Mouvement de Libération de la Femme : *France's best-known women's rights movement*  /  **ne jouit pas auprès d'elles d'une grande audience** *does not get much of a following among them*

## *Vocabulaire satellite*

| | |
|---|---|
| la **condition** fémi-nine | *status of women* |
| la **féminité** | *femininity* |
| la (le) **féministe** | *feminist* |
| **être esclave** | *to be a slave* |
| la **femme au foyer** | *homemaker, housewife* |
| **émancipé(e)** | *emancipated* |
| **changer les ha-bitudes** | *to change one's habits* |
| **choisir (aban-donner) une carrière** | *to choose (to give up) a career* |
| **à travail égal, salaire égal** | *equal pay for equal work* |
| **montrer de la bonne vo-lonté** | *to show goodwill* |
| le **préjugé** | *prejudice* |
| la **crèche** | *day-care center* |

*Elles sont bien émancipées!*

### PRATIQUE DE LA LANGUE

1.  Êtes-vous d'accord ou non avec les opinions suivantes? (Pour chacune, répondez par VRAI ou FAUX) :

    a.  Si les femmes qui travaillent restaient chez elles, il n'y aurait pas de chômage.

    b.  Les féministes sont responsables de l'angoisse *(anxiety)* du monde moderne parce qu'elles ont abandonné les valeurs proprement féminines.

    c.  Les militantes troublent les femmes qui étaient heureuses et qui maintenant s'interrogent.

    d.  (À propos d'une femme-écrivain qui vient de publier un livre sur les femmes) : «Encore un livre genre M.L.F.! Ça embête *(bothers)* tout le monde, les livres sur les femmes!»

    Maintenant, testez votre «index anti-féministe» en comptant vos réponses VRAI aux quatre arguments de la question précédente. Si votre index est 3 ou 4, vous êtes anti-féministe; avec un index 2, vous avez des préjugés anti-féministes; avec un index 1, vous montrez de la bonne volonté; avec un index 0, vous êtes un ou une féministe.

    Sur la base de vos convictions, formez des groupes de discussion pour débattre de la valeur de ces arguments.

2. En employant l'impératif (positif ou négatif), faites quelques recommanda-
   tions à :
   a.  une jeune fille amoureuse d'un «macho»
   b.  un employeur qui donne un plus haut salaire à un homme qu'à une
       femme
   c.  une militante du M.L.F.
   d.  une femme au foyer qui s'ennuie
   e.  une femme qui aime son foyer
   f.  une femme qui a une carrière mais aussi un enfant
   g.  Napoléon
3. Une secrétaire refuse de faire le café pour le directeur. Furieux, il la congé-
   die *(fires)*. À qui donnez-vous raison? Pourquoi?

# La révolution féminine

The seventies were decisive years in the history of French women. In 1974 the
French parliament legalized abortion, with the result that the cost of
contraceptives is now absorbed by the *Sécurité Sociale*. Working mothers are
now entitled to a fourteen-week maternity leave with pay. Government-
subsidized *crèches* are also available at rates that vary according to a family's
means. Divorce laws, long held back by the legacy of the *Code Civil*, were
liberalized in 1975.

Under the presidency of Valéry Giscard d'Estaing (1974–1981), women were
brought into the cabinet. Simone Veil, a brilliant lawyer who later went on to
chair the European Parliament, served as Minister of Public Health. For
Françoise Giroud, a well-known writer and journalist, Giscard created the new
position of *Secrétaire d'État à la Condition féminine*.

More recently, France's Socialist leaders have made real efforts to promote
women within party ranks. The total number of women in the National
Assembly rose to twenty-eight (5.7 percent) in 1981, twenty of whom were
elected on the Socialist Party ticket. Several women presently hold cabinet
posts. Among them, Yvette Roudy (who translated Betty Friedan's *Feminine
Mystique*) was named to head the newly created *Ministère des droits de la
femme*. In that capacity, her mandate is "to promote measures designed to
ensure that women's rights in society are respected, to remove any form of
discrimination against women, and to increase guarantees of equality in the
political, economic, social, and cultural fields."

# Et les hommes, qu'en pensent-ils?

Aujourd'hui que les droits des femmes sont bien établis et même garantis par un ministère de la Condition féminine, qu'en est-il de° la condition masculine? La libération des femmes a-t-elle libéré leurs partenaires? Comment les hommes se sont-ils adaptés à la révolution féminine? La société française est-elle modifiée par l'arrivée des femmes dans les écoles[1], les carrières, les postes de pouvoir et de responsabilité qu'elles n'occupaient pas encore il y a dix ou quinze ans?

Voici des questions qui ont été adressées à des hommes âgés de dix-huit ans ou plus au cours d'un sondage :

**LE RÔLE DE L'HOMME.** Depuis l'apparition des mouvements féministes, il y a une quinzaine d'années, et la législation sur les droits des femmes, avez-vous le sentiment que le rôle de l'homme dans la société française...

**...a diminué°** . . . . . **26%**   **...est resté le même.** . . . . . 70%

qu'en est-il de *how do things stand with   ?*   /   **diminuer** *to diminish*

---

[1]Certaines grandes écoles n'ont ouvert leurs portes aux femmes que tout récemment : c'est le cas de Polytechnique (1972) et de l'école militaire de Saint-Cyr (1982).

**LES NOUVEAUX RAPPORTS° HOMMES-FEMMES.** L'évolution des idées sur le rôle de la femme dans la société et son émancipation depuis une quinzaine d'années ont-elles modifié en bien,° en mal,° ou pas modifié...

|  | MODIFIÉ | | PAS MODIFIÉ |
|---|---|---|---|
|  | en bien | en mal |  |
| ...l'harmonie de votre couple . . . . . . . . | **30%** | 4% | 51% |
| ...vos rapports de père avec vos enfants. . . . . | 22 | 4 | 47 |
| ...vos rapports avec les femmes au travail . . . . | 24 | 5 | 51 |
| ...vos rapports sexuels avec les femmes. . . . . | 19 | 3 | 70 |
| ...vos rapports d'amitié avec les femmes. . . . . | **35** | 3 | 60 |

**VALEURS AU MASCULIN?** Voici un certain nombre de mots. Associez-vous chacun d'eux plutôt à l'homme, plutôt à la femme ou de la même façon aux deux?

|  | À L'HOMME | À LA FEMME | AUX DEUX |
|---|---|---|---|
| Autorité. . . . . . . . . | **42%** | 6% | 51% |
| Chef de famille . . . . | **56** | 3 | 41 |
| Elégance . . . . . . . . | 4 | **63** | 32 |
| Travail . . . . . . . . . | **15** | **3** | **81** |
| Enfants . . . . . . . . | 1 | **29** | 67 |
| Beauté . . . . . . . . | 1 | **68** | 29 |
| Responsabilité . . . . . | **22** | 3 | 74 |

---

les rapports (m. pl.) = les relations  /  **en bien, en mal** *for better, for worse*

**POUVOIR° AU FÉMININ.** Personnellement, accepteriez-vous facilement, difficilement ou pas du tout...

|  | FACILEMENT | DIFFICILE-MENT | PAS DU TOUT |
|---|---|---|---|
| ...d'être, dans votre travail, sous les ordres d'une femme . . . . . | 70% | 18% | 8% |
| ...que votre femme ait une situation° bien supérieure à la vôtre. . . | 80 | 13 | 5 |
| ...que la France ait une femme comme président de la République . . . . | 74 | 13 | 11 |
| ...qu'une femme vous fasse des avances . . . . | 63 | 16 | **17** |

**L'HOMME AU FOYER.** Chez vous, vous arrive-t-il souvent, parfois ou
jamais de faire...

|  | SOUVENT | PARFOIS | JAMAIS |
|---|---|---|---|
| ...la vaisselle . . . . . . | 34% | 42% | 23% |
| ...le ménage. . . . . . . | 20 | 47 | 33 |
| ...la lessive° . . . . . . . | 9 | 14 | **76** |
| ...la toilette des enfants° | 10 | 24 | 39 |
| ...les courses . . . . . | **53** | 37 | 10 |
| ...le repas . . . . . . . . | 22 | 41 | 37 |

**QUI EST PRIVILÉGIÉ?** Dans la société française d'aujourd'hui, est-il
plus facile d'être un homme ou plus facile d'être une femme?

PLUS FACILE D'ÊTRE UN HOMME . . . . . . . . . . . . . **39%**
PLUS FACILE D'ÊTRE UNE FEMME . . . . . . . . . . . . 13
C'EST PAREIL *(RÉPONSE SPONTANÉE)*. . . . . . . . . . 42

Certains totaux n'atteignent pas 100%. La différence représente le pourcentage de personnes n'ayant pas exprimé d'opinion.

*Sondage réalisé par Gallup-Faits et Opi-
nions, du 14 au 16 février 1984, auprès
d'un échantillonnage° national de 514
hommes représentatif de la population
masculine âgée de 18 ans et plus. Méthode
des quotas.*

le pouvoir *power*  /  la situation = l'emploi  /  la lessive *laundry*  /  la toilette des enfants
*washing and dressing the children*  /  l'échantillonnage (m) *sampling*

## INTELLIGENCE DU TEXTE

1. Les hommes en France vous paraissent-ils affectés par la révolution féminine?
2. Quels sont les rapports hommes-femmes qui ont bénéficié *(benefited)* de cette évolution?
3. À qui associez-vous personnellement les mots «autorité», «chef de famille», etc.? Faites un sondage dans votre classe et comparez les réponses des filles et des garçons. Correspondent-elles aux réponses des Français?
4. Qu'est-ce que les hommes acceptent le plus facilement en ce qui concerne le pouvoir?
5. Avez-vous l'impression que le Français est prêt à être un «homme au foyer»? Quels travaux préfère-t-il? Quels sont les plus impopulaires?
6. Quelle est votre interprétation de la dernière réponse? (a) Les mâles français sont dominés par les femmes. (b) Ils acceptent le partage *(sharing)* des rôles. (c) La révolution féminine n'a rien changé. Justifiez votre réponse.

## *Vocabulaire satellite*

| | |
|---|---|
| **faire le ménage** | *to do the housework* |
| les **travaux ménagers** (m) | *household chores* |
| **faire la cuisine** | *to cook* |
| **faire la lessive** | *to do the laundry* |
| **faire la vaisselle** | *to do the dishes* |
| **repasser** | *to iron* |
| **aider** | *to help* |
| **s'occuper des enfants** | *to take care of the children* |
| **passer l'aspirateur** | *to vacuum (lit., run the vacuum cleaner)* |
| **partager** | *to share* |
| l' **égalité** (f) | *equality* |
| la **masculinité** | *masculinity* |
| le **machisme** | *machismo* |
| le **droit de vote** | *right to vote* |
| l' **avortement** (m) | *abortion* |
| le **congé de maternité** | *maternity leave* |

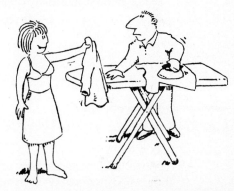

*Ça aide de faire le ménage à deux!*

## PRATIQUE DE LA LANGUE

1. Improvisez les dialogues suivants :
   a. Une femme qui vient d'être promue *(promoted)* à un emploi important discute avec son mari de la nécessité de partager les travaux ménagers. Le mari est réticent mais, ensemble, ils essaient de trouver une répartition *(distribution)* équitable des travaux et des responsabilités.

    **b.**  Un homme aux attitudes très traditionnelles vient d'être engagé comme ingénieur dans une grande entreprise. Il frappe à la porte de son nouveau patron et découvre, à sa grande surprise, que c'est une femme! Improvisez leur conversation.

    **c.**  Pierre est fiancé à Brigitte, la sœur de son ami Marcel, et Marcel est plus ou moins fiancé à Corinne, la sœur de Pierre. Tous les quatre sont étudiants. Pendant les vacances, ils discutent de leurs projets de carrière et du rôle de chacun des époux dans un ménage moderne.

**2.**  Que pensez-vous de «l'homme au foyer»? Est-ce un aspect de la société moderne? Pourquoi?

**3.**  Les Françaises ont droit à un congé de maternité et, maintenant, les jeunes pères ont aussi droit à un congé «de paternité». Que pensez-vous de cette initiative?

**4.**  Quand les rôles changent, est-ce que les femmes perdent leur féminité, les hommes leur masculinité? À votre avis, la société change-t-elle en bien ou en mal? Pourquoi?

**5.**  Posez les questions du sondage des pages 24–26 aux membres de votre classe de français et comparez les résultats.

# Le nouveau féminisme français

Despite the pioneering role of Simone de Beauvoir, whose seminal essay, *Le Deuxième Sexe* (1949), had such a profound impact on women everywhere, feminism and feminist movements have never held great popular appeal in France. In the 1970s, for instance, France was not the scene of the kind of militant "bra-burning" gatherings that were common in the United States. There were some provocative gestures, however. In 1969 a group of women laid a wreath dedicated to "the wife of the Unknown Soldier" under the Arc de Triomphe, but this act was seen as offensive and scandalous by the press. More recently, militant feminists represented by such groups as the *Mouvement de Libération de la Femme* (MLF) and *Choisir* have concentrated on changing the laws that traditionally define the condition of women.

In the working-class suburb of Bobigny, the 1972 trial of a seventeen-year-old girl who had undergone an abortion with her mother's approval was turned into a *cause célèbre* by her energetic lawyer, Gisèle Halimi, a leader of the *Choisir* movement. Women kept a vigil outside the courtroom, and the resulting publicity forced the government to liberalize the laws on abortion. The momentum generated by the Bobigny trial also contributed to a stiffening of penalties for rape and sexual procuring.

Perhaps because France lacks the Anglo-American tradition of women's

associations, clubs, and sororities, feminist consciousness developed but slowly in French society. Today, however, a new brand of feminism—not deliberately provocative, yet in essence radical—has become firmly implanted and manifests itself in a variety of ways. Inevitably, perhaps, it finds fullest expression among female intellectuals who—under the inspiration of *Psychanalyse et Politique,* a journal that has been the cultural and intellectual beacon of the women's movement—are rethinking the nature of womanhood outside the roles assigned by a male-oriented society. Many leading members of this group refuse to take part in feminist manifestations because, in their view, "feminists are imitators of male models."

There is also a flurry of *littérature féminine* that differs in several ways from the works of earlier women novelists such as Marguerite Duras, Christiane Rochefort, and Monique Wittig. This new work can take the form of poetic or psychoanalytical writings (often quite hermetic), as in the case of Hélène Cixous or Luce Irigaray. But there is also a more popular (or at least more widely read) type of literature in which writers such as Marie Cardinal, Benoîte and Flora Groult, and Françoise Parturier create female heroines dealing with the reality of single motherhood—women living alone, whether by choice or after a divorce. The relationship between mothers and children outside the traditionally structured family is an underlying theme in many of these new novels.

If the number of publishing houses specializing in women's literature or even headed by women is any indication, women from all walks of life are responding vigorously to the new French feminism.

# Un enfant pour elles toutes seules

Si Françoise a pu venir, ce soir-là, à la réunion du groupe femmes, ce n'est pas parce que son mari a accepté de garder° les enfants. De mari, Françoise n'en a pas. Elle vit seule avec son fils, Hervé, quatre ans. «Je suis métis»,° dit simplement Hervé, qui connaît son père, un Africain, mais n'a jamais 5 vécu avec lui. L'été dernier, il est allé en Afrique, dans la famille de son père, et a trouvé que «c'était très bien».

Hervé, métis par hasard,° n'est pourtant pas un enfant du hasard. Sa naissance a été «voulue et programmée». Françoise, la trentaine dépassée,° après un mariage raté,° puis la mort d'un homme qu'elle aimait, vivait seule dans 10 la ville de province où elle est médecin. «J'avais envie d'avoir un enfant, et je me disais qu'il allait bientôt être trop tard», raconte-t-elle. «Alors j'ai arrêté la contraception et je me suis donné un an. Quand j'ai été enceinte,° je n'ai rien dit au père. Je n'avais pas l'intention de le dire à l'enfant non plus. À la naissance d'Hervé, j'ai changé d'avis. Je ne pouvais pas couper l'enfant 15 de ses racines° africaines. Il sait donc qui est son père. Mais c'est moi qui ai l'entière responsabilité de sa vie».

Françoise est l'une de ces quelque cent mille femmes célibataires° et chefs de famille. Elles étaient quatre-vingt-cinq mille en 1975 selon les statistiques de l'Institut national d'études démographiques (INED). Celles qu'on appelait 20 «filles mères»,° femmes victimes et rejetées, sont devenues «mères célibataires». Françoise est fière de ce statut.° Elle se dit «mère célibataire volontaire», catégorie, selon elle, «en augmentation rapide depuis que la contraception a donné aux femmes cette liberté et en même temps cette responsabilité de décider elles-mêmes de leur vie».

25 Christine n'utilisait pas de contraceptifs. Fragile et réservée, elle semble l'opposé de Françoise. À Marseille, comme avant à Paris, elle sortait peu, et «pour faire l'amour, il fallait que le type° soit vraiment intéressant. Alors à quoi bon° la pilule tous les jours?» Christine a été enceinte par hasard, il y a deux ans. «Ce bébé non prévu,° dès que j'ai été enceinte, j'ai décidé de le 30 faire», assure-t-elle. Elle ne voulait rien dire au père pour ne rien lui imposer. Son médecin l'a convaincue du contraire. Le petit garçon a été reconnu par son père, dont il porte le nom.

---

**garder** = s'occuper de  /  **métis** *half-breed; of mixed racial descent*  /  **par hasard** *by chance, by accident*  /  **la trentaine dépassée** = *ayant plus de 30 ans*  /  **raté** *failed*  /  **enceinte** *pregnant*  /  **les racines** (f) *roots*  /  **célibataires** *single, unmarried*  /  **filles mères** *unwed mothers*  /  **le statut** *status*  /  **le type** (fam.) = l'homme  /  **à quoi bon** ? *what's the use (the good) of* ?  /  **non prévu** *not planned for*

Ces mères célibataires, revendiquant° un statut naguère infamant° et qui
demeure scandaleux, appartiennent pour la plupart à un milieu socio-cultu-
35 rel privilégié. Elles se sont intéressées à la lutte° des femmes, même si elles
ne militent pas dans un mouvement. Elles ont longuement réfléchi à leur
désir d'enfant, au choix du père, à l'éventuelle reconnaissance° de l'enfant
par le père. Beaucoup souhaitent donner à l'enfant leur propre nom. Elles
ont généralement un peu moins ou un peu plus de trente ans lorsque naît
40 l'enfant.

Certaines avaient déjà des relations avec un homme auquel elles ont demandé d'être le père de leur enfant; les hommes sont souvent extrêmement
réticents. D'autres, comme Françoise, cessant de prendre des contraceptifs
ont, au gré des rencontres,° attendu. D'autres encore ont été enceintes acci-
45 dentellement. Leur acte volontaire a été le refus d'avorter.

Pour Carmen, une petite brune énergique qui élève son fils en faisant des
ménages,° ces femmes «font partie d'un ghetto intellectuel» et leur discours°
a peu de rapport avec ce que vivent les femmes seules. «À partir du moment
où on peut avorter, bien sûr que si on ne le fait pas c'est volontaire, mais ça
50 s'arrête là. Ces femmes trouvent de beaux arguments psychologiques et féministes. Elles ont du mal à° imaginer qu'on puisse être enceinte sans le
vouloir. C'est pourtant le cas pour la majorité des femmes. Moi, je dis que,
depuis sept ans que j'élève mon fils seule, je n'ai pas rencontré une seule
vraie mère célibataire volontaire. Qui voudrait être ainsi au ban de° la so-
55 ciété?»

Tous les matins, Carmen fait le ménage dans des bureaux de son quartier,° à partir de 4 heures. Lorsqu'elle rentre chez elle, après 8 heures, elle a
juste le temps de préparer son fils pour l'école. Si elle perd quelques minutes
et manque un autobus, il arrive en retard à l'école. Cette année, l'institutrice
60 a fait des remarques à Carmen. «Il paraît qu'on dérange° la classe. Elle sait
pourtant que je n'y peux rien.° Je suis sûre que cela a un rapport avec le fait
que je n'ai pas de mari. Elle veut me le faire sentir. Toutes les femmes seules
ont des problèmes».

Que la maternité soit volontaire ne supprime° pas les difficultés de la so-
65 litude. Il ne suffit pas que des mères revendiquent leur célibat° pour que la
réalité se plie° à leurs désirs. La famille elle-même est souvent le premier
obstacle. Les belles-sœurs de Françoise n'osaient pas expliquer à leurs enfants qu'elle était enceinte alors qu'°elle n'avait pas de mari. La mère de

---

**revendiquant** *laying claim to* / **naguère infamant** *until recently dishonorable* / **la lutte**
*struggle* / **l'éventuelle reconnaissance** (f) *the possible acknowledgment* / **au gré des**
**rencontres** *leaving it up to chance encounters* / **faire des ménages** *to take housecleaning jobs* /
**le discours** *discourse, talk, verbal rationalization* / **avoir du mal à** (+ verb) *to have a hard time*
*(doing something)* / **au ban de** *banned from, shunned by* / **le quartier** *neighborhood* /
**déranger** *to disturb* / **je n'y peux rien** *I can't help it* / **supprimer** *eliminate, alleviate,*
*suppress* / **le célibat** = *l'état d'être célibataire* / **se plier à** = *se conformer à* /
**alors que** *while, even though*

Christine, au contraire, âgée et ayant perdu son ▪mari depuis longtemps, se
70 réjouissait,° pensant vivre avec sa fille et élever l'enfant.

Les mères célibataires volontaires ont essayé, par leur décision, de trouver
le meilleur compromis possible entre leur désir d'enfant et une vie qui ne
permettait pas la réalisation de ce désir. Mais elles ne savent pas encore si
elles sont en train d'inventer une nouvelle cellule familiale ou si elles refer-
75 ment sur elles le piège° d'une maternité solitaire, exclusive et aliénante.

Josyane Savigneau, «La société française en mouvement»

## INTELLIGENCE DU TEXTE

1. Pourquoi Françoise, célibataire, a-t-elle décidé d'avoir un enfant? Résumez
   son histoire.
2. Pourquoi Françoise a-t-elle changé d'avis au sujet du père d'Hervé? Avez-
   vous l'impression que cette décision était bonne pour l'enfant?
3. Une «mère célibataire»—une «fille mère» : est-ce que la différence entre
   ces deux expressions est une pure question de sémantique, ou bien révèle-
   t-elle une différence de perception? Expliquez.
4. Selon l'auteur, à quel milieu social appartiennent la plupart des mères célibataires volontaires? Est-ce vrai pour Françoise? pour Carmen?
5. Pourquoi Carmen fait-elle une différence entre elle-même et les femmes
   «intellectuelles» comme Françoise?
6. Quelles difficultés rencontrent certaines mères célibataires comme Carmen?
7. Quelles peuvent être les réactions des familles quand une de leurs filles
   décide de devenir une mère célibataire?
8. Quel est le compromis que ces femmes essaient de réaliser? Pourquoi sont-
   elles obligées de trouver un compromis?
9. Que pensez-vous de l'idée que les mères célibataires sont peut-être «en
   train d'inventer une nouvelle cellule familiale»? Pourriez-vous trouver
   d'autres exemples de situations où un nouveau genre de cellule familiale
   a été «inventé»?
10. Quelle est votre opinion sur le choix de ces femmes? Vous paraît-il raison-
    nable, et pourquoi? Croyez-vous qu'elles sont tombées dans un piège? Si
    oui, lequel?

## *Vocabulaire satellite*

| | |
|---|---|
| être divorcé(e) | *to be divorced* |
| être séparé(e) de | *to be separated from* |
| être seul(e) | *to be alone* |

**se réjouir** *to rejoice, to be pleased*   /   **referment sur elles le piège** *are closing the trap on themselves*

| | |
|---|---|
| être abandonné(e) | *to be abandoned* |
| passer du temps avec | *to spend time with* |
| la liberté | *freedom* |
| la responsabilité | *responsibility* |
| les difficultés financières | *financial difficulties* |
| la bonne (mauvaise) entente | *good (bad) understanding, relationship* |
| faire un choix | *to make a choice* |
| élever un enfant | *to raise a child* |

*Et vous, vous êtes divorcée?*

## PRATIQUE DE LA LANGUE

1.  Citez des types de situations familiales nouvelles dans lesquelles se trouvent de plus en plus de femmes. Quels sont les avantages et les inconvénients de ces situations?
2.  Improvisez les dialogues suivants :
    a.  Une jeune femme de 18 ans est enceinte et elle veut garder son bébé. Elle discute de sa situation avec ses parents qui voudraient qu'elle ait un avortement.
    b.  Une mère de famille seule discute quelques-uns de ses problèmes avec une amie (ou avec son psychiatre).
    c.  Deux frères (sœurs) dont les parents viennent de divorcer parlent de leur vie avant et après le divorce.
3.  À débattre : les Françaises sont-elles plus émancipées que les Américaines? Sont-elles plus avancées sur le chemin de l'égalité? Quels aspects de la condition féminine vous paraissent différents entre la France et les États-Unis?

## SUJETS DE DISCUSSION OU DE COMPOSITION

1.  Voyez-vous un paradoxe dans le fait que les lois qui ont amélioré la condition des femmes ont été faites par des hommes? Commentez.
2.  Écrivez une lettre au ministre des droits de la femme, à Paris, pour exprimer votre opinion sur son action ou pour lui suggérer des problèmes qui méritent son attention.

# 3

# La famille

## La famille et l'enfant

Although there are various ways in which children are brought up in France, the French people strongly adhere to the traditional family ideal. This ideal is shared not only by individual families but also by society, which sustains it through its public institutions. Parents, educators, and adults in general all play a role in "socializing" children—that is, in encouraging them to conform to their social environment so as to achieve greater success within it.

In the following excerpt Laurence Wylie, an American sociologist who is a keen observer of French cultural traits, analyzes some of the basic concepts underlying the traditional upbringing of French children.

## Conception traditionnelle de l'éducation des enfants

Quels sont les points de vue français sur la socialisation des enfants?

Le premier de ces points de vue porte° sur l'enfance,° sur la conception que les Français en ont. La famille française accueille° l'enfant avec enthousiasme. Elle veut avoir des enfants; elle estime qu'un ménage° sans enfant
5 est incomplet; en fait, c'est souvent pour en avoir qu'on se marie, et parfois

---

**porter** to bear  /  **l'enfance** (f) childhood  /  **accueillir** to welcome  /  **le ménage** household

le ménage dure parce qu'on en a : les enfants donnent à la famille sa raison
d'être et son unité. Toutefois,° il est admis que l'enfant n'est pas une fin en
soi. L'enfance n'est que la première étape° de la vie. La vie adulte est le vrai
but.° L'enfant n'a pas de valeur absolue en soi; il n'est qu'un apprenti°-
10  adulte.

Comme les Français, nous le savons, respectent le passé, l'âge et la tradition, comme ils placent la vie adulte au-dessus de la jeunesse, il s'ensuit que°
le bonheur immédiat de l'enfant n'est pas essentiellement important. L'enfant doit apprendre que la vie est dure et difficile, qu'il faut s'y préparer
15  sérieusement; selon l'expression dont se servent souvent les parents : «La vie
n'est pas faite pour s'amuser». Il doit être prêt à affronter° le bonheur et le
malheur, indifféremment,° sans surprise. Le bébé, dépourvu de° toute raison
et sans discernement°, peut sans danger être choyé°; mais dès qu'il acquiert
un certain contrôle rationnel de l'existence sous ses divers aspects, on n'a
20  plus le droit de le gâter.°

Le second point de vue concerne l'étude, l'acquisition de connaissances.°
Aussi longtemps que l'enfant reste privé de° discernement, il ne peut évidemment pas s'instruire par lui-même. Être humain en puissance,° il est
aussi un monstre en puissance, surtout s'il est abandonné à lui-même, car
25  l'être humain contient en lui-même le bien et le mal. Il faut donc le modifier
pour la vie sociale, le mouler°; la matière première° ne se transforme pas

**Toutefois** *However, Nevertheless*  /  **l'étape** (f) *stage*  /  **le but** *goal*  /  **l'apprenti** (m)
*apprentice*  /  **il s'ensuit que** *it follows that*  /  **affronter** *to face, to confront*  /  **indifféremment**
*coolly*  /  **dépourvu de** *devoid of*  /  **le discernement** *judgment, understanding*  /  **choyer** *to
pamper*  /  **gâter** *to spoil*  /  **les connaissances** (f) *knowledge*  /  **privé de** = *sans*  /  **Être
humain en puissance** *A potential human being*  /  **mouler** *to mold*  /  **la matière première** *raw
material*  /

toute seule. Par tradition et par principe, il ne vient à l'idée de personne° de
laisser s'exprimer en toute liberté cette future personnalité. Toute initiative
et tout critère en matière de socialisation doivent venir d'éducateurs attitrés,°
30 seuls capables de faire jouer° les forces rationnelles : parents, maîtres,° professeurs et tous les adultes compétents en matière d'éducation et d'instruction.

La socialisation française doit donc, de par° sa nature, être établie sur l'autorité : l'enfant apprend chez lui exactement comme il apprend dans ses
35 livres de classe. On lui enseigne d'abord les principes, ensuite les applications
de ces principes, puis on vérifie, on s'assure qu'il a compris et assimilé.
L'école laisse peu de place à son imagination.

Le troisième point est celui de la responsabilité des parents. C'est à eux
essentiellement qu'incombe le devoir° de transformer en un adulte accep-
40 table par la société celui qui, si ses mauvais instincts n'étaient pas réprimés,°
pourrait devenir un monstre : leur enfant, auquel il faut donner le sentiment
de ses propres responsabilités et de ses limitations, clairement et légalement
définies.

Lorsqu'aux États-Unis un enfant ou un adolescent commet un acte blâ-
45 mable, c'est d'abord l'enfant ou l'adolescent que l'on incrimine parce qu'on
estime qu'il est habitué à une grande indépendance et, théoriquement tout
au moins, entraîné° à connaître ses responsabilités. En France, ce sont toujours les parents qui sont tenus moralement et légalement responsables des
actes de leurs enfants. Un article du magazine *Paris-Match* illustre fort bien
50 cette prise de position.° Un certain M. Rapin, riche ingénieur, avait un fils,
Bill, mal préparé à la vie, mal «socialisé», dont il satisfaisait tous les désirs.
Devenu majeur,° "Monsieur Bill" a voulu un bar; son père lui a acheté un
petit café à Montmartre, ignorant° que s'y pratiquait le trafic des stupéfiants°;
c'est alors que les ennuis° ont commencé : «Monsieur Bill» a emmené une
55 de ses petites amies° dans un bois de la région parisienne, l'a arrosée d'es-
sence° à laquelle il a mis le feu. Arrêté et jugé, il a été condamné à mort; M.
Rapin père est sorti du tribunal, poursuivi par une foule° hostile qui, spontanément, refusait toute pitié au père dont le fils avait mal tourné; elle l'ac-
cusait bien plutôt d'être antisocial parce qu'il avait mal élevé° son garçon. Cet
60 homme était un danger pour la société : il avait produit un monstre. En tant
que° père il était totalement responsable. Ceci est vrai dans d'autres sociétés,
dira-t-on peut-être, mais certainement plus encore en France.

Et ces responsabilités-là pèsent lourdement sur les grandes personnes,° et
les rendent plus strictes à l'égard de leurs enfants qu'aux États-Unis.
65                                    Laurence Wylie et Armand Bégué, *Les Français*

---

**il ne vient à l'idée de personne** *it occurs to no one*  /  **attitré** *qualified*  /  **faire jouer** *to set in
operation*  /  **le maître** *teacher*  /  **de par** *by*  /  **qu'incombe le devoir** *that the duty falls*  /
**réprimé** *repressed*  /  **entraîné à** *trained to*  /  **la prise de position** *stand, (intellectual)
position*  /  **majeur** *of full legal age*  /  **ignorer** *to be unaware*  /  **que s'y pratiquait le trafic des
stupéfiants** *that narcotics were being sold there*  /  **les ennuis** (m) = les difficultés  /  **la petite
amie** *girlfriend*  /  **arroser d'essence** *to douse with gasoline*  /  **la foule** *crowd*  /  **mal élever** *to
bring up badly*  /  **En tant que** *As, In his capacity as*  /  **les grandes personnes** = les adultes

## INTELLIGENCE DU TEXTE

1. Dans le premier paragraphe, quel est le point de vue le plus important? Quelle différence voyez-vous entre la conception américaine de l'éducation des enfants et celle des parents français?
2. Comment les Français considèrent-ils le passé et la tradition? Cette opinion a-t-elle une conséquence sur la manière d'élever les enfants?
3. Quelle est l'expression souvent répétée par les parents qui montre que l'éducation doit être une préparation à la vie?
4. Pourquoi le bébé peut-il être choyé sans danger, et quand est-ce qu'on n'a plus le droit de le choyer?
5. Comment l'auteur montre-t-il que l'école renforce la socialisation qui est pratiquée dans la famille?
6. Sur quoi la socialisation française est-elle basée?
7. Indiquez dans le texte les mots ou expressions qui vous donnent l'impression que ce type d'éducation est essentiellement conservateur.
8. Quelle est la différence de conception entre les systèmes d'éducation français et américain en ce qui concerne la responsabilité?
9. Racontez à votre manière l'anecdote concernant M. Rapin et son fils «Monsieur Bill». Pourquoi, à votre avis, la foule est-elle tellement hostile au père?
10. Résumez les trois points de vue qui, selon ces auteurs, caractérisent l'éducation des enfants en France.

## *Vocabulaire satellite*

| | |
|---|---|
| l' éducation (f) | *upbringing*[1] |
| éduquer un enfant | *to bring up a child* |
| déterminer | *to determine* |
| être d'accord | *to agree* |
| gâter | *to spoil* |
| bien (mal) élevé | *well (ill) bred* |
| être strict (permissif) | *to be strict (permissive)* |
| punir | *to punish* |
| récompenser | *to reward* |
| étouffer | *to smother, stifle* |
| manquer de liberté | *to lack freedom* |
| le laisser-faire | *noninterference* |

*Assez! petit mal élevé...*

## PRATIQUE DE LA LANGUE

1. Quelles sont, à votre avis, les périodes les plus importantes de la vie? Interrogez vos camarades de classe.
   a. l'enfance
   b. l'adolescence

[1]The English word *education* is translated by *l'enseignement* (m) or *l'instruction* (f).

  **c.** la jeunesse
  **d.** l'âge adulte
  L'opinion de la classe est-elle conforme à celle des Français? Justifiez et discutez ces points de vue.
2. Vos parents ont-ils des points de vue communs avec les parents français?
  Formez des groupes de discussion représentant les partisans d'une conception
  **a.** conservatrice
  **b.** intermédiaire ⎬ de l'éducation des enfants.
  **c.** progressiste

3. Êtes-vous d'accord avec les principes suivants? Pourquoi? Pourquoi pas?
  **a.** Un enfant bien élevé est un enfant étouffé *(stifled).*
  **b.** Il faut punir un enfant plus souvent que le récompenser.
  **c.** Les parents permissifs gâtent leurs enfants.
  **d.** Les bonnes manières ne servent à rien.
  **e.** Un enfant qui manque de liberté manque de responsabilité.

# La famille et l'état

Unlike the United States, France has a long history of government involvement
in the family. Social legislation in this field first developed after World War I
and was coordinated into a Code of Family Law. In 1956 a new and much
enlarged *Code de la Famille* was designed to incorporate the many advances
in social legislation introduced during and after World War II.

The system of *allocations familiales* was initiated in 1940 and generalized
during the latter part of the decade. Originally designed to stimulate the
distressingly low birthrate that had affected France for several generations, this
system is now an established feature of French society. *Allocations familiales*
are monthly benefits paid by the government, based on the number of
children in a family. These benefits are extended to all families, irrespective of
need, to help them raise their children. To those who see in social legislation a
kind of welfare system, the fact that rich people—or, for that matter, aliens
working for a French employer—are entitled to such allocations may seem
surprising, but these payments must be viewed as a direct commitment by the
government to the children, who are equal under the law. The upward
adjustment of the *allocations familiales* was one of the first decisions made in
1981 by the administration of President Mitterrand. Expectant mothers are
entitled to an extensive maternity leave with pay, and a special bonus *(prime
de naissance)* is paid out at the birth of each child. Mothers from low- and
middle-income families who stay home to take care of their children also
receive special benefits that compensate them to some extent for the income

they could have derived from outside employment *(prime de salaire unique)*. Of course income-tax deductions for dependent children are also allowed in France.

Additional forms of government support are extended to families with three and more children *(familles nombreuses)* in terms of access to public transportation. In certain cases large families are also entitled to a housing allowance *(allocation de logement)* that permits them to pay a rent they could not otherwise afford.

The following excerpt highlights, in a humorous vein, the direct and indirect effects of such social legislation on the life-style of a low-income family. Christiane Rochefort, a contemporary prize-winning novelist, evokes in her style the language of the common people, with frequent use of slang and unacademic syntax.

## *Naître ou ne pas naître*

À la mi-juillet, mes parents se présentèrent à l'hôpital. Ma mère avait les douleurs.° On l'examina, et on lui dit que ce n'était pas encore le moment. Ma mère insista qu'elle avait les douleurs. Il s'en fallait de quinze bons jours,° dit l'infirmière°; qu'elle resserre sa gaine.°

5 Mais est-ce qu'on ne pourrait pas déclarer° tout de même la naissance° maintenant? demanda mon père. Et on déclarerait quoi? dit l'infirmière : une fille, un garçon ou un veau°? Nous fûmes renvoyés sèchement.°

Zut, dit mon père, c'est pas de veine,° à quinze jours on loupe° la prime.°[1]

Il regarda le ventre° de sa femme avec rancœur.° On n'y pouvait rien.° On 10 rentra en métro. Il y avait des bals, mais on ne pouvait pas danser.

Je suis née le 2 août. C'était ma date correcte, puisque je résultais du pont de la Toussaint.° Mais l'impression demeura, que j'étais lambine.° En plus j'avais fait louper les vacances, en retenant mes parents à Paris pendant la fermeture de l'usine.° Je ne faisais pas les choses comme il faut.°

15 Ma mère était déjà patraque° quand je la connus; elle avait une descente d'organes°; elle ne pouvait pas aller à l'usine plus d'une semaine de suite,°

---

**les douleurs** (f) *labor pains* / **Il s'en fallait de quinze bons jours** *She still had a good two weeks to go* / **l'infirmière** (f) *nurse* / **qu'elle resserre sa gaine** *let her tighten her girdle* / **déclarer la naissance** *to register the birth* / **le veau** *calf* / **renvoyé sèchement** *summarily dismissed* / **c'est pas de veine** = nous n'avons pas de chance / **à quinze jours on loupe** (argot) *we'll miss by fifteen days* / **la prime** = la prime de naissance / **le ventre** *belly* / **la rancœur** = le ressentiment, l'hostilité / **On n'y pouvait rien** *It couldn't be helped* / **le pont de la Toussaint** *the long weekend of All Saints' Day* / **lambin(e)** *slow, a dawdler* / **la fermeture de l'usine** *plant closing* / **comme il faut** *properly* / **patraque** (argot) = en mauvais état / **descente d'organes** *uterine prolapse* / **de suite** *consecutively*

[1]L'argent de la prime de naissance aurait permis au couple de mieux profiter de leurs vacances.

car elle travaillait debout; après la naissance de Chantal elle s'arrêta complètement, d'ailleurs° on n'avait plus avantage,° avec le salaire unique,° et surtout pour ce qu'elle gagnait, sans parler des complications avec la Sécurité°ᶜ
20  à chaque Arrêt° de Travail, et ce qu'elle allait avoir sur le dos° à la maison
avec cinq tout petits enfants à s'occuper, ils calculèrent qu'en fin de compte°
ça ne valait pas la peine, du moins si le bébé vivait.

À ce moment-là je pouvais déjà rendre pas mal° de services, aller au pain°,
pousser les jumeaux° dans leur double voiture d'enfant, le long des blocs,
25  pour qu'ils prennent l'air, et avoir l'œil sur Patrick, qui était en avance° lui
aussi, malheureusement. Il n'avait pas trois ans quand il mit un chat dans la
machine à laver; cette fois-là tout de même° papa lui donna une fessée°: la
machine n'était même pas payée.

Je commençais à aller à l'école. Le matin je faisais déjeuner les garçons, je
30  les emmenais à la maternelle,° et j'allais à mon école. Le midi, on restait à la

---

**d'ailleurs** *besides*  /  **on n'avait plus avantage** *it was no longer advantageous*  /  **le salaire unique**
= la prime de salaire unique (v. introduction)  /  **la Sécurité** = la Sécurité sociale  /  **l'arrêt**
(m) *stoppage*  /  **avoir sur le dos** *to be overloaded with*  /  **en fin de compte** *all things
considered*  /  **pas mal** *quite a few*  /  **aller au pain** = aller chercher du pain  /  **les jumeaux**
(m) *twins*  /  **en avance** *precocious*  /  **tout de même** *however*  /  **la fessée** *spanking*  /  **la
maternelle** = école maternelle : *nursery school*

cantine.° J'aimais la cantine, on s'assoit et les assiettes arrivent toutes remplies; c'est toujours bon ce qu'il y a dans des assiettes qui arrivent toutes
remplies; les autres filles en général n'aimaient pas la cantine, elles trou-
vaient que c'était mauvais; je me demande ce qu'elles avaient à la maison;
35  quand je les questionnais, c'était pourtant la même chose que chez nous, de
la même marque°, et venant des mêmes boutiques, sauf la moutarde, que
papa rapportait directement de l'usine; chez nous on mettait de la moutarde
dans tout.

Le soir, je ramenais les garçons et je les laissais dans la cour,° à jouer avec
40  les autres. Je montais prendre les sous° et je redescendais aux commissions.°
Maman faisait le dîner, papa rentrait et ouvrait la télé, maman et moi on
faisait la vaisselle, et ils allaient se coucher. Moi, je restais dans la cuisine à
faire mes devoirs.

Maintenant, notre appartement était bien. Avant, on habitait dans le trei-
45  zième,° une sale chambre avec l'eau sur le palier.° Quand le coin° avait été
démoli, on nous avait mis ici; dans cette Cité° les Familles Nombreuses
étaient prioritaires.° On avait reçu le nombre de pièces auquel nous avions
droit selon le nombre d'enfants. Les parents avaient une chambre, les garçons une autre, je couchais avec les bébés dans la troisième; on avait une
50  salle d'eau,° la machine à laver était arrivée quand les jumeaux étaient nés,
et une cuisine-séjour° où on mangeait; c'est dans la cuisine, où était la table
que je faisais mes devoirs....

Le vendeur vint reprendre la télé, parce qu'on n'avait pas pu payer les
traites.° Maman essayait d'expliquer que c'est parce que le bébé était mort,
55  et que ce n'était tout de même pas sa faute s'il n'avait pas vécu, et avec la
santé qu'elle avait ce n'était déjà pas si drôle.°

C'était un mauvais moment. Ils comptaient le moindre sou.° Je sais pas°
comment tu t'arranges° disait le père, je sais vraiment pas comment tu t'ar-
ranges, et la mère disait que s'il n'y avait pas le P.M.U.° elle s'arrangerait
60  sûrement mieux. Le père disait que le P.M.U. ne coûtait rien avec les gains
et les pertes° qui s'équilibraient et d'ailleurs il jouait seulement de temps en
temps et s'il n'avait pas ce petit plaisir alors qu'est-ce qu'il aurait, la vie n'est
pas déjà si drôle. Et moi qu'est-ce que j'ai, disait la mère, moi j'ai rien du
tout, pas la plus petite distraction dans cette vacherie d'existence,° toujours à
65  travailler du matin au soir.

Le soir on ne savait pas quoi faire sans télé, toutes les occasions étaient

---

**la cantine** *school cafeteria* / **la marque** *brand (of a product)* / **la cour** *yard* / **les sous** (m) =
l'argent / **la commission** *errand* / **le treizième** = le XIIIème arrondissement° : a low-
income section of Paris / **le palier** *landing (of a staircase)* / **la Cité**
*public housing project* / **être prioritaire** *to have priority* / **la salle d'eau** *combination wash and
laundry room, containing a sink and shower* / **la cuisine-séjour** *combination kitchen and living
room* / **la traite** *installment, monthly payment* / **ce n'était déjà pas si drôle** *life was already not
much fun* / **le moindre sou** *the slightest penny* / **Je sais pas** = Je ne sais pas / **s'arranger** *to
manage* / **la perte** *loss* / **cette vacherie d'existence** *this lousy life*

bonnes pour des prises de bec.° Le père prolongeait l'apéro,° la mère l'en-
gueulait.° Les petits criaient, on attrapait des baffes perdues.°

J'ai horreur des scènes. Le bruit que ça fait, le temps que ça prend. Je
70 bouillais° intérieurement, attendant qu'ils se fatiguent, qu'ils se rentrent dans
leurs draps,° et que je reste seule dans ma cuisine, en paix.

Christiane Rochefort, Les Petits Enfants du siècle

### INTELLIGENCE DU TEXTE

1. Pourquoi la mère va-t-elle à l'hôpital? Pourquoi les parents veulent-ils déclarer la naissance de l'enfant quinze jours trop tôt?
2. À l'occasion de quelle fête bien connue y a-t-il des bals publics en France?
   Quelle est la date de cette fête?
3. Pourquoi la mère avait-elle avantage à rester à la maison? Parmi les raisons qu'elle donne, citez-en deux qui sont propres à la société française.
   Pourquoi certains termes, tels que le mot «Allocations», ont-ils des majus-
   cules *(capital letters)* dans le texte?
4. Que faisait la petite fille à ce moment-là pour aider la famille?
5. Qu'a fait Patrick à l'âge de trois ans?
6. Quand la fillette va à l'école, où conduit-elle les plus jeunes?
7. Où mangent les enfants à l'école? Quelles différences y a-t-il entre la
   cuisine des autres enfants et celle de la famille de la petite fille?
8. Que faisait la fillette avant le dîner?
9. Pourquoi la famille était-elle prioritaire pour être logée dans une Cité? Décrivez le nouvel appartement.
10. Pourquoi la famille ne peut-elle plus avoir la télévision?
11. Comment le père perd-il son argent, selon sa femme?
12. Que faisaient le père et la mère depuis que la famille était sans télévision?
    Quelle est la réaction de la fillette devant toutes ces scènes de famille?

## Vocabulaire satellite

| | |
|---|---|
| à la maison | *at home* |
| les **rapports** (m) fami-<br>liaux | *family relationships* |
| s' **entendre**<br>(bien,mal) | *to get along (well,<br>badly)* |
| se **disputer** | *to fight* |

**la prise de bec** (argot) = la dispute  /  **prolongeait l'apéro** (m) = prolongeait l'apéritif° (m):
*he lingered over his drink (and came home late for dinner)*  /  **engueuler** (argot) *to bawl out*  /  **on
attrapait des baffes perdues** *we caught slaps not meant for us*  /  **bouillir** *to boil*  /  **le drap** *sheet*
*(of a bed)*

| | |
|---|---|
| s' occuper de | *to take care of* |
| se débrouiller | *to manage, to get by* |
| la scène de ménage | *family quarrel, scene* |
| garder les enfants | *to babysit* |
| être indépen-dant(e) | *to be independent* |
| être bien équi-libré(e) | *to be well balanced (in temperament)* |
| faire les courses | *to run errands* |

*On se débrouillera avec les allocations.*

## PRATIQUE DE LA LANGUE

1.  Complétez les dialogues suivants :
    a.  —Est-ce que tu t'entends bien avec ta famille?

        —. . .

        —Tu as de la chance! Il n'y a jamais de scènes de ménage chez toi.

        —. . .

        —Que fais-tu quand tes parents se disputent?

        —. . .

    b.  Une camarade invite la petite héroïne de Christine Rochefort à jouer avec elle, mais la petite fille n'a pas le temps à cause du travail qui l'attend à la maison.

        —Pourquoi ne joues-tu pas avec nous après l'école?

        —. . .

        —Quand est-ce que tu fais tes devoirs?

        —. . .

        —Pourquoi ne regardes-tu pas la télé?

        —. . .

        —Pourquoi est-ce que tu as beaucoup de petits frères et sœurs?

        —. . .

        —J'entends ta mère qui se dispute avec ton père quand il revient. Pourquoi?

        —. . .

        —Comment peux-tu vivre dans ces conditions?

        —. . .

2.  Improvisez de brefs dialogues qui mettent en scène
    a.  les parents et l'infirmière
    b.  la mère et le vendeur qui vient reprendre la télévision
    c.  une scène de ménage entre le père et la mère
3.  Que faites-vous pour aider votre famille?
4.  À votre avis, qui se débrouille le mieux dans la vie : un enfant bien discipliné ou un enfant à qui on laisse beaucoup de liberté? Justifiez votre point de vue.

# La famille dans le monde moderne

In a rapidly evolving French society, the views of some young parents today are in sharp contrast with those of their elders. As schools and families slowly move away from traditional patterns, parents and educators are experiencing great concern. Many traditionally oriented parents complain that the schools no longer support their efforts to discipline the child, while professional educators say that many families leave it to the teachers to raise as well as instruct the young. Since home, schools, and the government are closely interrelated, this change is seen as a serious crisis by society as a whole.

## La démission° des parents

Les enfants trop libres perdent le sens des convenances,° le respect, la mesure d'eux-mêmes et des autres. Les enfants comblés° deviennent des enfants blasés. Dans une société de consommation° qui veut se justifier en donnant aux hommes le goût des biens matériels et le goût de l'effort dont ils sont la
5 récompense, il est grave de faire passer° la satisfaction du besoin avant le besoin lui-même. Une interviewée raconte : «Un de mes amis a offert à son fils une caméra très coûteuse; il l'a retrouvée dans le grenier° où l'enfant l'avait abandonnée après quelques jours». Le temps est la mesure du désir; l'effort, la mesure de la joie. Quel goût ont encore les plaisirs de la vie quand
10 on les obtient sans avoir à les désirer? Privés de° cela qui pouvait leur donner une âme, les jouets° les plus coûteux retournent au néant.° Et quand la liberté elle-même devient un jouet, tout s'effondre.°
   «Ils ont eu tout, trop vite, trop tôt. Ils sont devenus très exigeants.° Et cette situation est très inquiétante° dans l'immédiat» (exploitante agricole°
15 mariée, 6 enfants).
   De combien de joie ont été privés ces enfants gâtés de la bourgeoisie d'après-guerre? Il faudrait le leur demander. D'ailleurs, ils l'ont dit en mai 68.ᶜ Ils le disent même au cours de l'enquête. À Agen,° une jeune fille de 20 ans attaque avec violence : «Mes parents ont été trop faibles. J'ai quitté
20 l'école, je suis des cours par correspondance; je fais ce que je veux; ce que je veux n'est finalement rien de bon».

---

**la démission** = le renoncement, l'abandon   /   **le sens des convenances** *the sense of what is proper*   /   **comblé** *overindulged*   /   **la société de consommation** *consumer-oriented society*   /   **faire passer** *to place, to rank*   /   **le grenier** *attic*   /   **privé de** *deprived of*   /   **le jouet** *toy, plaything*   /   **le néant** *nothingness, nonexistence*   /   **s'effondrer** *to collapse, to crumble*   /   **exigeant** *demanding*   /   **inquiétant** *disturbing*   /   **l'exploitante agricole** (f) *farming woman*   /   **Agen** ville du Sud-Ouest de la France

Un mot revient d'un bout° à l'autre de l'enquête : «démission des parents». Les enfants ne sont pas mal élevés, ils ne sont pas élevés du tout. Ces garçons terribles, ces filles en crise ne sont souvent que des garçons et des
25 filles abandonnés. Pourquoi? Il faut être deux pour faire un enfant. Il faut être deux jusqu'au bout pour le former. C'est ce que pensent 87% des femmes. Or° beaucoup de mères se plaignent° d'avoir été seules à faire face.° Cette démission des parents est d'abord la démission des pères. Il est vrai, remarque une Lilloise,° qu'un père harassé peut difficilement faire un père
30 attentif. Mais les femmes ne sont-elles pas harassées aussi?

La crise de l'adolescence inquiète particulièrement les Françaises et les Français. Crise éternelle, mais qu'autrefois étouffaient° plus ou moins les convenances, le respect, l'autorité pétrifiante° du père. Crise d'autant plus° grave que l'adolescent aujourd'hui se trouve dans une situation ambiguë, à
35 la fois° reconnu comme adulte (par la société de consommation d'abord) et tenu en tutelle° par les conditions sociales et culturelles.

Jean Mauduit, *La Révolte des femmes*

---

**le bout** *end* / **or** *but* / **se plaindre** *to complain* / **faire face** *to cope* / **une Lilloise** = une habitante de Lille, ville industrielle du Nord / **étouffer** *to stifle* / **pétrifiant** *petrifying* / **d'autant plus** *all the more* / **à la fois** *at the same time* / **la tutelle** *guardianship, protection*

## INTELLIGENCE DU TEXTE

1.  Qu'est-ce que les enfants trop libres perdent?
2.  Qu'est-ce qui est grave pour les jeunes dans notre société de consommation?
3.  Qu'est-ce qui fait apprécier la joie d'obtenir quelque chose? Illustrez votre réponse en racontant l'anecdote de l'enfant et de sa caméra.
4.  Qu'est-ce qui est inquiétant selon l'exploitante agricole?
5.  Comment la jeune fille de vingt ans parle-t-elle de ses parents?
6.  Quels mots reviennent d'un bout à l'autre de l'enquête quand on parle des parents?
7.  Qu'est-ce qui étouffait autrefois la crise éternelle de l'adolescence?
8.  Pourquoi la condition de l'enfant dans le monde d'aujourd'hui est-elle ambiguë?

## *Vocabulaire satellite*

| | |
|---|---|
| démissionner | *to resign, to quit* |
| faire face à | *to face, to confront* |
| mettre en question | *to question* |
| la crise | *crisis* |
| être trop libre | *to have too much freedom* |
| être exigeant (e) | *to be demanding* |
| se plaindre (de) | *to complain (of)* |
| la délinquance juvénile | *juvenile delinquency* |
| fuir | *to flee, to run away* |
| échapper à | *to escape (something)* |
| se rebeller | *to rebel* |

*Moi, je démissionne!*

## PRATIQUE DE LA LANGUE

1.  Complétez le dialogue suivant:
    A: À ton avis, dans quel type de famille y a-t-il le plus de risque de délinquance juvénile?
    B: . . .
    A: Tu crois? Pourquoi?
    B: . . .
    A: Je ne suis pas du tout d'accord!
    B: Pourquoi?
    A: Parce que. . .
2.  À votre avis, le féminisme a-t-il une influence sur la façon d'élever les enfants? Pourquoi?

3. Improvisez la scène suivante: un(e) étudiant(e) joue le rôle d'un(e) sociologue qui enquête sur «la crise de la famille». Les étudiants sont invités à
   représenter des personnes de professions et d'âge différents. Ils (elles) peuvent raconter une anecdote pour illustrer leurs opinions.

## SUJETS DE DISCUSSION OU DE COMPOSITION

1. Composez une lettre adressée à une amie par un enfant qui se trouve dans
   des conditions culturelles et matérielles semblables à celles décrites par
   Christiane Rochefort.
2. La télévision affecte-t-elle les rapports familiaux? A-t-elle une influence po-
   sitive ou négative sur les relations familiales?

# *Modes de vie*

# Ville et campagne

## La ville surpeuplée

Anyone going to France for the first time—and even more so, perhaps, someone returning there after twenty years—may be startled by the number of new apartment buildings in every town and suburb. It may be disconcerting to see the traditional architecture of Paris silhouetted against the futuristic skyscrapers of *La Défense, Le Front de Seine,* the brash *Tour Montparnasse,* or the incongruous *Centre Pompidou.* Automobiles now race along the once romantic banks of the Seine. France's major cities—especially Paris—have grown tremendously since the end of World War II. Some twelve million people, or well over one-fifth of the total population of France, now live in the greater Paris area, which has been subdivided into seven *départements*[c]. A metropolis as well as a capital, Paris monopolizes every form of national activity: it serves as headquarters for 70 percent of French business firms, provides employment for 40 percent of all senior executives, and attracts 35 percent of the student population and 70 percent of the country's personnel. Half the total expenditures for urban development go to the Paris area.

The predominance of Paris over the provinces has been reinforced throughout French history. This is seen, for example, in the forging of national unity by the Capetian kings, lords of Paris; in the centralization initiated by the Bourbon kings and completed by Napoleon; and in the economic expansion of the nineteenth century, which created a vast network of roads and railroads radiating from Paris. As France entered the modern age, Baron Haussmann, a technocrat with a vision, drove wide boulevards through the congested sections of the old city and by the last quarter of the nineteenth century had turned Paris into the world's most elegant capital. The working-class population was driven to the outskirts of the city, where—especially to the north and east—Paris was soon ringed by drab, impoverished districts known as "the red belt"(*la ceinture rouge*) because of workers' political allegiance to the left.

By 1950, systematic planning had begun to limit and control the growth of the Paris area. Initially, the quickest and most economical solution seemed to be urban renewal for the suburbs in the form of large housing projects (*grands ensembles*[c]) and low-income housing (*habitations à loyers modérés*, or *H.L.M.*[c]). This did not relieve the congestion of the urban area, however, so other alternatives were sought. In 1965 a master plan *(schéma directeur)* was drawn up, based on forecasts of a metropolitan Paris population of fourteen million by the end of the century. The plan proposed new centers of urbanization to compete with Paris and stabilize the growing population under normal, decent living conditions. Quickly, new cities (*villes nouvelles*[c]) sprang up: Evry and Melun-Senart to the southeast, and Marne-la-Vallée and Cergy-Pontoise to the northwest. Today these new cities seem to be the answer to the problem.

With the assistance of the central government, other vigorous measures have renovated the capital itself. Slum clearance programs have restored the beauty of the historic Marais. Les Halles, the central market district, was moved from Paris to suburban Rungis to reduce heavy trucking in the city. The modernistic shopping center built in its place has become a popular rendezvous for young people and tourists. With its aggressively modern architecture and garish colors, the nearby *Centre Pompidou* (familiarly known as Beaubourg) is now recognized as a model concept of today's museum, with its permanent galleries, its constantly changing temporary exhibits, and its libraries from which books and records can be borrowed.

Meanwhile, the slums of southwest Montparnasse and of the fifteenth arrondissement[c] have been rejuvenated, and major monuments throughout the city have been scoured clean of age-old soot and grime. Ambitious architectural projects are being developed by the current administration: the *Opéra du Peuple*, built on the historic Place de la Bastille; the renovation of the Louvre with its controversial, pyramid-shaped outside entrance; the *Arc de Triomphe de La Défense;* and the new *Ministère des finances* on the Quai de Bercy, which will give a face-lift to an otherwise cluttered area of the city. A major cultural complex being planned for the Parc de la Villette will include a futuristic museum of science and technology, a *cité musicale*, and a park incorporating the old *Grande Halle*, a nineteenth-century landmark.

> *L'historien Pierre Miquel indique ici les problèmes que pose l'urbanisation en France et nous montre comment la crise du logement demeure un problème national, en même temps qu'un souci*[°] *majeur pour le Français moyen.*[°]

**le souci** = la préoccupation  /  **moyen** *average*

# *L'urbanisation*

La progression démographique est particulièrement spectaculaire dans la région parisienne. Par exemple, si la ville même de Paris perd 7% de la population de 1962 à 1968, l'ensemble de la région s'accroît° de 9,2% dans la
période correspondante. Le développement des autoroutes° et des grands
5 ensembles n'y est certainement pas étranger.°

Cet exode° vers certaines régions privilégiées (Paris, le Midi méditerra-
néen, la région Rhône-Alpes, le Midi aquitain) se traduit évidemment par un
développement des villes anciennes ou par la création de villes nouvelles. La
progression la plus rapide est celle des villes de banlieue.° Des villes comme
10 Meudon, Champigny, Aulnay-sous-Bois, existaient déjà : elles étaient de petites communes-dortoirs° proches de° Paris. Elles sont devenues, avec les nouveaux programmes de construction, des dortoirs géants. Désertes dans la journée, elles fourmillent,° aux soirs d'hiver, de milliers de petites fenêtres
éclairées,° cependant que, dans leurs parkings trop étroits,° s'entassent° les au-
15 tomobiles qui, le samedi soir, créent les encombrements° des Champs-Élysées.°

La nécessité de construire vite, à bon marché, les logements urbains, a
créé des problèmes de cohabitation. Les citadins° se plaignent, dans la région
parisienne surtout, du bruit et de la place très exiguë° qui leur est mesurée
dans les différents types de logements H.L.M. La standardisation de ces lo-
20 gements, l'implantation généralement excentrique° des «ensembles» crée
chez les habitants un sentiment d'uniformité et d'ennui, auquel s'ajoute la
frustration d'une vie quotidienne° privée des services essentiels de la ville,
commercants,° distractions, etc. Telle est l'origine de ce que romanciers, journalistes, sociologues, appelèrent «le malaise des grands ensembles».°

25 Les hautes tours de béton° constituent en effet de nouvelles cités dortoirs,
que ne peuvent déserter dans la journée les enfants et les femmes occupées
chez elles. Si l'on a pu construire en toute hâte° des lycées et des collèges à
proximité, les liaisons urbaines n'ont pas toujours été installées commodément.° Les antennes de télévision isolent les ménages dans les trois ou quatre
30 pièces de la communauté familiale. Les distractions collectives sont rares.
L'animation culturelle° est faible. L'urbanisme hâtif de l'après-guerre a créé
des ensembles dont tout le monde aujourd'hui convient° qu'ils ne sont pas
adaptés à la vie urbaine.

Dès lors,° urbanistes et architectes poursuivent un double effort : huma-
35 nisation des «ensembles»; création de centres commerciaux qui sont des

---

**s'accroît** = augmente  /  **l'autoroute** (f) *expressway*  /  **pas étranger** *not unrelated*  /  **l'exode**
(m) = l'émigration en masse  /  **la banlieue** *suburbs*  /  **la commune-dortoir** *bedroom*
*community* (le dortoir = *dormitory*)  /  **proche de** *near*  /  **fourmiller** *to swarm*  /  **éclairé**
*lighted*  /  **étroit** *narrow, small*  /  **s'entasser** *to crowd together, to be crammed*  /
**l'encombrement** (m) *traffic jam*  /  **le citadin** = l'habitant d'une ville  /  **exigu** =
extrêmement petit  /  **excentrique** *remote, outlying*  /  **quotidien** *daily*  /  **commerçants** (m)
*storekeepers*  /  **le malaise des grands ensembles** *housing-project blues*  /  **la tour de béton**
*concrete tower (high-rise apartment building)*  /  **en toute hâte** *in great haste*  /  **commodément**
*conveniently*  /  **convenir** = être d'accord  /  **dès lors** *since then, accordingly*

lieux de promenade, de regroupement, de distraction. L'exemple de «Parly
II» est souvent cité dans cet ordre d'idée. On a construit, dans l'ouest de
Paris, un ensemble d'habitations complet, qui ne comprend pas seulement
les logements et les services essentiels, mais aussi des distractions compara-
40  bles à celles des quartiers spécialisés de la capitale. On trouve à «Parly II»
un cinéma en exclusivité,° de style «Champs-Élysées,»° des boutiques représentant les meilleures marques° des grands quartiers, des «drugstores,» etc.
Mais si «Parly II» est une réussite, c'est une réussite de luxe, destinée aux
cadres moyens et supérieurs.° Au niveau des H.L.M. une telle implantation
45  est inimaginable.
      La deuxième solution est moins onéreuse°; elle consiste à personnaliser, à
individualiser la construction en proposant des maisons individuelles
construites en série° ou des ensembles à peu d'étages, aux lignes variées,
regroupant en leur centre des lieux commerciaux ou distractifs. Les nou-
50  veaux programmes sont souvent axés sur° la création, en pleine campagne,°
de ces «villages» ou de ces «hameaux»,° qui sont en réalité de nouveaux
ensembles. Mais l'initiative privée est encore seule capable d'aborder° ce type
de réalisation.° L'acquisition d'une maison individuelle reste en France un
privilège qui coûte relativement cher.

Pierre Miquel, La France : développement économique et social

---

**le cinéma en exclusivité** *first-run movie theater*  /  **la marque** *brand (of a product)*  /  **les cadres
moyens et supérieurs** *middle- and top-level executives*  /  **onéreux** = difficile  /  **en série** *mass-
produced*  /  **axé sur** *centered on*  /  **en pleine campagne** *in the open country*  /  **le hameau**
*hamlet*  /  **aborder** = entreprendre, commencer  /  **la réalisation** *undertaking*

## INTELLIGENCE DU TEXTE

1. À Paris est-ce la ville ou la région qui s'accroît maintenant?
2. Citez deux facteurs qui ne sont pas étrangers à l'accroissement de la population dans la région parisienne.
3. Le développement des villes nouvelles est-il le seul phénomène d'expansion de la région parisienne? Donnez quelques exemples.
4. Circule-t-on facilement sur les Champs-Élysées le samedi soir? Pourquoi ou pourquoi pas?
5. De quoi se plaignent les citadins qui vivent dans les H.L.M. de la région parisienne?
6. Existe-t-il des grands ensembles aux États-Unis? Si oui, quel peut être le malaise qu'ils créent?
7. Quels avantages présente Parly II? Pourquoi n'est-ce pas une réussite totale?
8. Quelle autre solution proposent les urbanistes? Quels sont les avantages et les inconvénients de cette formule?
9. Pourquoi l'acquisition de la maison individuelle reste-t-elle un rêve pour beaucoup de Français?
10. L'urbanisation a-t-elle créé des problèmes similaires aux États-Unis? Donnez des exemples.

## *Vocabulaire satellite*

| | |
|---|---|
| le **centre des affaires** | *business center* |
| le **quartier** | *section of town, neighborhood* |
| le **faubourg** | *suburb* |
| la **banlieue** | *suburbia* |
| l' **animation** (f) **de la ville** | *bustle of the city* |
| la **foule** | *crowd* |
| **être attiré par** | *to be attracted by* |
| la **circulation (intense)** | *(heavy) traffic* |
| l' **encombrement** (m) | *traffic congestion* |
| l' **embouteillage** (m) | *traffic jam* |
| **prendre le métro, l'autobus, le train** | *to take the subway, the bus, the train* |
| **aller à pied (en voiture)** | *to walk (drive)* |
| **déménager** | *to move* |
| **faire la navette** | *to commute* |

*Toujours, métro, boulot, dodo.**

| | |
|---|---|
| **surpeuplé** | *overpopulated* |
| l' **autoroute** (f) | *expressway* |
| l' **avantage** (m) | *advantage* |
| l' **inconvénient** (m) | *disadvantage* |
| la **tour** | *high-rise apartment or office building* |
| l' **immeuble** (m) | *apartment house, house* |
| les **taudis** (m) | *slums* |
| le **crime** | *crime* |
| la **pollution** | *pollution* |

* "métro, boulot, dodo" (fam.) lit., "subway, work, sleep" (a formula used by Parisian workers to describe the monotonous routine of their lives)

## PRATIQUE DE LA LANGUE

1.  Où habitez-vous et pourquoi avez-vous choisi ce genre d'habitation et cet endroit *(location)*? Comment allez-vous à votre travail (ou à votre école)?
2.  Demandez aux autres étudiants quels sont les quartiers de votre ville qu'ils préfèrent et ceux qu'ils évitent. Pour quelles raisons? Dressez une carte (ou une liste) des quartiers les plus attirants en indiquant les raisons de leur popularité (spectacles, magasins, résidences, parcs, etc.)
3.  Improvisez les dialogues suivants :
    a.  Deux habitants d'un H.L.M. se plaignent de leur vie quotidienne.
    b.  Un résident de «Parly II» et un habitant du centre de Paris comparent et mettent en contraste leur mode de vie.
    c.  Deux étudiant(e)s qui habitent la campagne décident de passer le week-end à Paris. Ils (elles) discutent de leurs projets et de leurs activités.
4.  Vous avez déménagé dans un «hameau» situé dans une jolie banlieue après avoir habité un grand ensemble dans un quartier surpeuplé. Préparez un monologue en employant les temps du passé, pour raconter ce qu'était votre vie dans cet environnement et pourquoi vous avez déménagé.
5.  Vous avez décidé d'acheter un appartement en ville parce que vous en avez assez de faire la navette. Préparez un monologue comparant votre vie avant et après.

# La France rurale

France has always been an agricultural country where farmers are held in high esteem. In fact, many claim that Frenchmen have retained *une mentalité de paysan,* with a realistic outlook on life and a strong attachment to their environment. Even though the percentage of the population actively engaged in agriculture declined from 20 percent in 1955 to less than 15 percent in 1980, agriculture remains an important part of the economy. Large landholdings account for 31 percent of the land under cultivation, but there is still a very large number of small and medium-sized production units in farming, cattle and poultry raising, dairy farming, market gardening, winegrowing, and so forth.

The government's farm policy has sought to modernize French agriculture, while paying lip service to the rather utopian notion of stemming the rural exodus. Government-sponsored measures include the consolidation of fragmented landholdings *(remembrement),* the encouragement of cooperatives, the extension of special credit to farmers, and direct and indirect subsidies. The latter, however, seem to have mostly benefited certain large landowners and are now being gradually eliminated as a result of France's membership in the Common Market.

In spite of these measures, the farmers have grievances that they take very seriously. They complain above all of being squeezed between rising costs and declining market prices—a squeeze frequently aggravated by the elimination of protective tariffs within the Common Market. Politically active, they have expressed these grievances through conventional lobbying, the organization of rural unions, and also—increasingly—through public demonstrations. They have covered walls with slogans and with their symbol of protest, *les tridents de la colère*—a three-pronged pitchfork. They have blocked highways with tractors, fouled the steps of official buildings with manure, kidnapped a Minister of Agriculture, and marred the opening ceremonies for a new expressway by releasing truckloads of pigs on the construction site.

Yet if the French farmer, fiercely independent, defies the central government, he remains essentially conservative in outlook, a traditionalist tied to the soil.

> *Paysan de la Beauce, ce «grenier° de la France», Ephraïm Grenadou a raconté sa vie à l'écrivain Alain Prévost. La commune<sup>c</sup> où il habite se trouve dans une grande plaine que dominent les tours de la cathédrale de Chartres. Le passage suivant décrit comment un paysan de la Beauce passe une de ses journées.*

# Un paysan de la Beauce

J'ai soixante-neuf ans et je cultive cent soixante-dix hectares.°

Tous les matins, je me lève à six heures. Mes compagnons viennent manger et je fais chauffer le café. La patronne° se lève après, tout doucement. Pendant que mes ouvriers déjeunent, je prends seulement du café et on
5 cause° du boulot° de la veille,° d'où on en est,° de ce qu'on va faire. Quand ils savent leur travail de la journée, je vais curer mes deux vaches.°

Si j'ai encore deux vaches, c'est parce que je veux pas* être cultivateur° et aller au lait chez le voisin. Je peux pas lui dire : «J'ai plus de vache parce que ça ne rapporte pas».° Pourquoi est-ce qu'il me vendrait du lait, alors?
10 Je déjeune: des œufs. Je soigne° les poules, les canards, mon chien. J'aide

---

**le grenier** *granary, breadbasket* / **l'hectare** (m) *hectare* (= 2.47 *acres*) / **la patronne** *female boss, here "the wife"* / **causer** *to chat* / **le boulot** (*argot*) = le travail / **la veille** = le jour avant / **où on en est** *how far we've got* / **curer les vaches** *to clean the cows' stable* / **le cultivateur** *farmer, grower (as opposed to a farmer who raises animals)* / **ça ne rapporte pas** = ce n'est pas profitable / **soigner** = s'occuper de

---

\* Dans la langue parlée le *ne* de *ne... pas* est fréquemment omis.

la patronne; je vais lui chercher ses pommes de terre, ses poireaux° dans le
jardin. Je lui apporte tout à la maison parce qu'avec l'âge, elle est moins
magnante.°

    Après, je prends ma voiture et je fais un tour, voir mes gars.° À ce mo-
15 ment-là, j'observe la culture.° Je prends les chemins de traverse,° je passe
dans mes champs, je vois le blé° où j'ai semé.° Je le vois lever,° je le vois
pousser,° je vois ce qu'il lui manque, s'il a faim, s'il faut que je le traite, que
je le nettoie.

    L'histoire d'être cultivateur,° c'est d'observer. Toutes ces plantes-là, c'est
20 comme des animaux, ou même des enfants. Je les regarde grandir et si elles
profitent mal, je fais ce que je peux. Ce qui m'intéresse dans la moisson,°
c'est de la voir pousser belle. Elle me plaît parce qu'elle vient de moi, un peu.
Quand elle est battue° et stockée sous le hangar,° je la regarde plus.

    Je trouve mes gars, je descends de l'auto, je marche derrière le tracteur.

---

**le poireau** *leek*  /  **magnant** (dialecte) = vigoureux  /  **le gars** *man, guy*  /  **la culture** *crop*  /
**le chemin de traverse** *shortcut*  /  **le blé** *wheat*  /  **semer** *to sow*  /  **lever** *to sprout*  /
**pousser** *to grow*  /  **l'histoire d'être cultivateur** *the trick to being a farmer*  /  **la moisson** *crop,*
*harvest*  /  **battu** *threshed*  /  **le hangar** *shed*

25  Ça m'intéresse tellement qu'au lieu de faire un tour, j'en fais trois. Midi arrive, je suis surpris.

Le midi, je mange avec mes ouvriers. Là, c'est plus la même conversation que le matin et on ne parle plus du boulot. On parle du journal et de toutes sortes de choses. Après les grandes tablées° d'autrefois, nous voilà quatre.
30  C'est plutôt la vie de famille.

À deux heures moins dix, je suis tellement habitué que je me lève sans regarder la montre. Mes gars partent. Souvent, j'ai des courses à faire; comme aujourd'hui, j'ai été à Chartres avec Marius et on a acheté une tronçonneuse°; ou bien la banque, des visites, emmener la patronne chez le médecin.
35

Vers cinq heures, je vais à Luplanté faire ma partie de billard.° Je trouve les copains. On joue jusqu'à sept heures et je rentre.

Je repasse par mes chemins de traverse. Je vois les perdreaux°; l'été, ils ont des petits et ils courent le long des chemins. Ils connaissent mon auto et
40  quand je passe à côté d'eux ils se sauvent° pas.

Le samedi après-midi, je monte à Chartres comme tous les cultivateurs de la Beauce. Depuis trente ans, je manque mon samedi guère plus que deux fois par an. Depuis quinze ans, je vais au club de billard. Dans ce club, on vient de toutes les corporations°: des commerçants, des fonctionnaires,° des
45  cultivateurs, des jeunes, des vieux. Tout le monde se fréquente.° Notre goût, c'est le tapis vert.°

Sur le marché des Halles, je trouve mes Beaucerons.° On cause de notre travail. La conversation dépend des saisons. L'hiver, on parle du mauvais temps. Plus tard, qui a semé son orge°?
50  —Moi, j'ai commencé.

—Moi, je suis à moitié. À la moisson, les gars parlent de leur récolte°:

—Ça fait quarante quintaux° de l'hectare...

—Cinquante! Soixante!

À force de mentir,° on arrive à se croire, parce que la mentalité des Beau-
55  cerons c'est «au plus fort»,° toujours «au plus fort». J'aime mieux entendre ça que d'être sourd.°

On est deux heures sur le marché, par petits groupes. On se rencontre de l'un à l'autre. Des questions de commerce, il en est presque plus question maintenant, puisqu'on passe par les coopératives.°
60  Après, c'est le café Noblet, toujours plein le samedi. Ça se bouscule° jusqu'au premier étage. On boit un apéritif° ou deux.

---

**la tablée** *tableful (of people)*  /  **la tronçonneuse** *portable chainsaw*  /  **la partie de billard** *game of billiards*  /  **le perdreau** *young partridge*  /  **se sauver** *to fly away*  /  **on vient de toutes les corporations** *people of all trades come*  /  **le fonctionnaire** *civil servant*  /  **se fréquenter** *to socialize*  /  **le tapis vert** *the green baize* ( = *the billiard table*)  /  **le Beauceron** = *habitant de la Beauce*  /  **l'orge** (f) *barley*  /  **la récolte** *crop*  /  **le quintal** *a weight: 100 kilograms*  /  **à force de mentir** *after so many lies*  /  **au plus fort** *one-upmanship*  /  **sourd** *deaf*  /  **la coopérative** *producers' cooperative*  /  **ça se bouscule** *people are jostling one another*

Pendant ce temps-là, la patronne a fait ses courses. Je la ramène. Avant, il fallait s'en venir plus tôt pour nourrir les ouvriers qui revenaient des champs; mais depuis quelques années, je leur donne congé samedi après-
65 midi et on mange plus tard.

Alain Prévost, *Grenadou, paysan français*

### INTELLIGENCE DU TEXTE

1. Que se passe-t-il le matin dans la maison de Grenadou?
2. Pourquoi ce cultivateur garde-t-il encore des vaches?
3. Quelles sont les activités de la ferme avant le déjeuner?
4. Quelle comparaison fait-il en parlant de ses plantes?
5. Dans le passé, ce cultivateur employait plus d'hommes. Combien sont-ils maintenant? Quels rapports ont-ils avec le patron?
6. Quelles détentes *(relaxations)* Grenadou trouve-t-il après le travail? Comment profite-t-il du calme de la campagne dans les chemins de traverse?
7. Pourquoi le samedi est-il un jour spécial?
8. De quoi parlent les Beaucerons au marché?
9. Comment les paysans vendent-ils leurs produits maintenant?
10. Pourquoi Grenadou peut-il rester plus longtemps en ville le samedi qu'autrefois?

## *Vocabulaire satellite*

| | |
|---|---|
| la **vie au grand air** | *outdoor living* |
| la **vie détendue** | *relaxed, unhurried living* |
| se **détendre** | *to relax* |
| se **reposer** | *to rest* |
| le **calme** | *peace and quiet* |
| la **santé** | *health* |
| **sain**(e) | *healthy, wholesome* |
| le **paysage** | *landscape* |
| **aller à la campagne** | *to go to the country* |
| le **campagnard** | *person who lives in the country* |
| **faire une promenade** | *to take a walk* |
| **prendre un bain de soleil** | *to sunbathe* |
| le **bois** | *wood* |
| le **champ** | *field* |
| la **montagne** | *mountain* |
| la **plage** | *beach* |

*Vive la vie au grand air!*

| | |
|---|---|
| **visiter une région (un endroit)** | *to visit a region (a place)* |
| **rendre visite à quelqu'un** | *to visit someone* |
| **passer des vacances** | *to spend a vacation* |
| **faire de l'auto-stop** | *to hitchhike* |
| **camper** | *to camp* |
| **ennuyeux**(-euse) | *boring* |
| **avoir l'esprit étroit (large)** | *to be narrow- (broad-) minded* |

**PRATIQUE DE LA LANGUE**

1. Pourquoi, à votre avis, Grenadou a-t-il l'air d'un homme si heureux? Qu'est-ce qui vous attire, personnellement, dans la vie à la campagne?

2. Grenadou, devenu vieux, a dû déménager dans un petit appartement en ville. Il téléphone à un ami campagnard. Improvisez leur conversation en employant les temps du passé ou du présent selon que les deux personnages parlent de leurs souvenirs communs ou de leur situation actuelle.

3. Improvisez les dialogues suivants :

   a. Grenadou discute des plaisirs de la vie à la campagne avec un(e) touriste qui adore la ville.

   b. Deux étudiant(e)s échangent leurs impressions personnelles de la vie à la campagne. Chacun(e) essaie d'impressionner l'autre et ils (elles) choisissent donc comme exemples des incidents uniques (étranges? absurdes? ridicules? tragiques?).

   c. Un couple de citadins fait des projets d'avenir. La femme voudrait vivre à la campagne et ouvrir une boutique (ou bien : ouvrir un petit hôtel, racheter une ferme abandonnée). Le mari préfère vivre à la ville (pour son métier ou à cause des activités culturelles de la ville). Imaginez leur discussion et la façon de trouver un compromis.

4. Préparez un monologue où vous parlez de votre vie quotidienne (à la ville ou à la campagne) en employant un style direct, simple et clair comme celui de Grenadou.

# La campagne perdue et retrouvée

Although France is the oldest of Europe's major states and has a long history of centralized government, the French have nevertheless retained a strong attachment to local traditions and a well-earned reputation for parochialism. This is due in large part to the fact that France remained a rural nation until well into the twentieth century: as late as 1921, 53.6 percent of all French people lived in communes with fewer than 2,000 inhabitants. Many peripheral regions that had been conquered by the French monarchy centuries before remained economic backwaters until the second half of the nineteenth century. In 1863, only slightly more than half of all schoolchildren aged 7 through 12 could speak and write French.

While modernization and mass education did turn "peasants into Frenchmen,"* in the process many regions were drained of their human resources and cultural autonomy, thus creating, among the French, feelings of abandonment and skepticism vis-à-vis the central government. Regionalist

*Eugene Weber, *Peasants into Frenchmen*, p. 197.

movements (mostly of a cultural nature) developed in Provence, Languedoc, Corsica, Alsace, Brittany, and elsewhere as early as the nineteenth century but did not seriously disturb the pattern of administrative and economic centralization. Not until the 1960s did the government initiate a policy of regional economic development. In 1981 the Mitterrand administration, continuing the trend, transferred some important prerogatives to local governments.

This belated recognition was, at least in part, a response to renewed popular interest in France's endangered regional traditions. Regional languages, which had become mere dialects because of the compulsory use of French in government and education, attracted fresh interest, along with other forms of local cultural expression such as poetry, dance, and music. In 1970, the study of Provençal, Breton, and Flemish was approved to satisfy the foreign language requirements of the *baccalauréat*. Today traditional songs and dances are taught and performed at local cultural centers and have achieved a degree of popularity among young people, as has the wearing of regional costumes for festive occasions. Summer folk festivals, once artificially staged for tourists, have become a focus of community involvement and have been incorporated into traditional village celebrations, both religious and secular. The demand for political and economic autonomy remains quite strong. At one extreme, in Corsica and Brittany, it has occasionally inspired terrorism by a small minority. But a more moderate and more general regionalist theme has been aptly expressed in Occitan, a language spoken in southern France, in the slogan "volem viure al païs": we want to live (i.e., make a decent living) in our own home region.

In some respects, the regionalist movement may be seen as nothing more than a nostalgic throwback, or as a swan song of archaic cultures condemned to disappear as France moves into the age of high technology and mass media. Yet even as France was undergoing industrialization and modernization, the increasingly urbanized French never quite lost their peasant roots. To this day, millions of them have maintained links with their rural relatives (whom they often visit for an inexpensive vacation) and with their ancestral villages, where many cling to the family homestead because of the deeply ingrained attachment that most French people feel toward the land. In recent decades this tradition has found expression in the proliferation of the *résidence secondaire*—the vacation home that every moderately affluent Frenchman longs to own, and that is often located in an area where family roots can be claimed.

Brittany is the part of France where folklore and traditions have best survived. Though under French control since 1547, this province remained somewhat cut off from the rest of France until early in the last century. This isolation allowed the Bretons to preserve a separate culture whose central features hark back to Celtic and even earlier traditions. In a now classic study sociologist Edgar Morin scrutinized the small rural town of Plodémet, on the southern coast of Brittany. His monograph captures Plodémet at a decisive

turning point, when traditions and customs are struggling to adapt and survive
in the face of socioeconomic change and modernization.

## Tradition et modernisme dans une commune bretonne

À l'extrémité occidentale° de la France, en Bretagne, à l'extrémité occidentale de la Bretagne, entre Quimper et la pointe du Raz est située la commu-
ne° de Plodémet.

5    On sent° un autre monde à voir affluer° de la campagne à la messe du
dimanche, parlant breton, les vieux à chapeau rond, tunique de velours° noir
boutonnée sur le côté, sabots de bois vernis,° et les vieilles à haute coiffe°
cylindrique de dentelle° blanche, tablier° de satin ou de velours sur la grosse
jupe noire. Nous sommes sur le territoire de l'archaïque pays bigouden°...
Mais les gens de moins de 50 ans sont endimanchés° bourgeoisement, et
10   parlent français.

Le bourg° comporte° deux centres, séparés par la maison Kérizit, aujour-
d'hui abattue° et remplacée par un parking. L'un est le centre-carrefour,° au
confluent° des grandes routes, avec deux arrêts de car,° cinq cafés et quatre
boutiques. Au Café des Sports, sont affichés les résultats des tournois régio-
15   naux de football.° Un flipper° et un baby-foot° sont disposés dans l'arrière
salle; le café est de plus bureau de tabac,° centre de vente et de distribution
communale des journaux, papeterie°-librairie, et P.M.U.° Le café Au Vais-
seau° des Droits de l'Homme n'a pas de vitrine,° mais a modernisé son intérieur avec du néon et l'a enjolivé° avec des coquillages, crustacés et filets de
20   pêche° accrochés° aux murs. Fréquenté par les adolescents, il est équipé de
juke-box, billard électrique, shooteur électrique, baby-foot. La patronne, Marie, beau visage de 50–60 ans, porte la coiffe bigoudenne, est chaussée de
sabots°, fredonne° les airs à la mode, va chercher sa vache au pré.° Le café-
crêperie° Ty-Koz s'est habillé d'une façade néo-rustique pour touristes; la
25   confection de crêpes° se raréfie hors saison et Ty-Koz redevient essentiellement café, arrêt de cars et dépôt de messageries.°

**occidental** *western*  /  **sentir** = avoir l'impression de  /  **affluer** *to stream in*  /  **le velours**
*velvet*  /  **sabots de bois vernis** *varnished wooden shoes*  /  **la coiffe** *headdress*  /  **la dentelle**
*lace*  /  **le tablier** *apron*  /  **le pays bigouden** *Bigouden country: an area in Brittany characterized
by the cylindrical shape of its "coiffes"*  /  **endimanché** *dressed in Sunday best*  /  **le bourg** *market
town*  /  **comporter** *to comprise*  /  **abattre** = démolir, détruire  /  **le carrefour** *crossroads*  /
**le confluent** *junction*  /  **l'arrêt de car** (m) *bus stop*  /  **les résultats des tournois régionaux de
football** *scores from the local soccer matches*  /  **le flipper** *pinball machine*  /  **le baby-foot** *miniature
hand-operated soccer game*  /  **la papeterie** *stationer's shop*  /  **le vaisseau** *vessel, ship*  /
**la vitrine** *showcase*  /  **enjoliver** = rendre joli  /  **coquillages, crustacés et filets de pêche**
*shellfish, crustaceans, and fishing nets*  /  **accroché** *hanging*  /  **être chaussé de sabots** *to wear
wooden shoes*  /  **fredonner** *to hum*  /  **le pré** *meadow*  /  **la crêperie** = restaurant où on
mange des crêpes  /  **la crêpe** *the large, paper-thin Breton pancake*  /  **les messageries** (f) *parcel
service*

Le centre monumental comprend° la mairie° et l'église en face à face antagoniste,° le cimetière et la poste.... Un sobre calvaire° se dresse° près de
l'église. Entre la mairie et l'église, le monument aux morts de 14–18 repré-
30  sente un Bigouden se découvrant° au pied d'un menhir°; celui de 39–45,
plus modeste, est également un Bigouden, mais réduit au buste.

   Modernisme et archaïsme s'entremêlent° dans de nombreux commerces.
Dans l'épicerie-buvette° du Calvaire, l'épicerie s'est métamorphosée en libre-
service°, tandis que la buvette est demeurée taverne. Une pâtisserie-café
35  offre en vitrine des pointes Bic,° des balles de ping-pong, des cahiers pour
écoliers, des rouleaux de papier cellophane, des poires dans un compotier,°
des sachets de confiserie° et de cacahuètes.°

   Le bourg est en pleine expansion. Les pavillons° neufs grignotent° les
champs au long des quatre routes. La progression est rapide sur la route de

---

**comprendre** *to include*  /  **la mairie** *town hall*  /  **antagoniste** *an allusion to the bitter
turn-of-the-century conflict between Church and State in France*  /  **le calvaire** *roadside stone
monument, common in Brittany, representing Christ's crucifixion on Calvary*  /  **se dresser** *to rise*  /
**se découvrir** *to bare one's head*  /  **le menhir** *an upright monumental stone, characteristic of the
Megalithic culture (3000 B.C.), found mostly in Brittany*  /  **s'entremêler** *to intermingle*  /  **la
buvette** = *le petit bar*  /  **le libre-service** *self-service food store*  /  **la pointe Bic** *ballpoint pen*  /
**le compotier** *fruit dish*  /  **le sachet de confiserie** *bag of candy*  /  **la cacahuète** *peanut*  /  **le
pavillon** *one-family dwelling*  /  **grignoter** *to eat into*  /

40 Pont-l'Abbé où le hameau° de Méné-Kermao est déjà happé en faubourg,° avec son garage-atelier° et sa pompe Shell.

Les hommes portent polos ou chemises foncées,° vestes° fatiguées, rarement la cravate. Les jeunes filles sont en chandail et pantalon, les vieilles en coiffe. Il y a toujours une certaine activité de buvette et d'emplettes,° de

45 camionnettes, voitures, vélomoteurs° et bicyclettes qui traduit les échanges entre le bourg, la campagne, les villes voisines.

Le dimanche matin, c'est l'afflux à l'église, au cimetière, aux cafés, aux épiceries. Mais c'est surtout aux grandes fêtes, notamment à la Toussaint° et aux grandes vacances que Plodémet vit pleinement. Trois cars déversent° les

50 pensionnaires° des lycées extérieurs; les étudiants et les parents transplantés en ville reviennent au pays. Dès juin, les immatriculations° 75, anglaises, allemandes transitent° vers la pointe du Raz. Les bals et les noces° se succèdent. Le bourg est ragaillardi° et rajeuni jusqu'en septembre. L'hiver, anémié,° pluvieux° et vieux, il redevient villageois.

Edgar Morin, *Commune en France*

## INTELLIGENCE DU TEXTE

1. Quel costume portaient traditionnellement les Bretons? À Plodémet, où voit-on encore apparaître des gens vêtus de cette façon?
2. Quelles langues parle-t-on dans la région?
3. Que peut-on faire au Café des Sports en plus d'y prendre un verre?
4. Quels éléments modernes voit-on Au Vaisseau des Droits de l'Homme?
5. Quel mélange de modernisme et de tradition trouve-t-on chez la patronne?
6. Le deuxième centre est le centre officiel et monumental. Quels bâtiments comprend-il?
7. Quels éléments de modernisme trouve-t-on dans de nombreux commerces?
8. Quelles constructions modernes apparaissent dès qu'on sort du centre?
9. L'été, qu'est-ce qui crée l'animation à Plodémet?
10. Expliquez pourquoi le bourg est anémié l'hiver.

## *Vocabulaire satellite*

| | |
|---|---|
| **revenir au pays** | *to come back to one's home town or village* |

**le hameau** *hamlet*  /  **happé en faubourg** *swallowed up in a suburb*  /  **le garage-atelier** *garage and workshop*  /  **foncé** *dark*  /  **la veste** *jacket*  /  **les emplettes** (f) *shopping*  /  **le vélomoteur** *motorbike*  /  **la Toussaint** *All Saints' Day (November 1)*  /  **déverser** *to pour out*  /  **le pensionnaire** *boarding student*  /  **l'immatriculation** (f) *auto license plate (one that ends in 75 is from the Paris area)*  /  **transiter** = passer  /  **la noce** *wedding*  /  **ragaillardi** *reinvigorated*  /  **anémié** *lifeless*  /  **pluvieux** *rainy*

| | |
|---|---|
| la **résidence secon-daire** | *vacation home* |
| la **fête** | *fair, feast day (celebration of a saint's day, or of a national holiday; e.g.,* la fête nationale: *Bastille Day)* |
| le **folklore** | *folklore, traditional customs and beliefs* |
| les **coutumes** (f) | *customs, habits* |
| la **danse** (la **chanson**) **folklorique** | *folk dance (song)* |
| le **costume folklo-rique** | *regional dress* |
| **pittoresque** | *picturesque, quaint* |
| le **passé** | *the past* |
| l' **ancêtre** (m or f) | *ancestor* |
| **ancien(ne)** | *ancient, antiquated* |

— *Ça t'amuse, toi, de ressembler à un ancêtre?*

| | |
|---|---|
| s' **intéresser à** | *to be interested in* |
| **participer à** | *to take part in* |
| se **rattacher à** | *to relate to, to link up with* |
| se **moquer de** | *to make fun of* |

## PRATIQUE DE LA LANGUE

1. Avez-vous vécu l'expérience de «revenir au pays»? Qu'est-ce que cela signifie pour vous?
2. À discuter en classe : Quelles fêtes américaines ont un caractère folklorique? Décrivez-les.
3. Composition orale : Dans votre famille, observez-vous certaines fêtes traditionnelles? Avez-vous des ancêtres d'origine étrangère? Comment vous rattachez-vous à eux?
4. Un soir d'hiver, Marie, la patronne du café de Plodémet, téléphone à une amie qui a quitté «le pays». Elle lui raconte ce qui s'est passé dans le bourg depuis l'été.
5. Improvisez les dialogues suivants:
   a. Deux jeunes gens qui jouent au flipper dans le Café des Sports à Plodémet parlent de la modernisation de leur commune.
   b. Une vieille Bretonne portant la coiffe traditionnelle discute avec le maire de Plodémet qui essaie de lui expliquer pourquoi la commune doit se moderniser.
   c. Une personne qui se moque du folklore et des traditions discute avec un ou plusieurs jeunes qui participent activement à un festival folklorique.

## SUJETS DE DISCUSSION OU DE COMPOSITION

1. Qu'est-ce qui vous attire en ville? Quels en sont les avantages et les inconvénients?

2. La vie à la campagne est-elle agréable, saine, ennuyeuse? Citez comme arguments des expériences personnelles.
3. Avez-vous jamais visité une région où le folklore était encore important? Qu'est-ce que vous avez pu observer?
4. Quel est le milieu le plus favorable à la préservation des coutumes et des traditions, la ville ou la campagne? Justifiez votre point de vue.

# 5

# Les classes sociales

## La conscience de classe en France

The concept of social class is elusive, the only consistent reality behind it being the individual's own awareness of his or her social level—an awareness that is by definition subjective. Thus, the class structure of a society is a reflection of its cultural values.

On the basis of their own national experience, most Americans view social class as relatively unimportant—certainly less crucial than race and ethnic background. The overwhelming majority of Americans see themselves as members of a vast "middle class." To a considerable extent, this attitude reflects a reaction against the more rigid class structure of nineteenth-century Europe, from which immigrants consciously sought to escape by coming to America. This attitude is also supported by a wage structure where the traditional distinction between manual and clerical workers has become increasingly effaced, and where blue-collar workers frequently earn more than their white-collar counterparts. Even more important, perhaps, is the belief that upward social mobility, based on merit and achievement, remains largely unrestricted.

By contrast, class consciousness is far more acute in France, even though many factors accounting for the relative "classlessness" of American society are now present in Europe as well. Whether they accept their status or seek to escape from it, most French people are keenly aware of being workers, peasants, or members of the lower- or upper-middle class. Communication across class lines remains difficult and strained, as the rebellious university students of May 1968° discovered, when they tried to join forces with the workers, only to be rebuffed as *des fils à papa* (rich men's sons and playboys). Despite a general improvement in working-class living standards, the gap between rich and poor in France is the largest among the major industrialized nations of the world. The law guarantees a minimum wage, the SMIC,[1] which applies to some 800,000 mostly unskilled workers *(les smicards)* and is automatically adjusted for inflation. But mediocre incomes, hard working conditions, minimal education, and limited prospects for advancement remain the lot of the 50 percent of the population who belong to *la classe ouvrière*.

The following excerpts illuminate different facets of the social structure of modern France. In the first selection a journalist relates her attempts to live like a working-class woman. The second selection offers a glimpse of the life-styles of two middle-class couples. The third excerpt is taken from the autobiography of a foreign worker trying to make his way into French society.

> *Une journaliste du magazine* L'Express, *Elisabeth Schemla, a décidé de vivre, pendant trois semaines, la vie d'une vendeuse dans un grand magasin° parisien : le Prisunic.*

# *Vendeuses*

J'aimerais bien savoir à quoi on va m'employer. J'ai passé des tests, été embauchée°; ce matin, l'employée m'accueille,° voilà trois quarts d'heure que nous sommes ensemble. Et que m'a-t-elle dit? Que j'allais gagner 1.050 Francs brut° par mois, que j'étais «engagée comme vendeuse, mais que je
5  serais caissière,° tout en étant, pour l'instant, à la vente»!

Nous arrivons au rayon° boulangerie-pâtisserie.

«Madame Simon! Cette demoiselle est engagée comme caissière, mais elle va aider Maria pendant les trois jours de promotion.° Elle commencera lundi seulement, avec Mme Taffoureaux.»
10  La jeune femme du service du personnel m'abandonne. Pendant les trois semaines qui suivront, chaque fois que je la croiserai,° elle ne me jettera pas un regard ni ne m'adressera un sourire...

Attirée par les appels de l'animateur° qui annonce une vente spéciale de gros «éclairs», une cliente s'approche :
15  «Madame?

---

**le grand magasin** *department store*  /  **embauché** *hired*  /  **l'employée m'accueille** *the personnel clerk receives me*  /  **brut** *gross (of money)*  /  **la caissière** *cashier*  /  **le rayon** *department (in a store)*  /  **les trois jours de promotion** *the three-day sale*  /  **croiser** = rencontrer  /  **l'animateur** (m) *announcer*

[1]Acronym for *salaire minimum interprofessionnel de croissance*.

—C'est vraiment 1 Franc, ces gros éclairs?

—Oui Madame.»

Hésitation dans le for intérieur° de la dame : «Évidemment, certains sont cassés,° ce n'est pas très présentable. D'un autre côté... 1 Franc... Ils font de
20 l'effet.»°

Enfin : «Mettez-m'en dix.»

Outre° le pain et les autres pâtisseries, nous avons ainsi vendu près de 5.000 éclairs géants en trois jours, Maria et moi. Du coup,° une grande complicité s'est installée entre nous. Pensez! Soixante-douze heures de crème
25 pâtissière°! Car on en a rêvé toutes les deux pendant trois nuits, de ces satanés° éclairs. Sans compter les affreuses courbatures°—les frigos° sont à hauteur de genou—et les maux de crâne° à cause de ce haut-parleur° situé juste au-dessus de nos têtes et par lequel l'animateur nous fait savoir dix, vingt, trente fois par jour qu' «au rayon pâtisserie, exceptionnellement, Pri-
30 sunic est heureux... »

Je n'ai pas eu le temps de connaître Maria : pendant les «journées de promotion», nous avons travaillé vingt-quatre heures ensemble, et nous avons à peine eu une demi-heure de répit. En tout. Sur trois jours.

Je sais donc seulement que c'est une Portugaise de 25 ans, qu'elle travail-

---

**dans le for intérieur** *deep down inside*  /  **cassé** *broken*  /  **faire de l'effet** = produire une bonne impression  /  **Outre** *Besides*  /  **Du coup** = Soudainement  /  **la crème pâtissière** *pastry cream*  /  **satané** *confounded, blasted*  /  **la courbature** *muscular ache, backache*  /  **le frigo** *refrigerator*  /  **les maux de crâne** (m) *headaches*  /  **le haut-parleur** *loudspeaker*

35 lait dans une fabrique de matelas.° «Toute la journée à genoux, par terre»,
et qu'à tout prendre° elle «préfère encore être vendeuse, bien que ça ne soit
pas toujours rose avec les clients».

Les clients... Quand on travaille en usine, on se dit que ça doit être
agréable de voir du monde.° Le fameux «contact humain», vous savez. Et
40 puis, quand on est enfin en contact avec ces humains, alors, là...

Le dernier jour «éclairs géants», Maria était aphone.° Arrive une «chère
cliente» qui réclame° une demi-baguette° : 35 centimes.

«Un papier pour mettre autour.

—Madame, on n'est pas chez Fauchon.°

45 —Mademoiselle, il y a un arrêté préfectoral° qui... »

Oh là là! Je fais signe à Maria de donner au manteau d'astrakan° son
morceau de papier. Elle s'exécute de mauvaise grâce.

«Oh, ne le prenez pas sur ce ton,° hein? Qu'est-ce que vous ferez quand
Prisunic n'aura plus de clients? Le trottoir°! D'ailleurs, vous n'êtes bonne qu'à
50 ça!»

Scheim... —Ça, c'est moi. J'ai eu beau répéter° que Scheim n'était pas mon
nom, quelle importance? Caisse° 2. Je déteste la «2» : elle est juste à côté des
surgelés.°

Chaque matin, en arrivant, on consulte ainsi la liste affichée au-dessus du
55 tableau de pointage.°

Ensuite, il faut descendre au vestiaire° : un étage plus les quatre marches.°
Une fois en tenue,° on revient pointer° à l'entrée du service : les quatre
marches plus l'étage. Après, encore un étage pour aller chercher sa caisse au
guichet.° Enfin, redescendre jusqu'au sous-sol° pour rejoindre l'Alimenta-
60 tion.°

Cette petite gymnastique, quatre fois par jour, les jeunes la supportent
allégrement.° Pas les autres. J'en croise souvent qui se sont arrêtées, essouf-
flées° et rouges, la main sur la poitrine.°

Toutes, nous aimons les cinq minutes qui précèdent l'ouverture du ma-
65 gasin. Le silence, les allées° désertes ont un charme certain.

«Salut, bien dormi?

—Comme une masse.° Je suis «tombée» à 9 heures. J'ai même pas eu le
courage de regarder la télé».

---

**la fabrique de matelas** *mattress factory*  /  **à tout prendre** *on the whole, considering everything*  /
**du monde** = des gens  /  **était aphone** = n'avait plus de voix  /  **réclamer** *to call out for*  /
**la baguette** *narrow stick of French bread*  /  **Fauchon** *a gourmet food store in Paris*  /  **l'arrêté
préfectoral** *city ordinance*  /  **le manteau d'astrakan** *lambskin coat*  /  **ne le prenez pas sur ce
ton** *don't speak to me in that tone of voice*  /  **le trottoir** *sidewalk;* **faire le trottoir**: *to be a
streetwalker*  /  **avoir beau répéter** = répéter en vain  /  **la caisse** *cash register*  /  **les surgelés**
*frozen foods*  /  **le tableau de pointage** *the board where employee timecards are kept, next to the time
clock*  /  **le vestiaire** *cloakroom*  /  **la marche** *step*  /  **en tenue** = en uniforme  /  **pointer** *to
punch in, to punch the time clock*  /  **le guichet** *window, counter*  /  **le sous-sol** *basement*  /
**l'alimentation** = le rayon d'alimentation: *food department*  /  **allégrement** *lightly, blithely*  /
**essoufflé** *out of breath*  /  **la poitrine** *chest*  /  **l'allée (f)** *aisle*  /  **comme une masse** *like
a log*

Nous savons qu'aux portes se bousculent° déjà les premiers clients. Ceux
70 qui font le poireau° avant l'ouverture «pour avoir moins de monde».°

—Dis-moi, Claude, combien fait-on de réduction sur les achats qu'on fait
dans ce magasin?

—On n'a aucune réduction sur rien. Le seul avantage qu'on a, c'est de
pouvoir aller une fois par mois au Printemps-Nation° où ils font un rabais°
75 de 15% pour les employés de Prisunic. Parce que Printemps et Prisunic, c'est
la même boîte».°

Pendant la pause, les vendeuses font connaissance en se reposant. Elles
parlent de leurs problèmes. Celle-ci se plaint de son mari, celle-là de ses
enfants, des vaisselles, une autre, à 36 ans voudrait enfin être enceinte, une
80 jeune femme seule confie à sa compagne :

—Et alors, elles ne sont pas les seules à avoir des problèmes. Moi, j'ai fait
une connerie° en venant ici... J'habitais à Mantes-la-Jolie. J'ai quitté l'école à
la rentrée.° Je voulais monter à Paris. Et, une fois à Paris, je ne savais rien
faire. Dans ces cas-là, tu n'as plus qu'à° devenir vendeuse».

85 Elle va pleurer.

«Tu restes déjeuner ici, le midi?

—Non, je mange à la cantine de mon foyer.° Ça me coûte moins cher».

La pause est finie. Je me lève.

—Hé! Tu pourrais venir déjeuner avec moi, un jour, au foyer.
90 Enfin... Si tu veux».

Ces travailleuses sont-elles organisées pour défendre leurs intérêts?

«Carottes, 2F/10. Café, 5F/12... Voilà votre monnaie, monsieur, merci,
monsieur, au revoir, monsieur... »

L'autre jour, sur le panneau réservé à l'affichage,° on nous a annoncé une
95 réunion syndicale° pour le soir à 7 heures.

«Claude, tu viens à la réunion?

—Non. Il ne faut pas y aller.

—Pourquoi?

—Parce qu'ils n'arrêtent pas de te demander de l'argent.
100 —Ça ne tient pas debout,° ce que tu dis. Le syndicat te demande une
cotisation° annuelle. Et c'est tout.

—Non, non, je t'assure: c'est 20 Francs par-ci, 30 Francs par-là.

—Mais enfin, qui raconte ça?

—Ben,° le directeur... »

Élisabeth Schemla, «Trois semaines à Prisunic», L'Express

---

**se bousculer** *to jostle one another*  /  **faire le poireau** *(argot)* = attendre  /  **pour avoir moins
de monde** *to avoid the crowd*  /  **Printemps-Nation** *a chain of department stores*  /  **le rabais**
*discount*  /  **la même boîte** *(argot) the same outfit (i.e., owned by the same management)* /**une
connerie** *(argot)* = quelque chose de stupide  /  **la rentrée** = la rentrée des classes: *the start of
the term*  /  **tu n'as plus qu'à** *you can only*  /  **la cantine de mon foyer** *cafeteria of my boarding
house*  /  **le panneau réservé à l'affichage** *bulletin board*  /  **la réunion syndicale** *union
meeting*  /  **Ça ne tient pas debout** = Ça n'a pas de sens  /  **la cotisation** *dues*  /  **ben** = eh
bien: *well*

## INTELLIGENCE DU TEXTE

1. Comment la journaliste a-t-elle trouvé un emploi, et lequel?
2. Citez deux ou trois faits qui montrent que le travail des vendeuses n'est pas facile.
3. Quel a été le premier emploi de Maria? Quelle opinion a-t-on de la vie des vendeuses de grand magasin quand on travaille en usine?
4. Racontez une anecdote qui se passe dans ce magasin et qui montre que «ce n'est pas toujours rose avec les clients».
5. Quelle sorte de «gymnastique» font les caissières?
6. Peut-on avoir une idée de ce que font les vendeuses après leur journée de travail?
7. De quels rabais ou réductions les vendeuses peuvent-elles profiter? Pourquoi est-ce que cette question les intéresse?
8. Pourquoi la jeune vendeuse a-t-elle voulu quitter l'école? Pourquoi ne réussit-elle pas mieux?
9. Qui décourage la vendeuse quand elle parle de syndicat? Comment?

## *Vocabulaire satellite*

| | |
|---|---|
| la **conscience de** classe | *class consciousness* |
| le **patron** | *boss* |
| l' **ouvrier** (m) l'ouvrière (f) | *worker* |
| l' **employé(e)** (m, f) | *white-collar worker, employee* |
| le **cadre** (moyen, supérieur) | *(middle, top) executive* |
| les **membres** (m) des professions libérales | *professionals* |
| l' **homme** (la **femme**) d'affaires | *businessman (woman)* |
| l' **entreprise** (f) | *business, firm* |
| le **métier** | *craft, trade, occupation* |
| **embaucher** | *to hire* |
| **congédier** | *to fire* |
| **gagner le SMIC** | *to earn the minimum wage* |
| le **syndicat** | *labor union* |
| le **travail** (fatigant, monotone, exigeant, intéressant, stimulant) | *(exhausting, monotonous, demanding, interesting, stimulating) work* |

—*D'accord. Je vous embauche.*
—*Mais je ne gagne que le SMIC... !*

**PRATIQUE DE LA LANGUE**

1. Qui sont les représentants de la classe ouvrière, de la classe moyenne, des cadres et même des professions libérales dans cette histoire? Détectez-vous les manifestations de la conscience de classe dans cet article? Pensez-vous que les rapports sociaux se manifestent de la même manière dans un grand magasin américain? Pourquoi?
2. Improvisez les dialogues suivants :
   a. Une vendeuse très fatiguée se fâche contre une cliente difficile.
   b. Le chef du personnel pose des questions à une jeune femme (un jeune homme) qui veut devenir vendeuse (vendeur) au Prisunic.
   c. Deux vendeuses se retrouvent au café après une longue journée de travail et parlent de leur métier.
   d. Choisissez l'un des dialogues de la lecture et complétez-le.
3. Groupez-vous par paires et interrogez-vous les uns les autres sur les sujets suivants : le travail (dans quelle catégorie se situe votre travail ou celui de vos parents?); le lieu du travail; les caractéristiques de ce travail; le «contact humain», le salaire; etc.
4. En France (surtout dans les années précédant le gouvernement socialiste de Mitterrand) les syndicats n'ont pas eu beaucoup d'influence politique. Qu'en est-il aux États-Unis? Interrogez vos camarades pour déterminer ce qu'ils savent sur cette question.

# La bourgeoisie

The bourgeois is not defined by occupation, except negatively in the sense that no manual worker would be viewed (or view himself or herself) as a bourgeois. The bourgeois may be in business *(les affaires)* or trade *(le commerce),* or may live on an income *(vivre de ses rentes)* or belong to one of the *professions libérales.* Today the bourgeois is likely to be a *cadre supérieur* or *moyen*—that is, a senior or middle-management executive— although many of the younger technocrats who affect a "swinging" life-style would bristle at the thought of being labeled "bourgeois," a name they associate with a slower-moving, more traditional society.

More than what they do, it is the tradition that the bourgeois inherit or perpetuate that assigns them their rank in the *bourgeoisie,* a segment of society that, though more restricted than the American middle class, is nevertheless substantial. Between le *grand bourgeois,* established for generations in influential positions and often linked by marriage to the nobility, and the white-collar *petit bourgeois* living on a fixed income, who is fortunate if he owns his house or apartment, there is room for bourgeois of all shades: *le bourgeois intellectuel, le bourgeois aisé,* and even *le gros bourgeois.* Levels

and sources of income may vary, as well as educational background (some
have attended the university, or better yet a *grande école*°), but a common
denominator remains: the typical bourgeois sense of security. The bourgeois
system of values includes a professed work ethic combined with the cultivation
of leisure (though not necessarily conspicuous consumption), and a strong
belief in the virtue of saving *(l'épargne)* and in the family. To maintain a
certain life-style, affluence is necessary; balancing the expenses of one's *train
de vie* against the need for saving is the bourgeoisie's perennial dilemma.

*L'auteur, Jean Ferniot, a fondé sa présentation de la France moyenne°
sur une enquête auprès de° plusieurs couples. Il nous fait connaître ici
deux familles : celle de Maurice, un bourgeois aisé° ayant fait fortune
dans le commerce et celle d'Albert, leur cousin, un nouvel arrivé dans les
rangs de la petite bourgeoisie.*

# *Nous sommes heureux*

Simone et Maurice l'ont, eux, la maison, la belle maison, la maison où toute
la famille passe. Maurice a acquis une situation commerciale excellente et
tout le monde apprécie son caractère serviable° et aimable. Il ne s'ennuie
jamais dans la vie, bien qu'il soit plus «anxieux» que d'autres, si les ennuis°
5  s'annoncent. Simone est la gaieté même, non précisément l'insouciance.°
   Dans ses cheveux, le blond se bat contre le blanc. Elle porte des toilettes°
de couleurs vives, des chaussures à talons° qui mettent en valeur ses mollets.°
Elle est toute gaieté, et toute franchise.° C'est une maîtresse femme, qui sait
commander. Trop peut-être, parfois. Elle fonce.°
10  Si Maurice s'absente peu l'été, l'hiver, il pratique le ski. Quand il a commencé, on disait de lui à Simone : «Votre mari sur les pistes,° il est rajeuni
de dix ans!» Elle répondait «Mais quand il arrive dans la chambre, c'est un
vieillard que je récupère».°
   Ce «vieillard» ne lui a pas fait de troisième enfant parce que le commerce
15  ne s'y prêtait pas.°[1]
   Il est plus petit qu'elle, mais les sports entretiennent° sa musculature. Il
s'exprime avec correction,° et même avec une certaine recherche.° Ses che-

la France moyenne *middle-class France*  /  une enquête auprès de *a survey of*  /  aisé *well-to-do,
comfortable*  /  serviable = prêt à rendre service  /  les ennuis (m) = les problèmes  /
l'insouciance (f) *carefree attitude*  /  les toilettes (f) = les robes  /  à talons *with (high) heels*  /
le mollet *calf (of the leg)*  /  la franchise *frankness, honesty*  /  foncer *to charge, to be a fighter*  /
la piste *slope*  /  récupérer *to retrieve*  /  ne s'y prêtait pas *did not favor it*  /  entretenir *to
maintain, to keep up*  /  avec correction = avec précision, correctement  /  la recherche
*refinement*

[1]Notez l'allusion indirecte à la limitation des naissances pratiquée par la bourgeoisie.

veux sont restés très noirs. Cet homme attachant,° aux traits réguliers, s'habille avec une élégance discrète. Il aime sa femme, ses enfants, sa maison,
20 son jardin, son commerce, ses amis, bref, la vie. Il parle avec fierté de sa
réussite. Il attire la sympathie au premier regard : il est généreux.

Il faut que la maison soit grande. Elle l'est. Toute proche de la mer, qu'on
aperçoit,° elle est entourée de pelouses,° de roses, de mimosas.

Jamais Simone et Maurice ne se trouvent seuls : en permanence défilent°
25 les enfants, les petits-enfants, les beaux-frères et belles-sœurs, les cousins et
cousines, les neveux et nièces. Sans parler des amis : ils en ont beaucoup, ils
sont très aimés. Gais, pleins d'entrain,° ils ne refusent jamais un service. La
porte est toujours ouverte. La politique ne tient pas une bien grande place
dans les conversations, bien que Maurice en suive les péripéties.° On préfère
30 parler des affaires, de la famille, de sport. On joue au bridge, on fait de la
voile.°

Maurice a sa voiture, qu'il prend le matin pour descendre à son magasin,
et Simone la sienne.

Seul de toute cette famille, Albert Tourneux se dit un peu déçu° par la
35 vie.

---

**attachant** = intéressant / **apercevoir** *to catch sight of* / **la pelouse** *lawn* / **défiler** =
marcher à la file / **l'entrain** (m) = l'animation, la gaieté / **les péripéties** (f) *ups and
downs* / **faire de la voile** *to go sailing* / **déçu** = désappointé

Cet homme ressemble au portrait qu'en fait Aline[2] : un costaud° qui tient
du° père. Il ressemble, en plus massif, au général de Gaulle[c] : nez fort, petite
moustache. L'œil est vif, sous l'opulente chevelure grise. Il fut et se veut·
ouvrier. Près de lui, sa petite femme, effacée, volubile° quand elle peut pla-
40 cer un mot, disparaît. Pour Renée, dont on sent les ascendances italiennes,
son mari est le roi. Lui gouverne, mais en° monarque débonnaire. Il adore
Renée et dit volontiers que la plus grande chance qu'il ait eue dans la vie fut
de la rencontrer.

Albert laisse à sa femme les soins du ménage, mais il ne reste pas inactif
45 à la maison, loin de là. Cette maison de Combs-la-Ville, les Tourneux l'ha-
bitent depuis sept ans. Ils ont acheté le terrain grâce à la somme rapportée
par la vente de leur petit appartement du boulevard Diderot, où Albert avait
tout transformé, y compris° l'installation électrique : quand le couple était
entré dans ce logement, on s'éclairait encore au gaz.

50 L'argent n'a jamais abondé chez les Tourneux, malgré les deux salaires.
Albert et Renée ont attendu dix-sept ans pour acheter leur première voiture.

Le pavillon° est posé, au milieu de son petit jardin (fleurs et légumes), à
quelques deux cents mètres de la forêt de Sénart. Mais d'autres maisonnettes
sont en construction, toutes sur le même modèle, entre la maison des Tour-
55 neux et les arbres : cela embête° Albert. Renée rêve de meubles plus cossus,°
elle talonne° son mari pour qu'il mette un peu la main au rabot.° Mais lui a
son plan, il ne peut pas tout faire à la fois. Pour l'instant, il aménage,° dans
le grenier, deux chambres pour ses petites-filles, Isabelle (neuf ans), Nathalie
(quatre ans) et Elsa (deux ans), qu'il adore. Après, il pensera à la salle de
60 séjour : il y installera un bar et il recouvrira les fauteuils, pour regarder la
télévision, le soir...

(Albert fait des plans pour l'avenir, quand il aura pris sa retraite.°)

«On n'a jamais été en avion, nous. On fera un voyage de temps en temps.
Et puis, j'aurai toujours des bricoles° à faire. Quand un voisin aura une ser-
65 rure° à réparer, j'irai. Pas pour gagner, pour m'occuper. Et puis, ça m'inté-
resserait de m'occuper des gens, surtout des jeunes. J'irai peut-être à la Maison des Jeunes[c], rien que pour leur apprendre à bricoler».°

Il est resté un artisan de jadis,° de la forte tradition du faubourg Saint-
Antoine°:
70 «À l'heure actuelle, il ne devrait pas y avoir de chômage. Il y a du travail
pour tout le monde et tout le monde n'a qu'à gratter.° Évidemment, la pelle,°

---

**le costaud** = un type fort et musclé / **tenir de** = ressembler à / **volubile** *talkative* / **en**
= comme un... / **y compris** *including* / **le pavillon** = petite maison entourée d'un
jardin / **embêter** *to bother* / **cossu** *expensive-looking* / **talonner** *to keep after, to nag* / **le**
**rabot** *plane (tool)* / **aménager** *to fix up* / **prendre sa retraite** *to retire* / **la bricole** *odd job* /
**la serrure** *lock* / **bricoler** *to tinker around the house* / **jadis** = autrefois, dans le passé /
**le faubourg Saint-Antoine** *a working-class district of Paris, traditionally populated by small*
*craftspeople* / **gratter** (fam.) = travailler dur *(lit., scratch)* / **la pelle** *shovel*

[2]Aline, another relative interviewed by Ferniot.

la pioche,° c'est dur. Les gens gueulent° parce qu'on a fait venir des Portu-
gais, des Algériens ou autres. Mais personne ne veut gratter. Tout est là.
Vous me direz que la paie n'est pas grasse pour travailler dans le bâtiment,°
75 au froid, sous la flotte.° Mais quoi... »

Albert rêve. Il caresse doucement son établi° : «C'était quand même pas
mal dans le temps.° —Vous regrettez? —Oui. Peut-être parce que j'étais
jeune. Je regrette le temps où j'étais dans le bâtiment. Maintenant, les gens
sont très égoïstes. Et puis les jeunes ne veulent plus se taper le boulot° qu'on
80 faisait... Après tout, je les comprends.»

Albert dit : «Vraiment, les emmerdements° ne nous ont pas manqué. Mais
quoi? On n'a pas à se plaindre».°

Et Simone et Maurice affirment : «Nous sommes heureux.»

Jean Ferniot, Pierrot et Aline

## INTELLIGENCE DU TEXTE

1.  Qu'est-ce qui a permis à Maurice et Simone d'être propriétaires d'une
    belle grande maison?
2.  Qu'est-ce qui indique que les avantages matériels dont jouit *(enjoy)* ce
    couple ont été acquis grâce à leur caractère et à leur travail?
3.  Maurice est un homme d'affaires qui a réussi. Qu'est-ce qui lui permet de
    projeter cette image?
4.  Comment l'auteur a-t-il humanisé ce portrait de bourgeois aisés? Quels
    signes extérieurs de leur niveau de vie apparaissent ici?
5.  Albert représente un membre de la petite bourgeoisie, même s'il insiste sur
    ses origines ouvrières. Comment ce couple se compare-t-il au couple so-
    cialement plus élevé que forment Maurice et Simone?
6.  À quoi Albert emploie-t-il ses loisirs? Comparez avec Maurice.
7.  Comment voit-on qu'Albert croit aux vertus du travail et de l'effort?
8.  Qu'est-ce qu'Albert déplore dans la société d'aujourd'hui?
9.  À votre avis, qu'est-ce qui pousse Albert à aller à la Maison des Jeunes?
10. Selon vous, qu'est-ce qui permet à ces deux couples de se sentir heureux?

## *Vocabulaire satellite*

| | |
|---|---|
| la **bourgeoisie** | *the middle class* |
| le **niveau de vie** | *standard of living* |
| le **milieu social** | *social environment* |
| le **revenu** | *income* |
| **dépenser** | *to spend* |

la **pioche** *pickaxe*  /  **gueuler** (fam.) = crier, protester  /  le **bâtiment** *building trade,
construction work*  /  la **flotte** (fam.) = la pluie  /  l'**établi** (m) *workbench*  /  **dans le temps** *in
the old days*  /  **se taper le boulot** (fam.) = faire le travail  /  les **emmerdements** (m) (argot) =
les ennuis, les problèmes *(lit., crap)*  /  **se plaindre** *to complain*

| | |
|---|---|
| gagner | *to earn* |
| épargner | *to save* |
| les **dépenses** (f) | *expenses* |
| être aisé | *to be affluent* |
| être propriétaire | *to own property, to be a landlord* |
| être (bien, mal) logé | *to be (well, badly) housed* |
| recevoir | *to entertain* |
| les **loisirs** (m) | *leisure time* |
| réussir | *to succeed* |
| améliorer | *to improve* |

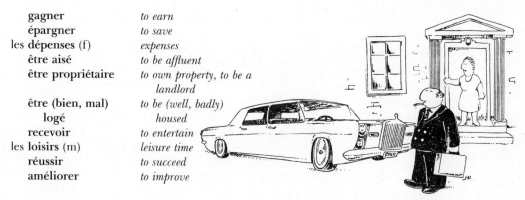

—*Ne rentre pas tard, chéri : nous recevons les Dupont-Seymour ce soir!*

## PRATIQUE DE LA LANGUE

1.  Imaginez que vous rencontrez Maurice, Simone, Albert et Renée. Par une série de questions, interrogez-les sur leur milieu social, niveau de vie, revenu, dépenses, loisirs et sur tout autre aspect de leur existence qui vous paraît intéressant.
2.  Imaginez un dialogue entre Albert et un jeune «smicard»[1] qui est maintenant chômeur. Albert encourage le jeune homme en lui donnant l'exemple de sa propre vie.
3.  Quels sont les signes par lesquels vous reconnaissez une personne de la bourgeoisie?
4.  Vous devez loger un jeune étranger (ou une jeune étrangère) dans une famille que vous ne connaissez pas. Quelles questions allez-vous poser pour situer discrètement le milieu de l'étranger (ou de l'étrangère) et le milieu de la famille qui doit le (la) recevoir?

# *Dans la société sans en être : les travailleurs immigrés*

Throughout the 1970s France encouraged the immigration of foreign laborers—especially from former North African colonies—to perform the arduous, low-paying jobs that Frenchmen increasingly avoided. French employers were glad to hire this cheap unskilled labor, but with the onset of

[1]Une personne qui ne gagne que le SMIC.

the recession and the rise of unemployment, many French workers came to see these migrant laborers (many of whom had worked their way up into skilled or semiskilled positions) as a threat to their own job security and wage demands. Meanwhile, taxpayers have complained that these aliens benefit from France's liberal social legislation and special government-sponsored educational programs—forgetting, of course, that the aliens are also taxpayers.

Antagonism toward Arab immigrants has been further heightened by repercussions of the international oil crisis, and by the bitterness of the *Pied Noir*[c] community—Frenchmen whose families had settled, sometimes for generations, in Algeria, and who had to return to France when, after 132 years of French rule, that country became independent in 1962.

The largest number of North African immigrants are found in the industrial areas of northern France and the Paris region (in the automobile industry, for instance), and in the south, where they work in construction and winegrowing. Violent incidents have occurred in some working-class suburbs of Paris and Lyons, as well as in Marseilles and Toulon, where entire sections of the city are Arab. It is no coincidence that southern France, with a climate like that of North Africa, is also the home of many *Pieds Noirs.*

The Mitterrand administration resisted pressures from the Far Right for the wholesale repatriation of resident aliens (whose children, born in France and nicknamed *les Beurs,* are actually French citizens), moving instead to regularize the status of some 130,000 illegal aliens. And if French authorities have put an end to further immigration and reinforced the control of illegal entrants, they have also taken steps to improve the lot of those foreign workers who reside in France legally, notably by providing better educational facilities for them and their children.

> *Le récit qui suit est un exemple parmi tant d'autres de la condition des Nord-Africains en France. Dans une interview avec un journaliste français, un Arabe raconte sa difficile initiation à la vie de travailleur immigré.*

# Histoire d'un travailleur immigré

Alors, j'ai commencé à envisager de partir. Plusieurs de mes amis étaient déjà en France et j'étais émerveillé° de voir qu'ils pouvaient y vivre tout en envoyant chaque mois à leur famille restée en Algérie plus que je gagnais ici.

J'ai fait les formalités. En quinze jours tout était réglé.° Je sentais bien que
5  l'Administration algérienne n'avait qu'un souci°: vider le plus possible le pays, se débarrasser° des gens coûte que coûte.° Il n'y a pas un fonctionnaire

---

**émerveillé** *amazed* / **réglé** *settled* / **le souci** = la préoccupation / **se débarrasser de** *to get rid of* / **coûte que coûte** *at any cost*

qui n'ait pas tourné la loi ou accepté des pots de vin° pour favoriser le départ
d'un Algérien vers la France.

10    J'ai pris le bateau tout seul. Ma femme et mes gosses° devaient venir me
rejoindre quand j'aurais trouvé du travail et un logement. J'étais heureux. Je
croyais m'embarquer vers une vie de rêve. Je me disais «dans un an, tu auras
un beau petit appartement, avec une machine à laver et un frigidaire. Dans
deux ans, la télé et la voiture. Tu iras au cinéma, tu auras des vacances, tu
visiteras Paris... »

15    Je suis descendu de bateau à Marseille. J'avais 700 F en poche, une seule
adresse en France, celle d'un ami, ancien docker° à Alger, mais il habitait
Paris. J'étais parti sous le soleil et la chaleur, je suis arrivé sous la pluie et
dans le froid.

À la douane,° la police a examiné mes papiers. Elle me les a rendus en
20    disant : «Tu tiens° vraiment à venir crever° chez nous avec tes copains, alors
vas-y!»

Le lendemain matin, à 6 h 30, je faisais la queue au bureau d'embauche°
du port de Marseille. Mais je sais que certains Arabes, effarouchés° ou ti-
mides, tournent pendant plusieurs jours à l'aveuglette° sans oser demander
25    le moindre renseignement.° En attendant mon tour au bureau d'embauche,
j'ai été accosté par un vieil Arabe, bien habillé, propre, qui m'a pris à part et
m'a dit : «Si tu me donnes 100 F, je te dis où tu pourras trouver du travail.

---

**le pot de vin** *bribe*  /  **le gosse** (fam.) = l'enfant  /  **le docker** *longshoreman*  /  **la douane**
*customs*  /  **tenir à** *to insist on*  /  **crever** (argot) = mourir  /  **le bureau d'embauche** *hiring
hall, employment office*  /  **effarouché** *frightened*  /  **à l'aveuglette** *blindly*  /  **le renseignement**
*bit of information*

Et si tu me donnes 200 F de plus, je te trouve une chambre pour dormir».

J'ai accepté. Trois autres compatriotes l'ont suivi aussi. Pour nous c'était
30   le début de la grande aventure. L'espoir, quoi! Il nous a emmenés dans une
vieille Dauphine° rafistolée,° après avoir empoché° notre argent. Il était sept
heures quand nous avons pénétré sur un grand chantier.° Une vingtaine de
types faisaient déjà la queue devant un bureau où trônait° un gros bon-
homme° aux cheveux luisant de brillantine.° Il nous tutoyait° et nous parlait
35   durement. Il regardait les gars de la tête aux pieds, et tranchait° : «Pas toi,
t'es trop maigre. Allez, du vent°!» Au suivant... «Ça pourra aller. 4,50 F de
l'heure et 10 heures par jour. Et si ça te plaît pas tu déguerpis°; il y en a
d'autres qui apprécieront... »

J'ai dit oui. Du matin au soir, je déchargeais° des camions de briques, de
40   ciment ou de barres métalliques. À la fin de la première journée, j'avais les
mains en sang. J'ai demandé au contremaître° s'il était possible de prendre
une douche. «Et quoi encore, m'a-t-il répondu, tu ne veux pas non plus un
bain parfumé et une Japonaise pour te savonner°!»

Le vieil Arabe m'attendait. Il m'a conduit avec les trois autres à quelques
45   kilomètres du chantier, dans une vieille maison de deux étages qui semblait
abandonnée. Il nous a montré une chambre avec des lits superposés : 8
places en tout. «Vous coucherez là, a-t-il dit. Mais vous partagerez cette
chambre avec des types qui travaillent la nuit. Alors, à 7 heures du matin, je
ne veux plus vous voir ici. La location° est de 150 F par mois. Vous devez
50   me les payer tout de suite, avec en plus un mois de caution.° Et si la police
vient, vous ne me connaissez pas... »

Il y avait souvent des bagarres° dans la maison, parce que les types
n'avaient rien à faire et qu'ils se soûlaient.° Ou bien, c'était pour une fille.
Ils se battaient au couteau ou à coups de barre de fer. Un jour, il y a eu un
55   mort. Une heure après, le vieux était là. Il nous a dit de nous taire, sinon
nous serions tous renvoyés en Algérie. Il a chargé le cadavre dans sa voiture
et nous n'en avons plus jamais entendu parler. Tous les mois, je parvenais
à° envoyer entre 500 et 600 F à ma femme. Pendant des mois je n'ai pas
mangé un seul morceau de viande. D'autres se débrouillaient° mieux : on les
60   voyait souvent revenir avec des lapins° ou des poulets.° Je pense qu'ils devaient les voler dans les fermes voisines...

Un jour j'ai été dans un bal, à Marignane. J'ai réussi à «emballer»° une
jeune Française. Elle m'a emmené chez elle, une petite chambre sous les
toits. Nous avons fait l'amour et puis elle m'a dit : «Rentre chez toi, mainte-

---

**Dauphine** *an old car model produced by Renault*  /  **rafistolé** *patched up*  /  **empocher** = mettre
dans sa poche  /  **le chantier** *worksite*  /  **trôner** *to sit proudly*  /  **un gros bonhomme** *a heavy
guy*  /  **luisant de brillantine** *shining with hair oil*  /  **tutoyer** = employer la forme «tu» *(to do
so with a stranger is impolite, even insulting)*  /  **trancher** *to say bluntly*  /  **du vent!** *take off, clear
out*  /  **déguerpir** *to clear out, to get lost*  /  **décharger** *to unload*  /  **le contremaître** *foreman*  /
**savonner** *to soap, to wash*  /  **la location** *rent*  /  **la caution** *security*  /  **la bagarre** *scuffle,
brawl*  /  **se soûler** *to get drunk*  /  **parvenir à** = réussir à  /  **se débrouiller** *to manage*  /  **le
lapin** *rabbit*  /  **le poulet** *chicken*  /  **emballer** *to pick up (someone)*

65 nant. Vous les Arabes, vous n'êtes bons qu'à une chose : ... !» Je l'ai giflée°
et je suis parti... C'est à cette époque que j'ai décidé de faire venir ma femme.
L'an dernier. Je ne l'avais pas vue, ni mes gosses, depuis plus de deux ans.
Elle savait à peine écrire.

Après deux mois de recherches, j'ai trouvé une chambre à Marseille, dans
70 le quartier arabe. 20m$^{2}$° pour 200 F par mois. Ma femme est venue, avec les
gosses. Au début, nous couchions à même le sol.° L'hiver nous grelottions°
de froid. L'été, la chaleur était insoutenable.° Comble de malchance,° ma
femme s'est trouvée enceinte à nouveau. Il n'était pas question pour nous
d'avoir un enfant. Il a fallu réunir 500 F pour payer une vieille femme al-
75 gérienne, dont la spécialité était l'avortement... Ma femme a souffert cinq
jours durant. Mais le gosse est passé.

Aujourd'hui je travaille à Fos : 956 F environ par mois. Ma femme a
trouvé un emploi de bobineuse,° 850 F. Nous avons pu louer deux petites
pièces dans le même quartier. Matériellement, notre vie est peut-être moins
80 dure maintenant, avec deux salaires. Mais, moralement, notre vie en France
est quelque chose de terrible. À l'école, mes enfants sont du matin au soir
traités de «sales Arabes», de «bicots».° L'autre jour, en rentrant à la maison
après avoir été jouer au football° avec cinq autres camarades, ils ont été pour-
suivis dans les rues par des garçons d'une vingtaine d'années. Mon fils a pu
85 s'échapper. Mais un de ses amis a eu l'arcade sourcilière° ouverte et un autre
trois dents cassées. En partant, les types leur ont dit : «Dites à vos chiens de
parents que, maintenant, c'est la guerre. Ils ont deux solutions : rentrer chez
eux ou s'acheter une concession° au cimetière de Marseille... »

Jérôme Duhamel «Abderhaman, Voici mon histoire», Paris-Match

## INTELLIGENCE DU TEXTE

1. Comment l'Arabe sait-il qu'il peut gagner plus d'argent en France que dans son pays?
2. Pourquoi l'administration algérienne ne fait-elle pas de difficultés pour le laisser partir?
3. À la douane, comment la police s'adresse-t-elle à ces Algériens?
4. Où va-t-il le premier matin? Pourquoi d'autres Arabes montrent-ils plus d'indécision que lui?
5. Pourquoi, à votre avis, le vieil Arabe leur inspire-t-il confiance?
6. Citez au moins deux manières choquantes de traiter l'Arabe dans le chantier où on l'embauche.
7. Le vieil Arabe est ce qu'on appelle dans ce milieu un «marchand de som-

---

**gifler** *to slap*  /  **m$^{2}$** = mètres carrés  /  **à même le sol** = par terre  /  **grelotter** *to shiver*  /
**insoutenable** *unbearable*  /  **comble de malchance** *to crown our bad luck*  /  **la bobineuse**
*textile worker*  /  **le bicot** *insulting word to designate an Arab (from* **la bique** : *goat)*  /  **le football**
*soccer*  /  **l'arcade sourcilière** (f) *ridge of the eyebrow*  /  **la concession** *plot*

meil» *(sleep).* Justifiez cette expression en expliquant comment sont logés ces travailleurs.

8. L'Arabe observe des actes répréhensibles commis par ses compagnons. Citez ces actes.

9. À Marignane, l'Arabe est de nouveau insulté. Par qui? Après cet incident, qu'est-ce qu'il décide de faire?

10. Pensez-vous que les incidents qui mettent en jeu les enfants ont une valeur anecdotique ou une signification plus grave? Justifiez votre position.

## *Vocabulaire satellite*

| | |
|---|---|
| les **conditions** (f) de vie (dures, faciles) | *(hard, easy) living conditions* |
| la **misère** | *poverty* |
| **rêver** | *to dream* |
| le **rêve** | *dream* |
| **mépriser** | *to scorn* |
| **appartenir à** | *to belong to* |
| **se sentir isolé** | *to feel isolated* |
| l' **isolement** (m) | *isolation* |
| **avoir des préjugés** | *to have prejudices, to be prejudiced* |
| l' **insulte** (f) **raciste** | *racist (racial) slur* |

### PRATIQUE DE LA LANGUE

1. Imaginez que vous rencontrez un travailleur comme Abderhaman. Par une série de questions, faites-le parler de ses rêves, de ses conditions de vie et de travail, de sa place dans la société, etc.

2. Si vous voulez savoir si les travailleurs immigrés rencontrent des préjugés racistes en France, quelles questions allez-vous poser, et à qui, pour obtenir des réponses intéressantes?

3. Avez-vous le sentiment d'appartenir à un ou plusieurs milieux? Lesquels? Vous êtes-vous déjà senti(e) isolé(e) dans la société? Pourquoi?

4. Imaginez, en jouant leur rôle, la conversation des trois hommes qui attendent à la porte du bureau d'embauche dans le dessin ci-dessus.

5. Abderhaman rentre en Algérie pour une courte visite et parle de son expérience de travailleur immigré à des amis qui envisagent de chercher du travail en France. Imaginez leur conversation.

### SUJETS DE DISCUSSION OU DE COMPOSITION

1. L'effort personnel est-il très important si l'on veut réussir dans sa profession? Illustrez.

2. Quel est le rôle des travailleurs immigrés dans l'économie américaine? Pré-

sentez votre opinion personnelle ou bien donnez le pour et le contre sous la forme d'un dialogue.

3. Avez-vous déjà travaillé comme vendeur ou comme vendeuse dans un magasin? Racontez votre expérience et comparez-la à celle des vendeuses du Prisunic.

4. Comparez la vie et les valeurs des membres de la classe moyenne aux États-Unis avec celles des bourgeois et petits bourgeois français. Les différences sont-elles plus importantes que les ressemblances?

# Institutions et influences

# La France politique
# et économique

## La Cinquième République

Electing a president is a relatively new experience for the French. The republican form of government itself, though long-established by European standards, did not come into its own in France until the consolidation of the Third Republic in 1875. Two previous attempts at a republic had been short-lived: the First Republic, proclaimed in 1792, fell under Napoleon's autocratic sway, while the Second Republic was no more than a brief interlude between the 1848 revolution and Napoleon III's seizure of power in 1852.

Under the Third and Fourth Republics, France had a parliamentary system similar to those still prevalent in most Western European countries. Voters elected members of the legislature, and the government, headed by a Prime Minister (officially known as the *Président du Conseil des Ministres*), stayed in office by mustering and maintaining the backing of a congressional majority, usually in the form of a coalition. The President of the Republic, by contrast, was a figurehead whose ceremonial role was similar to that of the Queen of England and other European parliamentary monarchs. Unlike Great Britain, however, France never evolved a two-party system, so that the fragmentation of political forces contributed to a sense of governmental instability and discontinuity perhaps more apparent than real.

In 1958, at the height of the Algerian crisis, French politicians—partly under military pressure—turned to General De Gaulle as the only man capable of restoring law and order in a country divided between those who sought at all costs to maintain French rule in Algeria, and those who wanted to end France's entanglement in colonial wars. De Gaulle's terms for answering the appeal were the creation of a presidential system of government (substantially different, however, from that of the United States) that would give him far-reaching executive powers. The result was the 1958 Constitution of the Fifth Republic which, on paper at least, gives the French President more powers than his American counterpart. Tailor-made for De Gaulle's charismatic personality, the system nevertheless depends for successful operation on a smooth collaboration between the executive and legislative branches of the government—a condition that, given France's fragmented party system, cannot be taken for granted.

De Gaulle's ability to inspire a relatively cohesive Gaullist movement ensured the system's stability until his retirement in 1969. Over the next twelve years his successors were able to preserve the coalition of Gaullists and right-wing independents on which the system depended, but it remained to be seen whether the Fifth Republic could survive the coming to power of the leftist opposition.

This came to pass in 1981, but the system was not fully put to the test at that time, since the election of François Mitterrand to the presidency was followed by a decisive victory of his Socialist Party, which gained an absolute majority in the National Assembly (though not the Senate) in the ensuing legislative election. Should future elections result in a right-wing majority, a Socialist president might have to either come to terms with some of his opponents, or break the deadlock by resorting to emergency powers and referendums as De Gaulle sometimes did. Even in such a case, however, it seems unlikely that the present system would be scrapped in favor of a "Sixth Republic."

*Un journaliste de* L'Express *s'est intéressé à l'opinion des jeunes sur les problèmes particuliers que pose le système politique français. Il a interrogé des lycéens de seize ans, élèves du Lycée Charlemagne à Paris.*

# Les Enfants de la V^{ème}

Question: «Mitterrand sera-t-il obligé de démissionner° si, aux prochaines élections, il y a une majorité de droite° à l'Assemblée°?

—Il n'y sera pas obligé, mais ça vaudra mieux...

—Pourquoi?

**démissionner** *to resign*  /  **de droite** *right-wing, conservative*  /  **l'Assemblée** (f) = l'Assemblée Nationale (equivalent to the U.S. House of Representatives)

5     —Imaginez que, dans une classe, la majorité des élèves ne puissent plus supporter° le prof... Ça ne peut pas marcher.»

En 1958, ces élèves de seconde du lycée Charlemagne à Paris n'étaient pas nés. «Constitution», «institutions»... tous ces mots leur paraissent bien abs-
10 traits! Et pourtant, sur la durée du mandat° du président de la République, sur la «cohabitation» entre un président de gauche et une Assemblée de droite, leurs réponses ne manquent, parfois, ni de punch ni de pertinence.

Quand on leur demande qui dirige la France, certains élèves répondent «Pierre Mauroy»,° d'autres, «les ministres», mais, dans leur majorité, ils sont formels° : «C'est Mitterrand», «C'est le Président qui commande». Depuis
15 quand le chef de l'État est-il élu° par tous les Français? Cette question-là les surprend. Ils croyaient que c'était depuis toujours. Ou presque. Certains lancent° «depuis 1789»; d'autres, «depuis la guerre de 14». Il faut leur souffler° le nom du général de Gaulle pour les mettre sur la voie.°

Savent-ils qu'on vient de célébrer le vingt-cinquième anniversaire de la
20 Constitution? Non! Ils n'ont rien vu dans les journaux. D'ailleurs, ils préfè-

---

**supporter** = accepter, endurer / **la durée du mandat** *the length of the term of office* / **Pierre Mauroy** : premier ministre de 1981 à juillet 1984 / **formel** *definite* / **élire** (pp. : élu) *to elect* / **lancer** *to blurt out, to venture* / **souffler** *to prompt* / **mettre sur la voie** *to put on the (right) track*

rent lire les faits divers° plutôt que les pages politiques. Néanmoins, un petit brun° est catégorique : «Une majorité de Français voudraient que Mitterrand s'en aille».

Comment le sait-il? Il paraît, dit-il, qu'on a posé cette question dans les
25 sondages...

«Si la gauche perd les législatives,° Mitterrand doit démissionner», explique une élève. «Mais Mitterrand a été élu pour sept ans». Sept ans! Pour les uns, c'est beaucoup trop. «Il faut laisser la place aux suivants», disent-ils. Autre argument choc° : «Les Américains élisent bien leur président pour
30 quatre ans. Pourquoi les Français n'en feraient-ils pas autant?» Dans le camp des partisans du mandat de sept ans, on explique gravement qu' «on ne peut pas changer les choses du jour au lendemain».° Et puis, déclare une jeune fille d'un ton posé,° «le socialisme, aujourd'hui, c'est encore un essai.° Si le président de la République était seulement élu pour cinq ans, on ne pourrait
35 pas finir l'essai».

Les esprits s'échauffent° un peu lorsque la discussion sur les institutions dérive° sur des considérations plus «politiques». «Mitterrand a échoué, dit un élève. Il n'a pas fait mieux que Giscard<sup>c</sup>». «Et alors, réplique l'un de ses camarades, est-ce sa faute à lui si des Français sont allés planquer° tout leur
40 argent en Suisse?»

Aux prochaines élections législatives, ces jeunes du lycée Charlemagne seront en âge de voter. S'ils n'ont pas lu la Constitution—mais combien de Français l'ont lue?—ils s'intéressent, à leur manière, à la politique. Pourtant, quand on les interroge sur les hommes politiques de leur choix, ils ne savent
45 pas trop. Mitterrand? Rocard°? Chirac°? «Ah, celui-là, dit l'un, j'aimerais bien le voir au gouvernement. —Mais il y a déjà été. —Tiens... je ne savais pas».

Michel Labro, *L'Express*

## INTELLIGENCE DU TEXTE

1. Quelle question peut se poser pour le président Mitterrand? Quelle opinion ces jeunes lycéens ont-ils sur ce sujet?
2. Quelle comparaison les lycéens font-ils entre la politique et une situation qu'ils connaissent mieux? Cette comparaison vous paraît-elle valable?
3. Qu'est-ce qui leur paraît abstrait dans le système politique? Par contre, quels sont les aspects de la vie politique pour lesquels ils montrent plus d'intérêt?

---

**les faits divers** *local or general news* / **un petit brun** = *un petit jeune homme aux cheveux bruns* / **les législatives** = *les élections législatives (pour l'Assemblée Nationale)* / **choc** *compelling, shattering* / **du jour au lendemain** *overnight* / **d'un ton posé** *in a controlled tone of voice* / **l'essai** (m) *experiment, attempt* / **s'échauffer** = *s'animer, s'exciter* / **dériver** *to drift* / **planquer** (argot) *to spirit away, to hide* / **Rocard (Michel)** *Socialist minister of Agriculture until 1985; polls have repeatedly shown him to be more popular than President Mitterrand* / **Chirac (Jacques)** *leader of the neo-Gaullist RPR party, and current mayor of Paris; was prime minister in the 1970s.*

4. Quand on leur demande qui gouverne la France, ces jeunes lycéens donnent des réponses différentes : pourquoi? Si l'on vous posait la même question à propos des États-Unis, votre réponse serait-elle plus nette? Pourquoi?
5. Savez-vous depuis quand le président français est vraiment le chef de l'exécutif? Comment cela est-il arrivé?
6. Quelles sont les opinions des lycéens sur la durée du mandat présidentiel? Que pensez-vous de leurs arguments?
7. Qu'est-ce que certains d'entre eux pensent de la politique de Mitterrand?
8. Comment l'un d'eux explique-t-il les problèmes financiers rencontrés par le gouvernement Mitterrand?
9. Quels sont les noms que les lycéens citent quand on leur demande de nommer les hommes politiques de leur choix? Pourquoi?

## *Vocabulaire satellite*

| | |
|---|---|
| la **politique** | *politics* |
| les **élections** (f) | |
| **présidentielles** | *presidential elections* |
| élections **munici-pales** | *municipal, local elections* |
| élections **législatives** | *legislative elections* |
| l' **état** (m) | *government, state* |
| **participer aux élections** | *to vote, to take part in an election* |
| le **droit de vote** | *right to vote* |
| **choisir un candidat** | *to choose a candidate* |
| le **pouvoir politique, économique** | *political, economic power* |
| le **politicien** | *politician* |
| le **représentant** | *representative* |
| le **député** | *legislator (member of the National Assembly)* |
| le **sénateur** | *senator* |
| le **maire** | *mayor* |

| | |
|---|---|
| **diriger** | *to rule, to steer* |
| **contrôler** | *to control* |
| le **journal** (-aux) | *newspaper(s)* |
| le **sondage** | *survey, poll* |
| **informer** | *to inform* |
| **faire réfléchir** | *to cause to think* |
| s' **engager** | *to get involved, to become committed* |

## PRATIQUE DE LA LANGUE

1. Deux étudiant(e)s discutent des prochaines élections municipales. L'un(e) annonce son intention de ne pas voter et l'autre essaie de le (la) persuader de la nécessité pour tous les citoyens d'aller aux urnes (*polls*). Imaginez leur dialogue.
2. Organisez un sondage sur la popularité des hommes politiques suivants : John F. Kennedy, De Gaulle, Reagan, Mitterrand. Demandez à vos camarades les raisons pour lesquelles ils (elles) sont favorables ou hostiles à ces

quatre personnalités et dressez une liste des traits positifs et négatifs par ordre de fréquence.

3.  Scène à préparer et à jouer en classe : Un homme et une femme se présentent à la présidence (France ou États-Unis). Chacun des deux candidats expose son programme et discute des avantages et des désavantages d'avoir une femme à la tête de l'état. Ils répondent ensuite aux questions que leur posent quelques journalistes et plusieurs électeurs sur des sujets divers.

4.  Demandez aux autres membres de la classe comment ils s'informent des problèmes politiques de l'heure *(current)*. Sur la base de leurs réponses, dressez une liste des moyens d'information les plus populaires.

5.  Improvisez le dialogue entre un politicien et son fils (sa fille) âgé(e) de quatorze ans. L'enfant est troublé parce qu'il a entendu les parents de ses ami(e)s dire que tous les politiciens sont corrompus. Le père s'efforce de répondre à ces accusations et explique le rôle et l'utilité des personnalités politiques.

6.  Questions à débattre :
    a.  Dans certains pays, le vote est obligatoire. Que pensez-vous de ce système?
    b.  Quelle est la durée idéale d'un mandat présidentiel (en France, aux États-Unis) et pourquoi?

# La centralisation administrative

The tradition of centralization in France has its roots in the administrative system developed by the Ancien Régime monarchs but owes its modern form to the rationalizing reforms of the French Revolution and particularly to the Napoleonic design of a central, authoritarian administration organized along quasi-military lines. In each of France's 90 *départements*[c] (101 today), a body of trained officials—the *préfets* and *sous-préfets*—were entrusted with the task of maintaining law and order, representing the central government, controlling local government bodies, and (more covertly) acting as electoral agents and gathering political intelligence on behalf of the incumbent regime.

The nature of the *préfets'* role gradually changed with the democratization of the French political system, but to this day political expediency still presides over their posting and promotion, and they continue to wear a uniform at official functions. Following the reforms enacted since 1981 by the Mitterrand administration, however, the *préfets* (now renamed *commissaires de la République*) have surrendered many of their executive powers to local authorities.

The tradition of centralization, which recent reforms have only begun to shake, explains why the French bureaucracy tends to be top-heavy, and why most of the decisions affecting the country continue to originate in Paris.

Beginning in the 1960s, efforts were made to decentralize the decision-making process, notably with regard to economic activities, whose excessive concentration around the capital stifled regional development (see Chapter 5: *Villes et campagnes*). The *Délégation à l'Aménagement du Territoire et à l'Action Régionale* (DATAR), a public agency created in 1963, promotes a more balanced development of the national territory. Though only a consultative body, it can recommend financial incentives for firms willing to locate in underdeveloped regions.

But the role of the French state is not limited to administrative functions. We have already noted that the French educational system is run almost totally by the state. In the social field, the central government controls the national system of Social Security, which comprises medical and dental care, pharmaceutical prescriptions, unemployment insurance, and old-age pensions, as well as various forms of family assistance such as aid for dependent children *(allocations familiales)* and housing support (see Chapter 2: *La Famille*). In addition, the French state has been increasingly involved, through state-related agencies, in direct economic production. The great thrust of nationalization, affecting a number of banking and industrial establishments, occurred immediately after World War II, but as early as 1937 the railroads had been nationalized and reorganized into the *Société Nationale des Chemins de Fer* (S.N.C.F.). Later came the energy sector (coal, electricity, gas, and oil) and the communications systems (telephone, radio, television). In addition, the sale of tobacco products and matches has been a government monopoly since the nineteenth century.

When the Socialist administration of François Mitterrand came to power in 1981, it extended nationalization in the banking sector (70 percent of which was already state-controlled), took over five leading French multinationals and two major steel firms, and acquired majority control in those aircraft and automobile companies not already nationalized. Some of these decisions aroused mixed feelings in the French public. It should be kept in mind, however, that in a variety of activities that Americans are accustomed to seeing in private hands, millions of French men and women are employed directly or indirectly by government agencies and thus acquire, to varying degrees, some form of civil service status.

## *Fonctionnaires de père en fils*

Emploi garanti, salaire indexé,° carrière sans périls, retraite assurée°... Sage-ment,° presque naturellement, nombre d'enfants de fonctionnaires, utile-ment conseillés, deviennent fonctionnaires à leur tour. Cette filiation n'a pourtant rien d'exceptionnel dans un pays où aujourd'hui encore on de-

**indexé** *indexed (adjusted to the cost of living)* / **retraite assurée** *guaranteed pension* / **sagement** *reasonably*

5 meure,° dans tous les sens du terme, le fils de son père puisque, arrivé à l'âge
adulte, on occupe à peu de chose près° une position sociale identique. Les
agriculteurs sont en majorité fils d'agriculteurs, les ouvriers ont souvent un
père ouvrier; même chose pour les employés, les cadres,ᶜ les «indépendants»
(petits commerçants, artisans) et les membres des professions libérales.

10      Cette fidélité familiale au métier—entre autres facteurs—a cimenté de so-
lides corporations.° Ainsi en a-t-il été de la profession d'égoutier° à Paris,
souvent exercée de père en fils. (...) Christian, qui dans son adolescence ne
se sentait pas de dispositions particulières pour ce genre de besogne,° a fini,
passé le service militaire, par prendre pourtant la même direction : «Je
15 n'avais pas de qualification professionnelle, je voyais déjà beaucoup de chômage autour de moi, alors je me suis décidé, j'ai fait ma demande° à la voirie».° Il se félicite, avec le recul,° d'«avoir fait le bon choix» guidé par
l'exemple paternel.

        Cet exemple permet de comprendre ces «vocations» plus ou moins pré-
20 coces. On ne se met pas au service de la collectivité° par pure déférence
filiale mais bien parce qu'à un moment donné on a pu mesurer l'intérêt, les

---

**on demeure** = on reste / **à peu de chose près** = presque / **les corporations** (f) *guilds* /
**l'égoutier** *(m) sewer worker* / **la besogne** = le travail, l'occupation / **fait ma demande**
*applied* / **la voirie** *road and sewer maintenance office* / **avec le recul** *in retrospect* / **la
collectivité** *community, public sector*

avantages d'une carrière qu'on a pu observer depuis l'enfance. L'hérédité professionnelle résulte aussi de choix parfaitement conscients. Les enfants des hauts fonctionnaires qui se sont installés à leur tour sur les plus hautes
25 marches° de l'appareil de l'État,° en sont l'éclatante° démonstration. Au fil des générations° se sont constituées des familles de professeurs d'université, de magistrats et de membres des grands corps de l'État.ᶜ Les «fils de... » peuplent° le *Who's Who,* le Bottin mondain° et les annuaires administratifs.°

Polytechniqueᶜ et l'ENA,ᶜ ces deux écoles prestigieuses entre toutes, pas-
30 sages obligés vers un destin, sinon nécessairement glorieux, du moins confortable, continuent de recruter pour une large part dans les milieux aisés de la capitale. «On naît polytechnicien plus qu'on ne le devient», écrit J.A. Kosciusko-Morizet sur la «maffia polytechnique».

On pourrait en dire autant des énarques.° On n'aurait pas beaucoup de
35 mal à trouver parmi les récentes promotions° d'élèves de l'ENAᶜ des fils et des filles d'inspecteurs des finances, de membres du Conseil d'État ou des cabinets ministériels. Brillant, Hubert l'est assurément : agrégé en lettres,° il rêvait en '68 sur les bancs° de la Sorbonne d'un destin universitaire mais il est rentré dans sa caste en préparant l'ENA. «Brusquement, dit-il, j'ai re-
40 trouvé tous les réflexes familiaux. Pourquoi négliger en effet une voie toute tracée° et qui était loin d'être médiocre?»

«J'ai toujours eu le sentiment d'être sur le rail°» avoue Michèle, vingt-six ans, sortie de Polytechnique et dont le père était lui-même du corps des Ponts et Chaussées.° C'est tout naturellement qu'au sortir de l'École elle a
45 choisi un ministère° plutôt que d'entrer dans le privé.° «En France, le système d'éducation pousse en fait les plus brillants vers la fonction publique», ajoute Michèle. «C'est une attitude qu'on observe dès les classes préparatoiresᶜ aux grandes écoles.ᶜ Une majorité de taupins° et de khâgneux° n'ont en fait qu'une seule ambition : décrocher° un poste de fonctionnaire».
50 Dans la période actuelle de fort chômage, le fonctionnariat° apparaît à une proportion croissante° de Français comme un refuge très désirable : il y a quelques mois, un sondage ne révélait-il pas que 52% de Français souhaiteraient voir leurs enfants choisir le public plutôt que le privé°? (...)

Thierry, dix-sept ans, s'est tourné comme sa mère vers la S.N.C.F.,° autant

**les marches** (f) *rungs, steps* / **l'appareil de l'État** (m) *state bureaucracy* / **éclatante** = manifeste, frappante / **au fil des générations** = de génération en génération / **peuplent** *populate* / **le Bottin mondain** *Social Register* / **les annuaires administratifs** (m) *civil service directories* / **l'énarque** (m or f) *graduate of the ENA. Because of their power in the bureaucracy, they are collectively referred to as "l'ENArchie."* / **les promotions** (f) *graduating classes* / **l'agrégé en lettres** = *winner of the highest competitive examination for teachers or professors (here, in literature)* / **les bancs** (m) *benches (in a lecture hall)* / **une voie toute tracée** *a marked-out track, a natural path to follow* / **le rail** *railroad track(s)* / **les Ponts et Chaussées** *lit., Bridges and Roads, a section of the Public Works Department* / **le ministère** *ministry (of a public sector area)* / **le privé** *private sector* / **les taupins, les khâgneux** (m) = étudiants des classes préparatoires aux Grandes Écoles scientifiques (taupins) ou littéraires (khâgneux). Voir Chapitre 1, pp. 9–10. / **décrocher** = obtenir / **le fonctionnariat** = l'état d'être fonctionnaire / **croissante** = montante / **le public plutôt que le privé** *the public rather than the private sector* / **la S.N.C.F.** = Société Nationale des Chemins de Fer Français

55 par «goût pour le chemin de fer» que par souci° de trouver une place
stable : «Je ne me suis pas mal débrouillé,° quand je vois des copains qui
traînent° au café sans boulot».°

Même souci de sécurité chez ces fils et ces filles de gendarmes. Roger, dont
le père était gendarme, raconte : «Mon père m'a dit : «Mon gars,° ce qu'il
60 te faut, c'est un bon boulot, bien sûr». Il m'a aidé pour les examens en me
donnant le programme des épreuves,° et voilà... » Le métier, Roger le
trouve intéressant, passionnant° même. Quant au salaire, auquel s'ajoutent
des primes,° il n'est pas négligeable. «J'ai un voisin qui travaille en usine, il
est loin de faire ce que je fais par mois. Pas étonnant que les gens se repor-
65 tent° en masse sur les administrations!» (...)

Mêmes conclusions pour Gérard. Après un passage chez Michelin, quitté
sur un «coup de colère»,° il prépare le concours d'ouvrier imprimeur° à la
Banque de France où son père travaillait depuis 1936. «La direction préfère
jouer la sécurité° : à dossier égal,° on fera plutôt confiance à un fils d'agent,
70 c'est humain! Dans mon service, sur soixante personnes, il y a bien une douzaine qui sont dans mon cas», ajoute Gérard.

Michel Heurteaux, «Fonctionnaires de père en fils», *Le Monde*

## INTELLIGENCE DU TEXTE

1. Pourquoi un grand nombre de jeunes Français veulent-ils devenir fonctionnaires? Quels avantages—ou désavantages—voyez-vous vous-même dans
   ce choix?
2. Comment pouvez-vous démontrer que la mobilité sociale n'est pas un facteur dominant de la société française?
3. Comment s'établit une tradition de métier dans une famille comme celle
   de Christian? Comment voit-on que cette «hérédité professionnelle» affecte
   aussi les familles des hauts fonctionnaires?
4. Dans quelles carrières y a-t-il beaucoup de «fils de... » en France? Est-ce la
   même chose en Amérique?
5. Citez deux écoles prestigieuses et expliquez pourquoi tant de jeunes veulent un diplôme de ces institutions.
6. «On naît polytechnicien (ou énarque) plus qu'on ne le devient.» Expliquez
   le sens de cette remarque et donnez deux exemples de jeunes qui ont
   vécu cette expérience.
7. Montrez comment le système d'éducation renforce l'organisation administrative française.
8. Est-ce que le choix d'une carrière dans le public ou le privé vous paraît se
   poser dans les mêmes termes en France et aux États-Unis? Sur quel son-

---

**le souci** = le désir  /  **je ne me suis pas mal débrouillé** = j'ai assez bien réussi  /  **traînent**
*hang around*  /  **le boulot** (fam.) = le travail  /  **mon gars** *my lad*  /  **les épreuves** (f) *tests*  /
**passionnant** *exciting*  /  **la prime** *bonus*  /  **se reportent** *transfer, shift*  /  **sur un coup de colère**
*in an outburst of anger*  /  **l'imprimeur** (m) *printer*  /  **jouer la sécurité** *play it safe*  /  **à dossier
égal** *the résumés being equal*

dage établissez-vous votre réponse? Qu'est-ce que les cas de Roger et Gérard démontrent?

9. Quels sont les organismes qui sont privés aux États-Unis mais qui en France
sont administrés par des fonctionnaires?

10. Comment l'auteur montre-t-il que «l'hérédité professionnelle» s'étend à tous
les domaines de la fonction publique? Quels soustitres *(subtitles)* pouvez-
vous donner aux différentes parties de ce texte?

## *Vocabulaire satellite*

*De père en fils*

| | |
|---|---|
| la **question**, le **sujet** | *issue* |
| la **sécurité** | *security* |
| le **goût** | *taste* |
| l' **ambition** (f) | *ambition* |
| les **raisons financières** | *financial reasons* |
| **conservateur** (-trice) | *conservative* |
| **libéral(e)** | *liberal* |
| **être de droite** | *to be on the right, be a rightist* |
| **être de gauche** | *to be on the left, be a leftist* |
| **être du centre** | *to be at the center, be middle-of-the-road* |
| **être partisan(e) de** | *to support* |
| **être à charge de la Sécurité sociale** | *to be on welfare* |
| **aider** | *to help, to assist* |
| **intervenir** | *to intervene* |
| l' **état-providence** | *welfare state* |
| l' **assistance sociale** | *welfare* |
| la **santé** | *health* |

## PRATIQUE DE LA LANGUE

1. Improvisez les dialogues suivants :
   a. Un(e) étudiant(e) français(e) et un(e) étudiant(e) américain(e) discu-
      tent de leurs projets de carrière par rapport aux métiers de leurs pa-
      rents.
   b. Un père (une mère) essaie de persuader son fils (sa fille) de venir tra-
      vailler dans sa petite entreprise, afin de prendre un jour sa succession,
      plutôt que de chercher à poursuivre une carrière dans un domaine dif-
      férent.
   c. Un jeune homme (une jeune fille) tenté(e) par la carrière politique dis-

cute de ses projets avec ses parents qui se méfient de tous les politiciens
et essaient de le (la) dissuader.

2. Demandez aux membres de la classe dans quels domaines ils sont en fa-
veur de l'intervention de l'État. Sur la base de leurs réponses, dressez une
liste des secteurs où l'action gouvernementale est la plus acceptable, la
moins acceptable.

3. Un jeune homme et sa fiancée discutent des avantages et des inconvénients
d'avoir recours aux relations *(connections)* de leurs parents pour se faire
une carrière, ce qui leur permettrait de se marier plus rapidement.

4. Un politicien expose la nécessité de réduire le nombre des personnes qui
sont à charge de la Sécurité Sociale. Il (elle) répond ensuite aux questions
des auditeurs dont plusieurs bénéficient de différentes formes d'aide de la
Sécurité Sociale.

5. À débattre : Les entreprises qui travaillent principalement pour la défense
nationale devraient être nationalisées.

# L'économie de la France

France clearly belongs in the middle range of "advanced industrial states." In
1982, for example, it accounted for 7.5 percent of the combined output of the
capitalist industrial powers that make up the Organization of Economic
Cooperation and Development (OECD), as compared with 6.5 percent for
Great Britain, 9 percent for West Germany, 14.8 percent for Japan, and 38.5
percent for the United States. Though the range of its performance varies, the
French economy is highly competitive in certain sectors.

France is the world's third agricultural power (after the US and the USSR),
and the second largest exporter of food and agricultural products. France is
also the world's third nuclear power—far behind the two superpowers in
military capabilities but ahead of both in the share of energy needs derived
from nuclear reactors. French technology occupies a leading position in fields
such as armaments and transportation equipment but lags far behind Japan
and the United States in the development of robots, computers, and
microprocessors. This results less from lack of research than from an inability to
face some of the structural adjustments required by the new technology.
Automation, for instance, scares a lot of people and can be an explosive
political issue under a government officially committed to reducing France's
abnormally high rate of unemployment. Many French people also deplore
their compatriots' lack of entrepreneurial spirit, which sometimes allows foreign
firms to develop discoveries made in part by French scientists, as was the case
with some of the breakthroughs in microbiology and genetic engineering
achieved at the Pasteur Institute.

In practice, economic imperatives and sociopolitical considerations can seldom be divorced, especially in a country like France, where the state's share of the industrial sector has grown from 35 percent to 50 percent in recent years. Indeed, whether public or private, all sectors of the French economy depend to some degree on government action in the form either of diplomatic preparation for economic penetration abroad, or of export financing (often presented as "aid" but amounting in fact to indirect subsidies). This helps compensate for the deficits that France incurs in dealings with other industrial countries. This gap is mostly filled by the sale of goods and services to developing countries (particularly those that are members of the Franc Zone) and, to a lesser extent, Eastern Europe.

When the Socialist administration took office in 1981, many anticipated catastrophe. In fact, the economy did not fall apart but neither did the recovery predicted by the Left materialize. Unemployment remained high despite the introduction of early retirement schemes and the extension of paid vacations from four to five weeks. France's growing indebtedness and the weakness of its currency (or, to look at it another way, the soaring of the US dollar) obviously impeded economic recovery.

The wisdom of expanding the nationalized sector—which now covers virtually the entire aerospace sector, most of the steel and defense industries, and a large chunk of the chemical and electronics industries—has been questioned, even within the Socialist Party. Some previously nationalized firms, however, have operated quite successfully—partly, perhaps, because they are being run along strict business lines. The *Régie Renault*, which exports half its output and has established a foothold in the United States with its takeover of American Motors, is a shining example. But nationalization has also kept alive antiquated and unprofitable industries such as coal mining. On the other hand, there is dubious logic in nationalizing private firms that have remained efficient and competitive. In fact, the Mitterrand administration, switching gradually from what critics labeled an antibusiness bias, has taken to extolling the virtues of hard work, entrepreneurship, and productivity found in the private sector.

Yet such qualities are unevenly distributed in the French business world. Many firms are still family-owned and run according to obsolete, no-risk routines. Over the past thirty years, however, a new breed of managers dedicated to new methods and techniques has emerged, ensuring the success of their firms and meeting the challenges of international competition. Such is the case of the Riboud brothers: the New York-based Jean Riboud, head of Schlumberger, one of the world's most profitable multinationals, and Antoine Riboud, whose business empire—once centered on glass manufacturing—has now transformed itself into one of Europe's leading processed food conglomerates.

# La recette° d'Antoine : casser les habitudes

> *Le Nouvel Observateur:*   La réussite de vos entreprises° a quelque chose d'insolent. Comment faites-vous pour gagner tant d'argent dans une France en crise°?

> *Antoine Riboud:*   La crise, elle est derrière nous, car nous avons commencé à
> 5   la gérer° dès 1970. D'abord, en choisissant une stratégie offensive. Ensuite en appliquant celle-ci avec ténacité.

> *N.O.:*   L'industrie française n'a pas su le faire?

> *A.R.:*   Dans les pays de l'Est, vous ne choisissez pas ce que vous voulez consommer. On vous dit : «Achète et tais-toi». À l'Ouest, au contraire, il
> 10   faut pouvoir s'adapter très vite aux désirs des consommateurs° qui changent sans arrêt. Mais certains industriels français ont tendance à l'oublier. Ils sont trop rationnels, trop cartésiens.° Ils ne croient pas assez à l'instinct.

> *N.O.:*   Le secret de votre succès, en somme, c'est l'adaptabilité.

> *A.R.:*   Exactement. Et l'industrie française pratique trop l'autodéfense. Elle
> 15   ne sait pas adapter encore assez rapidement ses moyens de production° aux grandes évolutions technologiques et aux exigences du marché.° C'est ainsi qu'elle risque de se faire prendre de vitesse° par la troisième révolution industrielle. Or si l'industrie rate le coche° de l'informatisation,° elle mourra. Ce pays ne sera plus qu'un parc d'attractions touristique.

> 20   *N.O.:*   Vous parlez comme si la France avait déjà perdu la partie°...

> *A.R.:*   Non. Mais il faut s'européaniser,° aller vite, casser les habitudes et les carcans.°

> *N.O.:*   C'est-à-dire licencier°?

> *A.R.:*   La gestion° de la crise passe par l'amélioration de la productivité. Au-
> 25   trement dit,° il doit être possible d'abaisser° le nombre d'heures de travail en faisant tourner° le plus possible le capital. Dans nos usines qui fabriquent des bouteilles, le temps de travail hebdomadaire est déjà tombé à trente-trois heures et demie. Nos machines fabriquent cent cinquante bouteilles à la minute. Elles sont commandées par un ordinateur.°

> 30   *N.O.:*   C'est pourquoi les salariés° se retrouvent de plus en plus au chômage!

> *A.R.:*   Dans notre usine de Reims, qu'a visitée récemment le président de la République, il fallait, en 1981, neuf cents personnes pour fabriquer quatre cents millions de bouteilles. Aujourd'hui, il en faut six cents. Dans un an,

---

**la recette** *recipe*  /  **l'entreprise** (f) *business concern, firm*  /  **la crise** *crisis*  /  **gérer** *to manage, to handle, to deal with*  /  **le consommateur** *consumer*  /  **cartésien** *adjectif formé sur le nom du philosophe français René Descartes (1596–1650), considéré comme le père du rationalisme*  /  **les moyens** (m) **de production** *means of production*  /  **les exigences** (f) **du marché** *demands of the marketplace*  /  **se faire prendre de vitesse** *to allow oneself to be overtaken*  /  **rater le coche** *to miss the boat*  /  **l'informatisation** *computerization*  /  **la partie** *game*  /  **s'européaniser** *to become Europeanized*  /  **le carcan** *straitjacket*  /  **licencier** *to lay off (employees), to fire*  /  **la gestion** *management*  /  **autrement dit** *in other words*  /  **abaisser** = réduire  /  **en faisant tourner** *by rotating*  /  **l'ordinateur** (m) *computer*  /  **le salarié** *wage earner*

quatre cent cinquante suffiront. C'est ainsi. Sinon, le verre, devenu trop
35 cher, sera remplacé par d'autres matériaux. Ou bien ce sont les Allemands
ou d'autres plus compétitifs qui fabriqueront nos bouteilles de vin : les
frontières sont ouvertes. François Mitterrand a eu l'élégance de dire aux
délégués syndicaux° qu'il a rencontrés : «On ne peut pas faire autrement». Ayons l'honnêteté de le reconnaître : dans les prochaines années,
40 l'industrie ne créera plus directement d'emplois.

*N.O.:* Qu'est-ce qui créera des emplois, alors?

*A.R.:* Deux choses : la croissance° par l'investissement° et le développement
des petites et moyennes entreprises,° en particulier dans les techniques de
pointe.° Voyez les États-Unis : leurs P.M.E.° ont créé quatre millions d'em-
45 plois nouveaux l'an dernier. Si la France veut redynamiser° ce secteur, elle
doit changer complètement ses mentalités. Tenez, 1% seulement des
élèves des grandes écoles<sup>c</sup> créent leurs propres entreprises. Pourquoi?
Parce qu'un énarque° ou un polytechnicien,° autrement dit la prétendue°
crème de l'intelligence française, doit dix ans de sa vie à l'État. Voilà une
50 disposition° absurde, qu'il faut supprimer d'urgence. De même, les
grandes sociétés devraient faire preuve de plus de civisme° en favorisant
systématiquement le développement des P.M.E. dans leur sillage.°

---

**le délégué syndical** *union representative*  /  **la croissance** *growth*  /  **l'investissement** (m)
*investment*  /  **les petites et moyennes entreprises** *small and medium-sized firms*  /  **de pointe** =
avancé  /  **P.M.E.** = petites et moyennes entreprises  /  **redynamiser** *to reactivate, to
reinvigorate*  /  **l'énarque, le polytechnicien:** *see the second part of this chapter, pp. 95–98, or
"Grandes écoles" in the* Index culturel  /  **prétendu** *alleged, so-called*  /  **la disposition** *measure,
rule*  /  **le civisme** *civic spirit*  /  **le sillage** *wake*

*N.O.*:    Dans le domaine industriel, croyez-vous que la gauche soit sur la bonne voie°?

55  *A.R.*:    Oui, et c'est une voie courageuse. D'abord, tout le monde a compris maintenant que la concurrence° est mondiale et que l'on ne peut pas distribuer plus que l'on a produit. Ensuite, le tabou du profit—présenté, il n'y a pas si longtemps comme une abomination—est en train de tomber : le président de la République lui-même a réhabilité l'entreprise qui «dé-

60  termine notre niveau de vie et notre place dans la hiérarchie mondiale». Enfin, le gouvernement a su changer les règles du jeu social dans l'entreprise : il était temps d'innover.

*N.O.*:    Voulez-vous dire que vous approuvez les lois Auroux°?

*A.R.*:    Absolument! En France, les patrons comme les syndicats ont tendance

65  à croire que l'efficacité et l'ouverture sociale° ne sont pas compatibles. C'est faux. Regardez autour de vous : les entreprises les plus conservatrices, sur le plan social, sont rarement les plus performantes. En brisant° le carcan social, les lois Auroux favoriseront, j'en suis sûr, le développement économique.

70  *N.O.*:    Pourquoi les patrons ont-ils si peur de ces lois, alors?

*A.R.*:    Beaucoup ont refusé de comprendre que l'entreprise ne peut plus être le seul lieu où l'homme et la femme n'aient pas le droit de s'exprimer. Au lycée et à l'université, ils sont libres de discuter. Dans la vie de tous les jours, ils choisissent leurs loisirs ou leurs vêtements et ils parlent selon leur

75  bon plaisir. Mais au travail il faudrait qu'ils se taisent. Qui peut accepter ce gâchis de matière grise°? Gérer la crise, pour moi, c'est aussi faire participer le maximum de monde à la vie de la société...

*On demande alors à Antoine Riboud comment, de la fabrication de bouteilles, il est arrivé à la production alimentaire.°*

80  *A.R.*:    Il a fallu imaginer une stratégie alimentaire. Et j'ai pensé que, pour réussir dans ce secteur, il était indispensable de s'emparer de° grosses parts de marché et de s'y retrouver en position de leader. Mon péché mignon,° vous savez, c'est que j'adore être le premier partout. Après avoir acquis Kronenbourg,° Kanterbrau,° Évian,° Blédine-Jacquemaire (aliments

85  pour enfants), nous avons pris le contrôle de Gervais-Danone (yaourts°), Panzani (pâtes), Amora (moutarde), etc. Nous sommes ainsi devenus le premier groupe alimentaire français. Ensuite, dans la décennie° quatre-

---

**être sur la bonne voie** = être sur le bon chemin  /  **la concurrence** *competition*  /  **les lois Auroux** *a series of acts passed in 1982 to legitimize the role of unions and union representatives in factories; they also encourage a closer dialogue between employers and employees.*  /  **l'ouverture sociale** *greater social awareness*  /  **briser** *to burst*  /  **le gâchis de matière grise** *waste of brainpower*  /  **alimentaire** = qui concerne la nourriture  /  **s'emparer de** *to capture*  /  **le péché mignon** *favorite sin*  /  **Kronenbourg, Kanterbrau** = deux grandes marques françaises de bières  /  **Évian** = marque d'eau minérale  /  **le yaourt** *yogurt*  /  **la décennie** = période de dix ans; la décennie 80 = les années 80

vingt, grâce à la vente de nos usines de verre plat, nous avons acheté les champagnes Pommery et Lanson, tout en amorçant la mondialisation° de
90  nos activités. Se limiter à l'Hexagone° nous aurait rendus très vulnérables : la défense du marché français passe par un équilibre° des forces avec les géants internationaux.

*N.O.*:   En vous développant à l'étranger, ne dispersez-vous pas vos forces?

*A.R*:   Si je ne me mondialise pas, je suis fragile. Mon consommateur n'est
95  pas un bonhomme statique. Il voyage. S'il s'habitue, hors de nos frontières, à boire de la bière hollandaise ou à arroser° sa viande de ketchup américain, il continuera à le faire chez nous. Il faut donc qu'il trouve nos produits partout. J'ajoute que le marché français, avec ses cinquante millions d'habitants, ne suffit plus à faire tourner les machines à l'heure de
100  l'informatique° industrielle.

*N.O.*:   À l'heure des restructurations,° n'avez-vous pas honte de vos 741 millions de bénéfices,° en augmentation de 30% pour la quatrième année consécutive?

*A.R.*:   Les événements nous ont conduits à faire pendant la décennie
105  soixante-dix ce que certains doivent faire aujourd'hui. En 1984, nous allons investir deux milliards, dont° quatre cent millions en Lorraine. En 1983, nous avons distribué cent soixante-deux millions de bonus à nos salariés français. Le credo de mon entreprise, c'est de gagner de l'argent pour pouvoir investir et distribuer des richesses. Je suis payé pour ça.

> Propos recueillis par Franz-Olivier Giesbert et Jacques Mornand,
> *Le Nouvel Observateur*

## INTELLIGENCE DU TEXTE

1.  Comment comprenons-nous qu'Antoine Riboud est un homme d'affaires qui réussit très bien?
2.  Quelle comparaison Antoine Riboud établit-il entre les consommateurs des pays de l'Est et ceux de l'Ouest et pourquoi critique-t-il les industriels français?
3.  Quels sont, selon lui, les facteurs qui peuvent retarder la France dans son développement industriel?
4.  Quelles sont, pour les ouvriers en particulier, les conséquences de l'informatisation et du changement des habitudes?
5.  Racontez l'anecdote qui se rapporte à son usine de Reims. Expliquez le sens de la remarque d'Antoine Riboud quand il prédit que «dans les prochaines années, l'industrie ne créera plus directement d'emplois».

---

**tout en amorçant la mondialisation** *while initiating the process of extending. . . on a world scale*  /  **l'Hexagone** (m) *a common metaphor for France, based on its hexagonal shape*  /  **l'équilibre** (m) *balance*  /  **arroser** = couvrir, mouiller  /  **l'informatique** (f) *computer science*  /  **la restructuration** = réorganisation (industrielle ou économique)  /  **le bénéfice** = le gain, le profit  /  **dont** *including*

6. En quoi cet industriel a-t-il confiance pour créer des emplois et quel exemple donne-t-il pour justifier son point de vue?

7. Que pense-t-il de la politique économique du gouvernement de gauche de M. Mitterrand? Quels sont les trois points de cette politique qui lui paraissent positifs?

8. Pourquoi pense-t-il que les lois Auroux ne mettent pas en danger l'efficacité des entreprises? Quelle phrase résume bien sa pensée sur ce sujet?

9. Quel est le «péché mignon» de ce grand industriel? Quelles entreprises contrôle-t-il dans le domaine de l'alimentation?

10. Résumez les tactiques de modernisation que pratique Antoine Riboud et qu'il recommande pour le progrès de l'économie française.

## Vocabulaire satellite

| | |
|---|---|
| le monde des affaires | *business world* |
| l' industriel | *industrialist* |
| entreprenant(e) | *enterprising* |
| l' esprit (m) d'entreprise | *entrepreneurship* |
| énergique | *energetic* |
| perspicace | *sharp, penetrating* |
| sérieux(-euse) | *serious, business-minded* |
| moderniser | *to modernize* |
| l' ordinateur (m) | *computer* |
| l' informatique (f) | *computer science* |
| l' informaticien(-ne) | *computer specialist* |
| la gestion des affaires | *business administration, management* |
| être licencié(e) | *to be laid off* |
| se recycler | *to retrain oneself* |
| la reconversion | *reconditioning, retooling* |

| | |
|---|---|
| la recherche | *research* |
| les richesses (f) | *wealth, resources* |
| les moyens (m) de production | *means of production* |
| l' énergie (f) nucléaire | *nuclear energy* |
| la course aux armements | *arms race* |

### PRATIQUE DE LA LANGUE

1. Un(e) journaliste pose des questions à un homme (une femme) qui dirige une grande entreprise. Questions à poser : Pourquoi êtes-vous dans les affaires? Quelle est la responsabilité des chefs d'entreprise envers le public? envers leurs employés? Quel rôle l'État devrait-il jouer dans l'économie? Quelles sont vos préférences politiques et pourquoi?

2. Improvisez les dialogues suivants :
   a. Deux chefs d'entreprise discutent de l'achat d'un super-ordinateur. L'un(e) est passionné(e) de l'informatique mais l'autre est réticent.
   b. Un(e) écologiste et un chef d'entreprise discutent de la pollution et du rôle que devrait jouer le gouvernement dans ce domaine.
   c. Deux jeunes ingénieurs discutent de leur carrière. L'un(e) cherche

avant tout un emploi qui paie bien; l'autre éprouve des scrupules à travailler pour certains types d'entreprises. Chacun(e) développe ses arguments.

3. Avec l'aide de tous les membres de la classe, dressez une liste des produits français vendus aux États-Unis.

4. Demandez aux membres de la classe ce que signifie pour eux la «troisième révolution industrielle» et, sur la base de leurs réponses, donnez-en une définition composite.

5. À débattre : Il est souhaitable pour un pays de dépendre le moins possible des importations et d'être autosuffisant *(sulf-sufficient)* dans la plupart des domaines.

## SUJETS DE DISCUSSION OU DE COMPOSITION

1. XL2 est un ordinateur très avancé. Il peut répondre à des questions mathématiques mais aussi personnelles et, de plus, il peut prévoir l'avenir. Quel dialogue allez-vous engager avec cette merveille de l'informatique?

2. Montrez comment des questions d'ordre économique peuvent devenir des questions d'ordre politique.

3. Vous intéressez-vous beaucoup, modérément, pas du tout à la politique? Pourquoi?

4. «Dans les rapports entre les forts et les faibles, c'est la loi qui libère et la liberté qui oppresse.» D'accord? Pas d'accord? Expliquez votre point de vue.

# Images de la France

## Qu'est-ce que la France?

Generalizations about what constitutes a "national character" or "mentality" are almost always risky, if not fatal to sound judgment, for they invite stereotypes and can lead to prejudice. To avoid such pitfalls in this chapter dealing with the image of France, we will first present the views of a Frenchman who explains what his country means to him, and then focus on two well-known aspects of French creativity: fashion and cooking.

Born in 1940 in a Parisian bourgeois family, Régis Debray is a graduate of one of France's *grandes écoles*.[c] Fascinated by third world revolutionary movements, he traveled to Cuba and joined Ernesto "Che" Guevara in his ill-fated attempt to launch a guerrilla movement in Bolivia. Jailed by the Bolivian authorities in 1965, he was released after three years. After 1981, he served as a presidential aide to François Mitterrand. The author of two novels, Debray has also written major works on revolutionary strategy *(Revolution within the Revolution?)* and on French society and political philosophy *(Le Pouvoir intellectuel en France, Critique de la raison politique)*. His latest book, *La Puissance et les rêves* (1984) casts a nostalgic glance at some of his youthful illusions and includes a moving account of the reasons for his attachment to his native country.

# *La puissance et les rêves*

*Quand on demande à Régis Debray ce que représente son pays dans le monde, il cite d'abord des chiffres :*

« —0,8% de la superficie° de la planète, soit° 551.700 km², et 1,2% de sa population, soit environ 54 millions d'habitants, sans compter 1.550.000
5 dans les départements° et territoires d'outre-mer°. Au quinzième rang° mondial pour la population, son produit intérieur brut° le classe° au quatrième rang, sa production au cinquième. Autosuffisant au plan alimentaire° à 150%, il dépend de l'extérieur pour 65% de son énergie et plus d'un quart de ses besoins intérieurs est couvert par les importations°... Un pays qui,
10 pour entretenir° ses capacités remarquables dans les technologies et industries de pointe°—nucléaire, spatiale, aéronautique, télécommunications, océanographie, biotechnologies—, consacrera° 2,5% de son P.N.B.° en 1985 à la recherche et au développement. C'est aussi une des cinq puissances nucléaires, avec 80 ogives embarquées° en 1983, qui seront 176 en 1985 et 496

la **superficie** = *la surface*  /  **soit** *that is, i.e.*  /  le **rang** *rank, place*  /  le **produit intérieur brut** *gross domestic product*  /  **classer** *to rank*  /  **autosuffisant au plan alimentaire** *self-sufficient in food*  /  l'**importation** (f) *import*  /  **entretenir** *uphold, keep up*  /  **de pointe** (f) = *avancé*  /  **consacrer** *to devote*  /  le **P.N.B.** (produit national brut) *GNP (gross national product)*  /  les **ogives embarquées** *loaded warheads (on launchers)*

15  en 1993... Sa langue est parlée, comme langue véhiculaire,° par 250 millions
et comme langue maternelle par 90 millions de personnes, 34 états souve-
rains appartenant, par le biais de° l'Agence de Coopération culturelle et technique, à la francophonie mondiale. Langue qui conserve donc la deuxième
place aux Nations Unies, avant l'espagnol mais loin derrière l'anglais... Si
20  seulement 1.500.000 de ses citoyens vivent à l'étranger, la France a la veine°
de compter, au début de 1983, 4.459.000 résidents étrangers sur son territoire, dont 118.000 réfugiés politiques.»

*Régis Debray a beaucoup vécu à l'étranger; cette expérience lui a-t-*
*elle fait oublier son pays?*

25  «Le goût du pays, un peu de voyages en éloignent,° beaucoup y ramènent.° Moi, si j'avais quitté la France, ou si elle m'avait quitté, je me serais
manqué moi-même. Comme on manque son train ou son suicide, ou sa vie.
Et pas comme on manque de baguette,° de frites,° de ceci ou de cela... Tenez,° quand j'ai quitté la France (en supposant que ça me soit vraiment ar-
30  rivé°), j'espérais découvrir un autre monde. Erreur. On apprend une langue,
on n'apprend pas un monde. Il n'y a pas de monde, il y a une façon de s'y
prendre° avec les chauffeurs de taxi, les robinets,° les garçons de café, les
regards des filles et le temps qui passe. C'est prénatal, cette façon-là. On l'a
dans les neurones° et les neurones n'en savent rien; dans les pores de la
35  peau, et la peau ne sent rien. Son pays, quand on est dedans, c'est une mémoire qui s'oublie et tombe juste° à tous les coups.° Les exilés sont pis° que
malheureux : ils sont maladroits.»°

*Finalement, pourquoi Régis Debray aime-t-il tant son pays?*

«J'aime ce pays parce qu'on y a toujours quelque chose ou quelqu'un à
40  attendre. Et tant mieux° si on ne sait pas ni qui ni quoi. Il y a de l'attente°
dans l'air, c'est comme ça. En branchant° la radio, chaque matin, le petit
frisson° : sait-on jamais°?... J'aime les îles désertes du Pacifique ou d'ailleurs.
Mais j'aime encore plus ce pays de courants d'air° et de portes entrebâillées,°
où les meilleures pensées sont du possible et non de l'idéal, les rêveries de

---

**la langue véhiculaire** *lingua franca*  /  **par le biais de** *through the intercession of*  /  **avoir la**
**veine** *to have the (good) luck*  /  **éloigner** *to turn away, to disaffect, to estrange*  /  **ramener** *to bring*
*back, to draw back, to cause to return*  /  **la baguette** *the long, narrow loaf of bread common in France*
*(lit., stick)*  /  **les frites** (f) *French fries*  /  **tenez** = par exemple  /  **que ça me soit vraiment**
**arrivé** *that it truly happened to me*  /  **la façon de s'y prendre** *the way of dealing with it, of handling*
*it*  /  **le robinet** *faucet, tap*  /  **le neurone** *nerve cell*  /  **tomber juste** *to hit the right note; to*
*respond on time, on cue*  /  **à tous les coups** = chaque fois  /  **pis** = plus mal  /  **maladroit**
*awkward, clumsy*  /  **tant mieux** *all the better*  /  **l'attente** (f) *expectation*  /  **brancher** *to turn on,*
*to plug in*  /  **le frisson** *shiver, tingling of the nerves*  /  **sait-on jamais?** *who knows? (lit., does one*
*ever know?)*  /  **le courant d'air** *draft, sudden wind*  /  **entrebâillé** *ajar (neither open nor closed)*

45 puissance et non de mélancolie; les enjeux° les plus hauts, ceux du pouvoir
et non de la richesse. J'aime ce pays d'impatiences et de ratés,° où les questions sont toujours plus intéressantes que les réponses; qui vaut plus par
l'élan° que par la masse; et dont les mensurations° ne diront jamais la force...
Un pays d'eaux résurgentes et de ressourcements.° Un empêcheur de danser
50 en rond,° né pour embêter° le monde.»

Régis Debray, La Puissance et les rêves

## INTELLIGENCE DU TEXTE

1. Quelle image recevez-vous des faits cités par Régis Debray? Répondez
   «vrai» ou «faux» aux questions suivantes :
   a. La France est un pays très peuplé.
   b. Son produit national brut fait de la France une puissance économique
      importante.
   c. Sa production alimentaire est faible.
   d. La France se suffit à elle-même au plan de l'énergie.
   e. La recherche est importante en France et financée par le gouverne-
      ment.
   f. La France est un allié puissant sur le plan de la défense nucléaire.
   g. Le français est la troisième langue internationale utilisée aux Nations
      Unies.
   h. Beaucoup de Français émigrent à l'étranger.
   i. Les étrangers ne trouvent pas facilement place en France.
2. Quelle sorte d'attachement à son pays implique la phrase de cet auteur :
   «Je me serais manqué moi-même»? Expliquez.
3. Régis Debray joue ici sur le sens du verbe *manquer;* dans quel cas ce
   verbe a-t-il le sens de *to lack* ou le sens de *to fail?*
4. «En supposant que cela me soit vraiment arrivé» : sur quelle idée expri-
   mée dans ce paragraphe est-ce que cette phrase insiste?
5. Selon l'auteur, quels sont les petits faits ordinaires qui révèlent qu'on est
   étranger ou du pays?
6. De quelles manières (deux) exprime-t-il la satisfaction simple et naturelle
   qu'on sent à être chez soi *(at home)* dans son pays?
7. Régis Debray a écrit : «Impossible de s'ennuyer en France, personne n'est
   jamais sûr de rien»; dans quelle remarque de ce texte retrouvez-vous cette
   idée?
8. Si on vous disait qu'en analysant les pensées, les rêves et les enjeux de son
   pays, ce Français donne de la France l'image d'un pays réaliste, dyna-
   mique et non matérialiste, seriez-vous d'accord? Expliquez.
9. Comment interprétez-vous la phrase : «Les questions sont plus intéressantes
   que les réponses»? Pourquoi est-ce typiquement français?

---

**l'enjeu** (m) *stake (of a game)*  /  **le raté** *misfiring (of an engine); snafu; failure (of a person)*  /
**l'élan** (m) *impulse, momentum, enthusiasm*  /  **la mensuration** *measurement*  /  **le ressourcement**
*rekindling, rejuvenation (lit., reactivation of a spring)*  /  **l'empêcheur de danser en rond** *upsetter of
apple carts*  /  **embêter** (pop.) = ennuyer, vexer

10. Quels mots ou images expriment les qualités de vitalité et de potentiel que l'auteur admire dans son pays? Comment se manifeste son humour?

## *Vocabulaire satellite*

| | |
|---|---|
| la patrie | *motherland* |
| la liberté | *freedom* |
| le peuple | *people, nation* |
| être patriote | *to be patriotic* |
| être chauvin(e) | *to be superpatriotic* |
| être du pays | *to be from the country* |
| fier (fière) de | *proud of* |
| la fierté nationale | *national pride* |
| le nationalisme | *nationalism* |
| le chauvinisme | *chauvinism, superpatriotism* |
| la façon, la manière | *way* |
| une façon de | *a way of* |
| l' habitude (f) | *habit* |
| être à l'aise | *to be at ease* |
| être mal à l'aise | *to be ill at ease* |

| | |
|---|---|
| stéréotyper | *to stereotype* |
| donner une idée de | *to give an idea of* |

### PRATIQUE DE LA LANGUE

1. Si vous viviez à l'étranger, qu'est-ce qui vous manquerait? Complétez les phrases suivantes et composez-en d'autres sur le même modèle :
   Si je vivais en Russie,... me manquerait.
   Si je vivais en France,... me manquerait.
   Si je vivais dans une île du Pacifique,... me manquerait.
2. Si vous avez voyagé à l'étranger ou si vous connaissez des étrangers, avez-vous observé une façon différente de regarder les gens, de parler, de marcher, de considérer le temps qui passe? Expliquez.
3. «Le goût d'un pays, peu de voyages en éloignent, beaucoup y ramènent.» Est-ce une expérience que vous avez déjà faite? Êtes-vous quelquefois tenté de vivre dans un autre pays? Pourquoi?
4. Imaginez les dialogues suivants :
   a. Un(e) Américain(e) chauvin(e) rencontre dans un café de Paris un(e) compatriote qui s'est expatrié(e) en France.
   b. Un(e) étudiant(e) français(e) qui visite les États-Unis discute des deux sexes avec un ou plusieurs clochards américains des deux sexes sur un trottoir de New York.
   c. Deux Américain(e)s qui étudient en France se retrouvent au café avec des ami(e)s français(es). Tous les deux ont le mal du pays et essaient de faire comprendre pourquoi à leurs copains. Ceux-ci essaient de les réconforter en leur parlant des beaux côtés de la vie en France.

# Mode et haute couture

La mode, c'est ce qui se démode.
Coco Chanel

There is no question but that *la haute couture* (high fashion) caters to an exclusive clientele of wealthy women, movie stars, and crowned heads, and that most of us will never set foot in a true *maison de couture*. Nonetheless, those prestigious *couturiers*—Dior, Lanvin, Nina Ricci, Pierre Cardin, Givenchy, Balmain, Ungaro, Courrèges, Guy Laroche, Yves Saint-Laurent—not only establish fashions that the rest of the world ultimately adopts but also have a real impact on the culture of our time (while also contributing to a healthy balance of trade for the French economy).

Traditionally presented twice a year in the famous *défilés* (showings), Paris fashions are conceived in an atmosphere of tremendous excitement and utmost secrecy. On these occasions, limousines of elegant customers line the curbs of the Faubourg Saint-Honoré or the vicinity of the Place Vendôme, where the otherwise discreet *maisons de couture* are located. In a matter of weeks or even days, the outstanding features of the original designs are reproduced in the *prêt-à-porter*—first in luxury versions and then, much later, in popularized, mass-produced copies.

French designers, eager to get their share of this commercial bonanza, have lately expanded their fashions for men and for a less exclusive female clientele by opening their own boutiques. These establishments sell clothes that, although not true originals, nevertheless carry their designers' prestigious labels while following a more practical style. Yves Saint-Laurent revolutionized the traditional world of *couture* in the 1970s by systematically marketing his own products, including a line of accessories bearing his name. His purpose was to attract younger customers by creating a line of stylish clothes appealing to their taste, and he promoted these clothes in his «Yves Saint-Laurent/Rive Gauche» boutique in the heart of the *Quartier latin*. His example was followed by other designers, so that today the practice of putting designer labels on items ranging from ties to hand luggage is widespread in the fashion industry.

Perfumes, traditionally a part of the luxury trade, also let the *couturiers* not only extend the reach of their distinctive style but also create a more affordable luxury. For a relatively small amount of money, a woman can become a *Miss Dior*, feel like a *Jolie Madame* of Balmain, or stroll with the fancy of Nina Ricci's *L'Air du Temps*.

But *la mode* is not the exclusive concern of jet-setters and trendy buyers. We are all affected by it because its language has infiltrated our world. "Why does fashion talk about clothes at such length?" asks essayist Roland Barthes. "Why does it interject between the object and its user such a wealth of words (to say nothing of images), such a loom of meanings? The reason is, as we know, economic. Being of a calculating nature, industrial societies are condemned to breed consumers who will not calculate. If both the producers and the buyers of clothes shared an identical consciousness, clothing would be bought (and produced) only at the slow pace of its wear. . . . The commercial roots of our collective image-system (dominated by fashion, far beyond the realm of clothing) should therefore not be a mystery to anyone. . . . What is remarkable about this image-system, organized around the goal of desire, is that its substance is essentially in the mind: it is not the object but the name which triggers desire; it is not the dream but the meaning which causes the sale."[1]

The relationship between a social phenomenon and the inventiveness of an individual designer is best illustrated by Chanel. Gabrielle ("Coco") Chanel[2] (1883–1971), precursor of the modern woman, designed clothes that gave women freedom of movement at a time when most of them were still in corsets and frilly dresses. With a style inspired by men's clothing, yet fluid and supple, Chanel created a line of feminine outfits that still stand at the top of fashion today. Now almost a generic term, *"un Chanel"* has been used for over fifty years to designate a tailored suit of high-quality flannel or tweed, with a waist-length, collarless jacket generally trimmed with silk braid. And of course her perfume—the famous Chanel No. 5, the financial backbone of her empire—has for years been, to most foreigners, the epitome of French perfume.

> *La notoriété de Chanel était telle que, de son vivant,° sa biographie devait servir de sujet à un «Broadway musical». Chanel visitait fréquemment les États-Unis car les femmes américaines, plus émancipées que les Européennes sur ce point, avaient tout de suite adopté ses vêtements. Elle fut l'amie des plus grands créateurs de son époque : Picasso, Stravinsky, Diaghilev, Dali, Cocteau, etc. Son dessin était sobre, fonctionnel, intelligent avec une pointe d'ironie. Son style, quand elle écrit, reflète ces qualités et ne manque pas, lui non plus, d'élégance.*

# Elle disait...

Je suis contre une mode qui ne dure pas. C'est mon côté masculin. Je ne peux envisager que l'on jette ses vêtements parce que c'est le printemps.

**de son vivant** = pendant sa vie

[1] *Système de la mode*, Roland Barthes, pp. 9–10.
[2] Le surnom de «Coco» lui avait été donné par son père : c'est une appellation fréquente pour les jeunes enfants. On la surnommait aussi «la grande Mademoiselle» à cause de sa silhouette et de sa personnalité.

Je n'aime que les vieux vêtements. Je ne sors jamais avec une robe neuve.
J'ai trop peur que quelque chose craque.°

5    Les vieux vêtements sont de vieux amis.

J'aime les vêtements comme les livres, pour les toucher, pour les tripoter.°

Les femmes veulent changer. Elles se trompent. Moi je suis pour le bonheur. Le bonheur ça n'est pas de changer.

L'élégance ne consiste pas à mettre une robe neuve. On est élégant parce
10  qu'on est élégant, la robe neuve n'y fait rien.° On peut être élégant avec une
jupe et un tricot°³ bien choisis. Ce serait malheureux s'il fallait s'habiller chez
Chanel pour être élégant. Et tellement limité!

Autrefois, chaque maison [de couture] avait son style. J'ai fait le mien. Je
ne peux pas en sortir.

15  Je ne peux pas me mettre sur le dos quelque chose que je ne fabriquerais
pas. Et je ne fabriquerais rien que je ne puisse mettre sur mon dos.

---

**craquer** *to split at the seams*  /  **tripoter** *to finger, to handle*  /  **n'y fait rien** *has nothing to do with it*  /  **le tricot** *sweater*

[3]Chanel created the beaded sweaters that were popular in the 1950s.

Il n'y a plus de mode. On la faisait pour quelques centaines de personnes.
Je fais un style pour le monde entier. On voit dans les magasins : «style
Chanel». On ne voit rien de pareil pour les autres.

20    Je suis l'esclave de mon style.

Chanel ne se démode pas. Un style ne se démode pas aussi longtemps
qu'il s'adapte à son époque. Lorsqu'il y a incompatibilité entre la mode et un
certain état d'esprit, ce n'est jamais la mode qui gagne.

Je me trouve très limitée dans ce que je fais. Donc il faut que ce soit
25    soigné,° que l'étoffe° soit belle. Autant que possible, il faut que je montre un
peu de goût et que je ne change pas trop. On dirait que je ne fais plus mes
robes.

Qu'est-ce que ça veut dire, une mode jeune? Que l'on s'habille en° petite
fille? Je ne connais rien qui vieillisse davantage.

30    La nouveauté! On ne peut pas faire tout le temps de la nouveauté. Je
veux faire classique. J'ai un sac que l'on vend régulièrement. On me pousse
à en lancer un autre. Pourquoi? J'ai le même depuis vingt ans, je le connais,
je sais où placer mon argent et le reste.

En matière de° mode aussi, il n'y a que les imbéciles qui ne changent pas
35    d'avis.

La couleur? Celle qui vous va.

Pour être irremplaçable, il faut rester différente.

Rien n'est laid du moment que° c'est vivant. Des femmes me disent : «J'ai
des jambes un peu grosses... » Je leur demande : «Elles vous portent°? C'est
40    l'essentiel. Les jambes vous portent, on ne les porte pas. N'y pensez plus, ce
n'est pas cela qui rend heureux.»

Marcel Haedrich, Coco Chanel secrète

## INTELLIGENCE DU TEXTE

1.  En quoi les deux premières réflexions de Chanel étonnent-elles de la part
    d'un couturier qui vit de la mode?
2.  Comment voit-on, dans les trois remarques suivantes, que les vêtements ont
    une signification intime et personnelle pour la grande couturière?
3.  Que pensez-vous de la conception que Chanel a de l'élégance?
4.  Si la mode est «ce qui se démode», comment Chanel a-t-elle réussi à réa-
    liser ce paradoxe d'un style qui reste à la mode?
5.  Montrez comment le succès du «style Chanel» résulte d'une analyse ration-
    nelle de la mode, mais aussi de la personnalité de sa créatrice.
6.  Donnez quelques exemples de l'ironie de Chanel quand elle parle de son
    métier et de la mode.
7.  «Fatiguée de tenir mes sacs à la main, j'y passai une lanière *(leather strap)*

---

**soigné** = fait avec soin, très bien fait  /  **l'étoffe** (f) *fabric*  /  **en** = comme une  /  **en
matière de** = en ce qui concerne, dans le domaine de  /  **du moment que** *as long as*  /
**porter** *to carry (also, to wear)*

et le portai en bandoulière *(over the shoulder).*» Le sac en bandoulière *(shoulder bag)* est une invention de Chanel. Retrouvez-vous dans le texte d'autres indications du caractère pratique de son style?

8. Pourquoi les créateurs de mode sont-ils obligés de lancer de nouveaux modèles? Que pensez-vous de la nouveauté, comparée au classique?
9. Dans les dernières réflexions de Chanel, comment se manifeste la flexibilité qu'il lui a fallu pour durer si longtemps?
10. Comment Chanel encourageait-elle ses clientes à regarder la vie sous son côté positif? Avait-elle un certain humour? Citez-en des exemples.

## *Vocabulaire satellite*

—*Ça lui va bien, ce blouson!*

| | |
|---|---|
| **porter des vête- ments** | *to wear clothes* |
| **être à la mode** | *to be fashionable, to fol- low fashion* |
| **dans le vent** | *very up-to-date, "in"* |
| **aller à quel- qu'un** | *to fit, to suit someone* |
| **ce qui me (vous) va** | *what fits me (you)* |
| **ce qui me (vous) plaît** | *what I (you) like* |
| **bien (mal) ha- billé(e)** | *well (poorly) dressed* |
| **chic** | *chic, elegant* |
| **soigné** | *well groomed (of per- sons); well finished, carefully done (of things)* |
| **négligé** | *unkempt, slovenly, care- lessly done* |
| **frivole** | *frivolous* |
| **pratique** | *practical, sensible* |
| **le couturier** | *fashion designer* |
| **le, la dessinateur (-trice) de mode** | *fashion artist* |

| | |
|---|---|
| **le mannequin** | *fashion model (female)* |
| **la revue de mode** | *fashion magazine* |
| **la nouveauté** | *novelty, innovation* |
| **le classique** | *classic style* |
| **excentrique** | *eccentric, faddish* |
| **le tissu** | *material, fabric* |
| **la soie** | *silk* |
| **le coton** | *cotton* |
| **le lainage** | *woolen, wool material* |
| **le tissu synthé- tique** | *synthetic fabric* |

## PRATIQUE DE LA LANGUE

1. Faites une enquête dans la classe sur les genres de vêtements préférés par les étudiant(e)s.
2. Si vous étiez couturier(-ère) ou dessinateur(-trice) de mode, quels styles, quelles étoffes, quelles couleurs choisiriez-vous, et pourquoi? (Dans votre ré-

ponse, utilisez aussi les verbes : «employer», «prendre», «préférer», «se servir de»).

3. Est-ce que la France influence les États-Unis en ce qui concerne la mode ou est-ce l'inverse? (À débattre).

4. Pensez-vous que les jeunes filles s'intéressent plus aux garçons qui suivent la mode? Pourquoi? (La même question peut être posée en inversant les sexes.)

5. Organisez un groupe de discussion sur la mode, la vente et le coût des vêtements. Imaginez que vous avez invité Calvin Klein, Yves Saint-Laurent, un couturier japonais «dans le vent», un acheteur ou une acheteuse pour un grand magasin, un(e) journaliste de mode, une cliente riche et difficile, un playboy et quelques étudiants favorables ou défavorables à la mode.

6. Improvisez les dialogues suivants :
   a. Une vendeuse dans une maison de couture essaie de convaincre une cliente d'acheter une certaine robe.
   b. Un(e) couturier (-ère) célèbre est interviewé(e) par un(e) journaliste de mode qui déteste la nouvelle collection qu'il (elle) vient de créer.
   c. Deux étudiant(e)s qui partagent la même chambre ont des goûts différents pour s'habiller mais comme ils (elles) ont la même taille *(size)*, ils (elles) se prêtent parfois certains vêtements. Imaginez leur conversation un soir où ils (elles) se préparent tous (toutes) les deux à sortir.

# Cuisine et gastronomie

Dis-moi ce que tu manges, je te dirai qui tu es.
Brillat-Savarin

Despite its worldwide reputation, French cooking as practiced outside its native habitat represents only a segment of the whole range of French culinary experience. True French cooking, many Frenchmen insist, can be savored only in a French home. But then, French family fare varies enormously, not only between rich and poor households but also, and far more significantly, from one region to another: There is virtually no similarity between the home cooking in Alsace, Normandy, Provence, or Périgord except that each is, in its own way, delectable.

And what about French cuisine as practiced in hundreds of high-priced restaurants from Oslo to Hong Kong, not to mention France itself? It too is French—more French, in a sense, than any local or family specialty because it represents the distillation of techniques and recipes accumulated over generations by specialists. Much of it, however, has become standardized only since the nineteenth century and was developed for a rarefied clientele of wealthy patrons, including leisured aristocrats bent on experiencing *la vie parisienne* in the grand manner.

The traditions of *la haute* (or *grande*) *cuisine* go back to the Ancien Régime and were handed down through generations of prestigious chefs such as Vatel (d.1671), Carême (1784–1833), and Escoffier (1847–1935). But today, despite the survival of traditional *haute cuisine,* it would be impossible to identify any particular style as the quintessence of French gastronomy. There was a time when the glory of French cuisine was associated with the infinite variety of its complex and sophisticated sauces, each developed to accompany a specific preparation of meat, fish, poultry, or vegetables. Nowadays, however, the fashionable advocates of *la nouvelle cuisine* recoil from such elaborate traditions, developing in their place a new style of sophisticated simplicity based on the idea that "less is more."

One tradition that has remained virtually intact, however, is the typically French view that any culinary style worthy of the name warrants analysis, criticism, or celebration in that unique French genre: the literature of gastronomy. At the root of this phenomenon is the fact that food—or rather, the ways of preparing it—is an ever popular subject of discussion, whether among connoisseurs (of whom France is said to number fifty million!) or within the more select circle of professional gastronomes. From Brillat-Savarin (1755–1826) to Raymond Oliver (the owner of France's oldest first-class restaurant, *Le Grand Véfour*), talking or writing about food, wine, and cooking has been an exercise as specialized as literary criticism.

If cuisine merits intellectual discussion, it follows that its most distinguished practitioners are not seen merely as businessmen (which, strictly speaking, they are), but as creative artists deserving of national recognition. Already in the days of Louis XV the order of the *Cordon Bleu* was awarded to the best cooks. Today they may receive the *Légion d'Honneur;* in 1975 Paul Bocuse, one of the pioneers of *la nouvelle cuisine,* received that honor from the President of the Republic himself.

The masters of *la nouvelle cuisine* staged their quiet revolution by shifting emphasis from what accompanies or seasons the food to the foods themselves. Chefs such as Bocuse, Michel Guérard, the Troisgros brothers, Raymond Thuillier, and many others have settled away from Paris, often in small out-of-the-way towns, in order to have access to abundant garden vegetables, fresh fish, or poultry in their natural environment. Their cuisine aims at rediscovering the unadulterated taste of food and borrows some of its techniques from the Orient. They also cater to the modern diner's preoccupation with fitness and calories, hence the name *cuisine minceur,* a common synonym for *nouvelle cuisine.*

Perhaps one of the most characteristic features of French cooking is the way in which the food is consumed. In France, breakfast does not count; only the *déjeuner* and the *dîner* or *souper* call for refinement, substance, and creativeness. The traditional structure of these meals includes at least three courses—five for a *dîner,* seven or more for a *souper fin* or a banquet. A meal will usually include an *hors-d'œuvre*[1] or a soup, an *entrée*[2] (often a seafood), a *plat de résistance* (meat course), *fromages,* and a dessert *(entremets* or *dessert).* Salad, if served at all, will come after the main course.

Courses are supposed to contrast in taste, appearance, and consistency according to a certain dialectic whose guiding rules are found in innumerable *livres de cuisine* or *livres de recettes.* "Ne donnez jamais deux viandes rouges au même repas" recommends Mapie de Toulouse-Lautrec,[3] "pas plus d'ailleurs que deux plats ayant un fond de pâte : quiche, tarte, bouchées *(pastry shells).* Il vaut mieux ne pas servir deux plats en sauce au même repas."

Needless to say, gastronomy requires that appropriate wines complement a fine meal. The art of matching food and wines is not as arcane as it sometimes appears to foreigners, but it does have some rules and demands at the very least a knowledge of basic types of wine. As Raymond Oliver observes, "A proper education in both subjects (food and wine) can greatly enhance the pleasures they have to offer, and even prove a revelation."

> *Peut-on éduquer le goût avec de l'encre et du papier? Peut-on l'expliquer? C'est un peu ce que tente Jean-François Revel dans un essai sur la sensibilité gastronomique de l'Antiquité à nos jours dont on trouvera ci-dessous des extraits.*
>
> *Il est à noter que Revel est surtout connu comme ancien rédacteur en chef de* L'Express *et comme auteur d'essais politiques (dont plusieurs ont été traduits en anglais), ce qui ne l'empêche pas, en bon Français qu'il est, d'aimer la cuisine et de trouver plaisir à en parler.*

## Parlons cuisine

La cuisine procède de deux sources : une source populaire et une source savante,° celle-ci° nécessairement située dans les classes riches de toutes les époques. Il existe° au fil de° l'histoire une cuisine paysanne (ou marinière°) et une cuisine de cour°; une cuisine plébéienne et une cuisine familiale exé-

---

**savant** = professionnel  /  **celle-ci** *the latter*  /  **il existe** = il y a  /  **au fil de** *throughout*  /  **marinier** (adj) *of seamen or fishermen*  /  **de cour** *of the court*

---

[1]In France, *hors-d'œuvre* are light dishes served at the start of the meal. What Americans call hors d'oeuvres are small appetizers served with *apéritifs;* these are called *amuse-gueule* or *zakouski* in France.

[2]*Entrée* in France does not mean a main course, as in the United States, but a course that precedes the meat course. In many average French restaurants entrées now appear only in the *menus gastronomiques* or must be ordered *à la carte.*

[3]A member of the same aristocratic family that produced the famous painter, she is the author of several cookbooks intended for the modern housewife.

⁵ cutée par la mère de famille—ou l'humble cuisinière domestique—et une
cuisine de professionnels que seuls des chefs, entièrement voués à la pratique, ont le temps et la science d'exécuter.

La première cuisine a pour elle° d'être liée au terroir,° d'exploiter les produits des régions et des saisons, en étroit accord° avec la nature. Elle repose
¹⁰ sur un savoir-faire ancestral, transmis par les voies° inconscientes de l'imita-
tion et de l'habitude, et elle applique des procédés de cuisson° patiemment
mis à l'épreuve ° et associés à certains instruments et récipients de cuisine
bien fixés par la tradition. C'est de cette cuisine qu'on peut dire qu'elle ne
voyage pas. La seconde cuisine, la cuisine savante, repose, elle, sur l'inven-
¹⁵ tion, le renouvellement, l'expérimentation. Nous voyons se produire, de
l'Antiquité à nos jours, en ⌐urope et ailleurs, un certain nombre de révolutions gastronomiques, dont les deux plus importantes, du moins pour la
cuisine européenne, ont eu lieu, l'une au début du XVIIIᵉᵐᵉ siècle, l'autre
au début du XIXᵉᵐᵉ. Nous voyons même que certaines d'entre elles repré-
²⁰ sentent, sans qu'on le sache parfois, un retour en arrière° : c'est ainsi que
l'alliance du salé° et du sucré, de la viande et du fruit (canard aux pêches,
etc.) qui passe depuis quelques années pour un signe d'excentricité dans
quelques restaurants, était la règle au Moyen Age et jusqu'à la fin du
XVIIᵉᵐᵉ siècle : presque toutes les recettes de viande y comportent° du sucre.

**pour elle** = l'avantage   /   **liée au terroir** *linked to the soil, linked to the native habitat*   /   **en
étroit accord** *in close relationship*   /   **la voie** *way*   /   **le procédé de cuisson** *cooking procedure*   /
**mis à l'épreuve** *tested*   /   **le retour en arrière** = le retour au passé   /   **salé** *salt taste*   /
**comporter** *to include*

25 Mais si la cuisine savante, elle, innove, crée, imagine, elle risque parfois de tomber dans la complication inutile, dans un baroque° dangereux, ce qui incite les amateurs à revenir périodiquement à la cuisine de terroir.° J'ajoute qu'un chef qui perd tout contact avec la cuisine populaire réussit rarement à combiner quelque chose de vraiment fin, et c'est d'ailleurs un fait frappant°

30 que la grande cuisine savante surgit° principalement dans les pays où il existe déjà une cuisine traditionnelle savoureuse et variée, qui lui sert comme de socle°... J'ai voulu indiquer par ces observations que la grande cuisine n'est pas seulement une cuisine de privilégiés. Les peuples riches, les classes riches ne sont pas obligatoirement ceux où l'on mange le mieux...

35     La cuisine «bourgeoise»° a été codifiée en de nombreux traités,° et retient la solidité et les arômes° de la cuisine paysanne tout en y introduisant la nervosité° et la «race» de la haute gastronomie, par exemple dans les sauces. Si la cuisine régionale et paysanne a des qualités de fond° et de sérieux qui permettent de la comparer au cheval de trait et de labour,° si la haute gas-

40 tronomie a les vertus élégantes et la fragilité du pur-sang,° la cuisine bour-geoise est ce que les éleveurs° de chevaux appellent un demi-sang : elle trotte mais ne galope pas... La cuisine bourgeoise n'exclut pas l'invention— contrairement à la cuisine strictement traditionnelle qui se transmet avec la fixité° d'un patrimoine° génétique. Tout «cordon-bleu» introduit volontiers

45 dans une recette ses variantes personnelles, et chacun de nous a vu dans les familles ces livres de «cuisine bourgeoise» truffés de feuillets manuscrits° un peu jaunis,° précieux témoignages d'un enseignement oral venu d'une aïeule,° ou petit secret supplémentaire de trouvaille récente.° L'histoire de la gastronomie est précisément une suite° d'échanges, de conflits et de récon-

50 ciliations entre cuisine courante et art de la cuisine. L'art est création person-nelle, mais cette création est impossible sans une base artisanale...

    Une caractéristique de la cuisine, depuis cent ans, mais surtout depuis le milieu du XX$^{ème}$ siècle, a été son internationalisation, ou, pour mieux dire, sa mondialisation. Cet essaimage° des cuisines a eu plusieurs causes. D'abord,

55 les migrations forcées qui dans notre temps de persécutions, de guerres et de crises, ont amené les populations entières à exporter dans leurs pays d'adoption leurs coutumes culinaires, et à y ouvrir des restaurants et des magasins de produits alimentaires. Ensuite le prodigieux développement du tourisme et la découverte sur place, par d'innombrables voyageurs, de cer-

60 tains plats «typiques» ou même de toute la palette° d'une cuisine étrangère.

---

**le baroque** *style compliqué, bizarre* / **la cuisine de terroir** *native cooking* / **un fait frappant** *a striking fact* / **surgir** *to emerge* / **comme de socle** *as a foundation* / **la cuisine «bourgeoise»** *middle-class family cooking* / **le traité** *treatise* / **l'arôme** (m) *flavor* / **la nervosité** *zest* / **la qualité de fond** *basic quality* / **le cheval de trait... de labour** *workhorse, plow horse* / **le pur-sang** *thoroughbred* / **l'éleveur** (m) *breeder* / **la fixité** *consistency* / **le patrimoine** *heritage* / **truffés de feuillets manuscrits** *crammed with scribbled sheets* / **jaunir** = devenir jaune / **une aïeule** = une grand-mère / **de trouvaille récente** *of recent find* / **la suite** = la série / **l'essaimage** (m) *swarming (of bees); migration* / **la palette** *spectrum, range (lit., painter's palette)*

C'est le cas de la pizza napolitaine, des lasagnes à la bolonaise,° de la bouillabaisse[1], de la paella[2], du couscous[3], du curry à l'indienne, du goulash, de la choucroute,° du welsh-rarebit, du southern-fried chicken à l'américaine, du roast-beef à l'anglaise, et de cent autres «spécialités» du terroir.

65　Le nombre de restaurants chinois en Europe et en Amérique du Nord dépasse infiniment le nombre des cuisiniers chinois compétents disponibles° sur les cinq continents, même, paradoxalement, dans les villes occidentales où existent une forte population chinoise et de vastes quartiers chinois. Une autre raison encore pour laquelle la cuisine «voyage mal» tient aux° régle-
70　mentations sanitaires qui, dans certains pays, interdisent l'importation de certains produits. Aux États-Unis, la Food and Drug Administration est très stricte. Elle confisque en douane jusqu'au plus humble saucisson° que le voyageur veut offrir à des amis. On ne saurait° donc obtenir à New York un cassoulet[4] convenable°...

75　La digestion commence à la cuisine, dit un proverbe. Non : elle commence dans le jardin, dans les champs, dans la basse-cour.° Certes, en ce domaine comme dans beaucoup d'autres, la nature est un luxe, mais heureusement un luxe qui se démocratise de plus en plus... Le caractère dominant de la gastronomie présente, en cette fin du XX$^{ème}$ siècle, me paraît évident : pour
80　le meilleur et pour le pire, ce caractère dominant, c'est le retour à la nature.

Jean-François Revel, *Un Festin en paroles*

## INTELLIGENCE DU TEXTE

1. Comment décririez-vous les différentes traditions qui constituent la cuisine?
2. Comment se perpétue la cuisine «savante»? En vous aidant de l'introduction, pourriez-vous citer de grands cuisiniers qui ont participé aux révolutions gastronomiques que la France a connues au XVIII$^{ème}$ et au XIX$^{ème}$ siècles?
3. Qu'est-ce qui sert en général de base à une grande cuisine? Selon Revel, qu'est-ce qu'un grand chef ne doit jamais oublier?
4. La fortune assure-t-elle la qualité de la cuisine, selon l'auteur? Qu'en pensez-vous? Connaissez-vous de bonnes cuisines qui ne sont pas des cuisines de privilégiés?
5. Comment la «cuisine bourgeoise» se situe-t-elle par rapport à la cuisine paysanne ou à la haute gastronomie? Que pensez-vous du style employé par l'auteur quand il parle de cuisine?

**à la bolonaise** *Bologna-style* / **la choucroute** *sauerkraut* / **disponible** *available* / **tenir à** = dépendre de / **le saucisson** *dry sausage* / **On ne saurait** = On ne peut pas / **convenable** = acceptable, satisfaisant / **la basse-cour** *barnyard*

[1]bouillabaisse: Provençal seafood chowder, a specialty of Marseilles
[2]paella: a Catalan dish of pan-fried rice with chicken, sausage, or seafood garnish
[3]couscous: a North African dish of steamed millet served with chicken, lamb, raisins, etc.
[4]cassoulet: a bean dish of southwestern France prepared with goose fat and various sausages

6. Qu'appelle-t-on un «cordon bleu» aujourd'hui et comment le devient-on?

7. Quel est le genre de cuisine que l'on rencontre de plus en plus partout dans le monde? Comment s'est opéré le phénomène de «mondialisation» des cuisines nationales?

8. Qu'est-ce que les touristes découvrent en voyageant? Quelle découverte culinaire avez-vous déjà faite de cette manière? Quelles «spécialités du terroir» étrangères connaissez-vous ou avez-vous essayées? Citez des spécialités américaines qui paraîtraient exotiques aux Français.

9. Pourquoi peut-on dire que certaines cuisines «voyagent mal»? Quel facteur contribue à ce problème aux États-Unis?

10. Quelle allusion à la «nouvelle cuisine» française trouve-t-on dans la conclusion de Revel? Avez-vous observé vous-même un retour à la nature dans l'alimentation?

## Vocabulaire satellite

—*Mince alors! Il ne fait pas de la cuisine bourgeoise, celui-là!*

| | |
|---|---|
| la **nourriture** | *food* |
| le **plat** | *dish, course (of meal)* |
| la **carte** | *bill of fare, menu* |
| le **menu** | *menu; combination of dishes making up a full meal* |
| l' **addition** (f) | *bill (in a restaurant or café)* |
| **cuisiner** | *to cook* |
| **faire de la pâtisse-rie** | *to bake (pastry)* |
| la **recette** | *recipe* |
| le **goût** | *taste* |
| **goûter** | *to taste* |
| **savourer** | *to relish, to eat with enjoyment* |
| **savoureux(-euse)** | *tasty* |
| **se régaler** (de) | *to feast (on)* |
| les **aliments frais** | *fresh food* |
| les **conserves** (f) | *canned food* |
| les **surgelés** (m) | *frozen food* |
| **être au régime** | *to be on a diet* |

## PRATIQUE DE LA LANGUE

1. Êtes-vous curieux (-euse) de cuisine? Est-ce que les plats inconnus vous intimident? Dans la carte d'un restaurant, quels plats choisissez-vous? Quels plats évitez-vous systématiquement?

2. Si vous alliez en France, quelle espèce de cuisine aimeriez-vous essayer? Quelles spécialités?

3. Imaginez que vous êtes garçon ou serveuse dans un restaurant français qui sert plusieurs genres de cuisine. Improvisez des dialogues avec les clients suivants :

   a. Un(e) étudiant(e) américain(e) qui n'a pas beaucoup d'argent.
   b. Une vieille demoiselle qui surveille avec soin sa santé.
   c. Un enfant de douze ans.
   d. Une dame un peu grosse qui est au régime.
   e. Un(e) végétarien(ne) qui se méfie de tous les aliments traités avec des produits chimiques.
   f. Une dame élégante, riche et un peu snob.
   g. Deux hommes d'affaires qui cherchent à s'impressionner mutuellement.

4. À débattre : La qualité de la cuisine diminue parce qu'il y a moins de femmes au foyer.

5. Autour d'une table sont réunis un chef italien, une touriste internationale, un «cordon bleu» de tradition bourgeoise, un cuisinier chinois et d'autres personnes de diverses nationalités, à votre choix. Le sujet de leur conversation : où mange-t-on le mieux? Imaginez leurs réponses.


## SUJETS DE DISCUSSION OU DE COMPOSITION

1. «Les vieux vêtements sont de vieux amis.» Dans une malle *(trunk)* vous retrouvez des vêtements de saisons passées : qu'est-ce qu'ils vous disent?

2. Michel Guérard, le célèbre chef d'Eugénie-les-Bains, raconte comment, d'un cuisinier gourmand, l'amour a fait de lui le créateur de la «cuisine minceur». Sa fiancée lui avait murmuré : «Vous savez, Michel, si vous perdiez quelques kilos, cela vous irait bien». «Quel choc!», écrit Guérard. «Je compris qu'il me fallait gommer cette graisse de la honte *(erase this shameful fat)* et perdre quelque embonpoint *(portliness)* pour gagner le cœur de Christine».[1] Composez dans un style amusant l'histoire d'un(e) gastronome qui renonce à son embonpoint—mais pas à la gastronomie—pour l'amour d'une belle jeune fille (ou d'un beau jeune homme).

---

[1] M. Guérard, *Les Recettes originales de Michel Guérard : La Grande Cuisine Minceur*, p. 11.

# 8

# La francophonie

## Le monde francophone

Today the total population of those countries where French is spoken daily numbers over 200 million. The French-speaking area in Western Europe includes portions of Belgium, Luxembourg, and Switzerland. The expansion of the French language overseas, on the other hand, resulted from imperial adventures pursued over four centuries. Scattered remnants of France's once vast colonial empire still survive: French Guiana in South America; Martinique and Guadeloupe in the Caribbean; St. Pierre and Miquelon off Canada; Réunion in the Indian Ocean; Tahiti and New Caledonia in the Pacific. In addition, French continues to be spoken in many other countries that ceased to be French as far back as the eighteenth century (Canada) or as recently as the 1970s (the Comoro Islands).[1]

France's modern colonial empire was acquired between 1830, when France invaded Algeria, and the end of World War I. It came to an end between 1941, when Syria and Lebanon were promised independence, and 1962, when French rule ended in Algeria. The decolonization process was sometimes violent—as in Indochina and Algeria—but often resulted from a peaceful negotiated settlement. All the former French territories in sub-Saharan Africa have maintained close economic and cultural ties with France. Most of them

[1]For the use of French throughout the world, see the map on pp. 130–131.

still belong to the currency zone of the franc and in some of them, such as the Ivory Coast, the number of French residents is actually larger than at the time they became independent.

To a greater or lesser extent, France followed a policy of assimilation in its overseas possessions. Before their nations won independence, the presidents of several African states—Senghor of Senegal, Houphouët-Boigny of the Ivory Coast, and Sékou Touré of Guinea—were members of the French National Assembly. Education was usually conducted in French at all levels; a handpicked elite was systematically sent to France to complete its education in the *lycées*,° universities, and *grandes écoles*.°

## France : la deuxième patrie

Dans une enquête sur les étudiants d'Afrique Noire en France, le sociologue et journaliste sénégalais J. P. N'Diaye s'est intéressé à ce que les jeunes Africains installés en France pensent de ce pays et de ses habitants. Voici un échantillon° de réponses à la question : Si le cycle d'enseignement que vous
5 poursuivez pouvait être réalisé en Afrique, seriez-vous quand même venu en France? La majorité des étudiants ont répondu affirmativement. Pourquoi?

—Pour voir comment vivent les Blancs chez eux et pouvoir confirmer ou infirmer° leur supériorité tant rabâchée dans nos oreilles° en Afrique».
(Guinée 1 Droit)[1]
10 —Histoire de° connaître le pays dont j'utilise la langue».
(Bénin 4 Droit)
—Oui, je suis venu en France pour connaître le peuple français qui a fait la révolution de 1789 et aboli les inégalités raciales en proclamant les Droits de l'Homme à la face du monde».
15                                      (Guinée 1 Géométrie)

D'autres exemples de réponses à la question : comment trouvez-vous les Français dans l'ensemble?
«Aimables et même compréhensifs° si on est gentil et surtout intelligent».
(Guinée 3 Architecture)
20 «Différents des Français d'Afrique, en ce sens qu'ils ne connaissent que le Nègre évolué° et qu'ils le respectent».
(Dahomey 3 Techn.)

---

**l'échantillon** (m) *sampling*  /  **infirmer** *to disprove*  /  **tant rabâchée dans nos oreilles** *so tiresomely repeated*  /  **histoire de** *a matter of*  /  **compréhensif** *understanding*  /  **le Nègre évolué** *the educated black*

---

[1]Guinée 1 Droit : étudiant venu de la Guinée, un an en France, poursuit des études de droit.

«Accueillants°... mais un racisme latent n'est pas loin d'être décelé° chez certains, en particulier chez les propriétaires d'immeubles».°

25                                                                                          (Côte-d'Ivoire Sciences)

«Je n'ai pas eu le temps ni l'occasion de les juger sérieusement, mais il me semble que le Français de la rue est sympathique, que le bourgeois est réservé et méfiant.° Je n'ai pas souvent rencontré le Français bavard,° révolutionnaire que j'imaginais avant mon arrivée. Il m'a paru blasé et d'une indif-

30   férence égoïste».

                                                                                                (Guinée 1 Math.)

«Ils sont paternalistes ceux qui ont plus de 30 ans. Les autres sont plus faciles à fréquenter parce qu'ils n'ont pas de préjugé».

                                                                                              (Côte-d'Ivoire 2 Techn.)

35   «Individualistes avant tout, fourbes° dans leur comportement° vis-à-vis des Africains et de l'homme de couleur en général. Le Français moyen n'aime pas l'étranger quel qu'il soit.° Même au sein de° l'extrême-gauche, on dénote un certain sectarisme».°

                                                                                                        (Gabon 4)

40   «Trop préoccupés par l'argent et le plaisir. Trop bêtes pour comprendre les problèmes des autres peuples. Ils sont intoxiqués° par la grande presse».

                                                                                              (Sénégal 4 Sciences soc.)

«Avant tout, un goût effréné° de l'argent et des «valeurs».° En plus pater-

---

accueillant = hospitalier  /  **n'est pas loin d'être décelé** *is readily discernible*  /  **l'immeuble** (m) *apartment house*  /  **méfiant** *distrustful*  /  **bavard** = qui parle beaucoup  /  **fourbe** *deceitful*  /  **le comportement** *behavior*  /  **quel qu'il soit** *whoever he may be*  /  **au sein de** *in the midst of*  /  **le sectarisme** *sectarianism*  /  **intoxiqué** *brainwashed*  /  **effréné** *unbridled*  /  **les «valeurs»** (f) *assets*

nalistes, ignorant° les questions de politique étrangère en général et de
45 l'Afrique en particulier. Fiers° de leur passé, convaincus que la France est le
pays de la liberté, de la démocratie et de l'antiracisme. Ils se considèrent
comme très hospitaliers et s'étonnent que les ex-colonisés n'aient pas de re-
connaissance° pour les «bienfaits»° qu'ils leur ont apportés».

(Sénégal 4)

50 «Trop foncièrement° individualistes pour qu'on puisse les juger. Peut-être la
société française est traumatisée profondément par la civilisation techni-
cienne. Le Français place volontiers° son pays au centre du monde en dépit
des° situations historiques. Le Français est un intellectuel, un idéaliste d'une
autre époque».
55

(Bénin 2)

## INTELLIGENCE DU TEXTE

1. Qu'est-ce qui intéresse le plus les étudiants qui ont répondu à la première question : le pays, les gens, la langue?
2. Quel rôle leur connaissance de l'histoire de France joue-t-elle dans leur intérêt pour ce pays?
3. Certains sont avant tout sensibles à une communauté culturelle avec la France. Sur quoi est-elle basée?
4. Dans les réponses à la deuxième question, la première impression est-elle en général favorable aux Français?
5. Remarquent-ils une différence entre les Français de France et ceux d'Afrique?
6. Faites une liste des qualités que les étudiants trouvent chez les Français et, en face, une liste des défauts qu'ils leur reprochent.
7. Les pays suivants sont francophones : vrai ou faux? (Consultez la carte aux pages 130–131 si nécessaire.)

| | |
|---|---|
| l'Algérie | l'Éthiopie |
| le Nigeria | le Tchad |
| la Côte-d'Ivoire | le Sénégal |
| la Sierra Leone | le Ghana |
| le Mali | le Togo |

## Vocabulaire satellite

| | |
|---|---|
| la **patrie** | *homeland* |
| la **patrie d'adoption** | *adopted homeland* |
| la **métropole** | *mother country, center* |
| | *(of an empire)* |
| la **colonie** | *colony* |

**ignorer** = être ignorant de / **fier** *proud* / **la reconnaissance** *gratitude* / **le bienfait**
*benefit* / **foncièrement** *fundamentally* / **volontiers** *readily, willingly* / **en dépit de** *despite*

1. l'Algérie
2. les Antilles
   (la Guadeloupe,
   la Martinique,
   Saint Martin)
3. la Belgique
4. le Bénin
5. le Cambodge, le Laos, le Viêtnam

6. le Cameroun
7. le Canada (le Québec,
   les Provinces Maritimes)
8. les Comores
9. le Congo
10. la Corse
11. la Côte-d'Ivoire
12. Djibouti

13. les États-Unis
    (la Louisiane,
    la Nouvelle Angleterre)
14. la France
15. le Gabon
16. la Guinée
17. la Guyane
18. Haïti

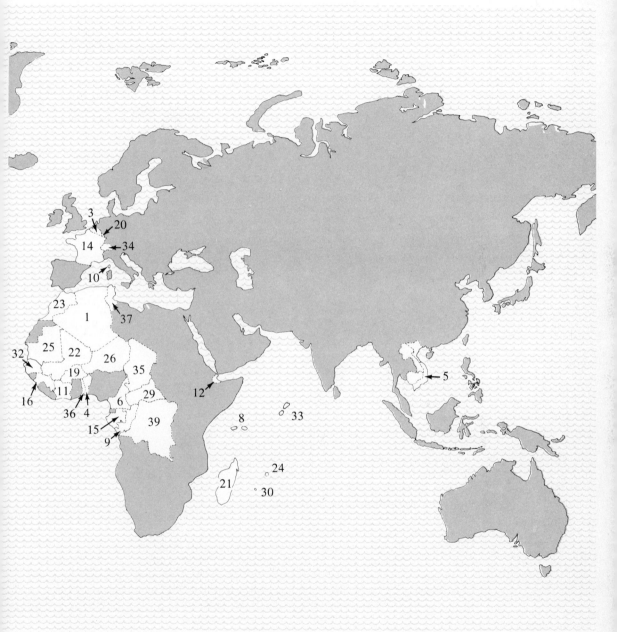

| | |
|---|---|
| le colon | *colonist, settler* |
| l' indigène (m, f) | *native (of any country)* |
| le logement | *housing* |
| les rapports sociaux | *social interactions* |
| être économique- ment sous- développé | *to be economically un- derdeveloped* |
| être exploité | *to be exploited* |
| un pays en voie de développe- ment | *a developing country* |
| un pays industria- lisé | *an industrialized coun- try* |
| le Tiers-Monde | *third world* |

| | | | |
|---|---|---|---|
| chauvin | *chauvinistic* | méfiant | *suspicious, distrustful* |
| patriote | *patriotic* | accueillant | *hospitable* |
| paternaliste | *paternalistic* | sympathique | *likable, congenial* |
| condescendant | *condescending* | avoir l'esprit | *to be narrow-minded* |
| réservé | *reserved* | borné (ouvert) | *(open-minded)* |

### PRATIQUE DE LA LANGUE

1. Les étudiants africains observent des différences dans le comportement des Français (jeunes, bourgeois, etc.) Pensez-vous que les mêmes jugements s'appliqueraient en ce qui concerne votre pays? Expliquez pourquoi.

2. Aimeriez-vous visiter l'Angleterre pour les mêmes raisons que ces Africains veulent voir la France? Y a-t-il un autre pays qui offre pour vous un attrait *(attraction)* semblable à celui de la France pour ces étudiants africains? Pourquoi?

3. Imaginez que vous êtes un(e) étudiant(e) d'Afrique noire qui est venu(e) aux États-Unis pour faire des études universitaires. Écrivez une lettre à vos parents et décrivez vos impressions de la vie américaine.

4. Enquête : Demandez aux autres étudiants d'identifier les différences essen- tielles entre la vie en France et la vie aux États-Unis et dressez une liste des différences les plus manifestes.

5. Imaginez une conversation entre trois étudiant(e)s dans un bar des États- Unis : un(e) Américain(e), un(e) Français(e) et un(e) Africain(e) qui a vécu en France avant de venir aux États-Unis. Dans leur conversation, ces trois personnes comparent les conditions de vie des étudiants étrangers et les préjugés qu'ils rencontrent en Europe et en Amérique.

6. Pensez-vous que les étudiants africains entretiennent eux-mêmes des opi- nions stéréotypées sur la France et les Français? Lesquelles? Ces préjugés correspondent-ils aux vôtres?

7. Imaginez que vous êtes un(e) journaliste français(e) en voyage aux États- Unis. Vous allez interviewer :
   a. Un(e) Américain(e) qui vient, pour la première fois, de faire un voyage en France.

**b.** Un touriste étranger sur les qualités de la cuisine américaine.
**c.** Un(e) étudiant(e) américain(e) qui voudrait passer un semestre ou une année en France et qui ne sait pas comment il (elle) sera accueilli(e).

## *Français de la périphérie*

France still retains a small number of overseas possessions and former dependencies now incorporated into the French Republic as overseas departments, in much the same way that Hawaii and Alaska became the forty-ninth and fiftieth states of the Union. There are five such *départements d'outre-mer*[c] : Martinique, Guadeloupe, French Guiana in the Caribbean basin, St. Pierre and Miquelon in the North Atlantic, and the Indian Ocean island of La Réunion. Their inhabitants are French citizens, and they vote in legislative and presidential elections just like other French citizens.

The French presence in the Caribbean dates back to the seventeenth century—Martinique came under French control in 1635—and has left many traces. Haiti fought a successful revolution against France and became independent in 1804 but remains a French-speaking state today. The majority of the population of the overseas departments are of non-European stock; most are of African descent, but those in Guiana include Amerindians, and those of La Réunion absorbed immigrants from almost every land bordering on the Indian Ocean. As a result, each of these territories has developed a distinctive but decidedly hybrid culture. In Martinique and Guadeloupe, for example, standard French has long been the official language, but it exists side by side with Creole, which includes obsolete and distorted French words along with African words and syntax. Creole is also the folk idiom of Haiti and even survives in a number of West Indian islands that have long ceased to be French. In recent years its use has been advocated by some so as to promote cultural autonomy.

The French West Indies have produced their share of politicians, civil servants, scholars, and artists. For many years the speaker of the French Senate was a West Indian, Gaston Monnerville. Félix Eboué, born in French Guiana, was the first (and only) nonwhite governor of French Equatorial Africa, which he successfully enrolled behind General de Gaulle during World War II. Another West Indian civil servant, Gabriel Lisette, was a founder of the nationalist movement in Chad. Several writers—among whom Aimé Césaire, the poet and politician who first coined the word *négritude,* and Frantz Fanon—have achieved worldwide celebrity.

Born in 1925 at Fort-de-France, Martinique, Frantz Fanon was trained as a physician and psychiatrist. His first book, *Peau noire, masques blancs,* was

published in 1952. Assigned to a hospital in Algeria, Fanon soon became a
sympathizer, then an active participant, in the Algerian liberation struggle. *Les
Damnés de la Terre (The Wretched of the Earth),* which has been called "the
Bible of third world revolutionaries," first appeared in 1961, one year before
Fanon's death at the age of thirty-seven.

In *Peau noire, masques blancs,* from which the following excerpt is taken,
Fanon analyzes the plight of the "peripheral Frenchman." He writes with
corrosive irony and a colorful, vigorous style.

## *Gloire et ignominie du débarqué*

Le Noir qui entre en France change parce que pour lui la métropole représente le Tabernacle°; il change non seulement parce que c'est de là que lui
sont venus Montesquieu, Rousseau et Voltaire, mais parce que c'est de là que
lui viennent les médecins, les chefs de service,° les innombrables petits poten-
5  tats—depuis° le sergent-chef° «quinze ans de service» jusqu'au gendarme
originaire de Panissières.° Il y a une sorte d'envoûtement à distance,° et celui
qui part dans une semaine à destination de la métropole crée autour de lui
un cercle magique où les mots Paris, Marseille, la Sorbonne, Pigalle repré-

le Tabernacle *the shrine, the holy of holies*  /  le chef de service *department head*  /  depuis. . .
jusqu'au *from. . . to*  /  le sergent-chef *master sergeant*  /  le gendarme originaire de
Panissières *the policeman from Panissières (a small town in central France)*  /  un envoûtement à
distance *a spell operating from afar*

sentent les clés de voûte.° Il part et l'amputation de son être° disparaît à
10 mesure que le profil du paquebot se précise.° Il lit sa puissance,° sa mutation,° dans les yeux de ceux qui l'ont accompagné.°

Maintenant que nous l'avons conduit au port, laissons-le voguer,° nous le
retrouverons. Pour l'instant, allons à la rencontre de l'un d'entre eux qui
revient. Le «débarqué»,° dès son premier contact, s'affirme°; il ne répond
15 qu'en français et souvent ne comprend plus le créole. À ce propos, le folklore
nous fournit une illustration. Après quelques mois passés en France, un paysan retourne près des siens.° Apercevant un instrument aratoire,° il interroge
son père, vieux campagnard à-qui-on-ne-la-fait-pas° : «Comment s'appelle
cet engin°?» Pour toute réponse, son père le lui lâche sur les pieds,° et l'am-
20 nésie disparaît. Singulière thérapeutique.

Voici donc un débarqué. Il n'entend plus le patois,° parle de l'Opéra, qu'il
n'a peut-être aperçu que de loin, mais surtout adopte une attitude critique à
l'égard de ses compatriotes. En présence du moindre événement, il se
comporte en original.° Il est celui qui sait. Il se révèle par son langage. À la
25 Savane,° où se réunissent les jeunes gens de Fort-de-France, le spectacle est
significatif : la parole° est tout de suite donnée au débarqué. Dès la sortie du
lycée et des écoles, ils se réunissent sur la Savane. Il paraît qu'il y a une
poésie de cette Savane. Imaginez un espace de deux cents mètres de long
sur quarante de large, limité latéralement par des tamariniers vermoulus,°
30 en haut l'immense monument aux morts, la patrie reconnaissante à ses enfants, en bas, le Central-Hôtel; un espace de pavés inégaux,° de cailloux° qui
roulent sous les pieds, et, enfermés dans tout cela, montant et descendant,
trois ou quatre cents jeunes gens qui s'accostent,° se quittent.

—Ça va?
35 —Ça va. Et toi?
—Ça va.

Et l'on va comme ça pendant cinquante ans. Oui, cette ville est lamentablement échouée.° Cette vie aussi.

Ils se retrouvent et parlent. Et si le débarqué obtient rapidement la parole,
40 c'est qu'on l'attend.° D'abord dans la forme : la moindre faute est saisie, dé-
pouillée,° et en moins de quarante-huit heures tout Fort-de-France la
connaît. On ne pardonne pas, à celui qui affiche° une supériorité, de faillir

---

**la clé de voûte** *keystone*  /  **l'amputation** (f) **de son être** *the truncation of his personality*  /  **à
mesure que le profil du paquebot se précise** *as the steamer's outline comes into focus*  /  **la
puissance** *power*  /  **la mutation** = la transformation  /  **accompagner** *to accompany (here: to
accompany for the purpose of seeing off)*  /  **voguer** *to sail*  /  **le «débarqué»** *the returnee*  /
**s'affirmer** *to assert oneself*  /  **près des siens** = dans sa famille  /  **l'instrument** (m) **aratoire**
*farming tool*  /  **à-qui-on-ne-la-fait-pas** *not easily taken in*  /  **l'engin** (m) *device*  /  **le lui lâche
sur les pieds** *drops it on his feet*  /  **le patois** = le dialecte régional  /  **en original** *so as to attract
attention*  /  **la Savane** (terme antillais) *an open square*  /  **la parole** *the chance to speak*  /
**tamariniers vermoulus** (m) *decayed tamarind trees*  /  **pavés inégaux** (m) *uneven paving
stones*  /  **le caillou** *pebble*  /  **s'accoster** *to come up to each other*  /  **lamentablement échouée** *a
miserable wreck*  /  **c'est qu'on l'attend** *it is because they are waiting for him (to trip)*  /  **dépouillé**
*laid bare, exposed*  /  **afficher** = montrer publiquement, annoncer

au devoir.° Qu'il dise, par exemple : «Il ne m'a pas été donné de voir en France des gendarmes à chevaux»,° et le voilà perdu. Il ne lui reste qu'une
45 alternative : se débarrasser de° son parisianisme° ou mourir au pilori. Car on n'oubliera point; marié, sa femme saura qu'elle épouse une histoire,° et ses enfants auront une anecdote à affronter et à vaincre.

Frantz Fanon, *Peau noire, masques blancs*

## INTELLIGENCE DU TEXTE

1. Qu'est-ce qui arrive au Martiniquais qui entre en France?
2. Qui sont les Français, morts ou vivants, que le Noir connaît avant de partir?
3. Quelle impression a de lui-même celui qui part pour la France? Relevez les termes les plus descriptifs.
4. Qui est le débarqué et comment manifeste-t-il la différence qui le sépare de ses compatriotes restés au pays?
5. Racontez l'anecdote qui illustre de façon ironique les rapports entre un débarqué et son père.
6. Montrez que les rapports entre les jeunes gens qui sortent des écoles et qui se retrouvent «sur la Savane» sont superficiels.
7. Que se passe-t-il si le débarqué fait une faute?
8. Quelle alternative reste-t-il à celui qui a fait une faute?

## *Vocabulaire satellite*

| | |
|---|---|
| souffrir d'un complexe d'infériorité | *to suffer from an inferiority complex* |
| manquer de confiance en soi | *to lack self-confidence* |
| se sentir étranger à | *to feel alien to* |
| dépaysé | *out of one's element, not at home* |
| déraciné | *uprooted* |
| instruit | *educated* |
| l' esprit de clocher (m) | *parochialism* |
| l' impérialisme culturel | *cultural imperialism* |
| l' envie (f) | *envy* |

—*Je ne sais pas, je me sens dépaysé.*

**faillir au devoir** *to fail to live up to expectations*  /  **à chevaux** = erreur pour «à cheval»  /  **se débarrasser de** *to rid oneself of*  /  **le parisianisme** *Parisian way of speaking*  /  **elle épouse une histoire** *she is marrying a man with a history*

| | | | |
|---|---|---|---|
| s' expatrier | to emigrate, to become an expatriate | l' **Antillais(e)** | West Indian, person from the Caribbean |
| **rester au pays** | to stay home (in one's native land) | être **traité de** (+ epithet) | to be called a. . . |
| le **sous-emploi** | underemployment | être **traité comme** (+ noun) | to be treated as. . . |
| l' **esclavage** (m) | slavery | le **petit fonction-** | low-ranking civil ser- |
| les **avantages sociaux** | social (security) benefits | **naire** | vant, minor official |
| la **sagesse** | wisdom | le **pour et le contre** | the pros and cons |
| la **nostalgie** | nostalgia | s' **assumer** | to come to terms with oneself |
| les **Antilles** | the Caribbean, the West Indies | | |

## PRATIQUE DE LA LANGUE

1.  Montrez l'attitude ambivalente des Martiniquais vis-à-vis de ceux qui ont été en France. Comment se manifeste-t-elle?
2.  Par des citations précises, montrez comment l'ironie de Fanon s'exerce sur les différents snobismes qu'on rencontre à la Martinique.
3.  Le «débarqué» qui apparaît dans le récit de Fanon écrit une lettre à un(e) ami(e) de France dans laquelle il raconte la façon dont il a été reçu quand il est rentré à la Martinique.
4.  Dans ce même ouvrage (*Peau noire, masques blancs*), Fanon raconte sa surprise quand, peu après son arrivée en France, une petite fille s'est écriée en le voyant : «Oh! un nègre!» Comprenez-vous la surprise de ce Français de la Martinique? Comment l'expliquez-vous?
5.  Imaginez que vous êtes un(e) jeune Américain(e) qui vient de passer trois ans en France et qui a adopté beaucoup de manières, d'habitudes et de façons de penser françaises. Vous parlez à deux ami(e)s qui trouvent votre nouvelle personnalité artificielle et snob et vous défendez votre comportement.

# Les Canadiens français

In 1763, in the peace settlement following the Seven Years War, Louis XV lightheartedly surrendered all French claims to Canada and the Mississippi valley in order to recover Martinique and Guadeloupe. That choice did not seem absurd at the time: Voltaire had remarked that it was hardly worthwhile for England and France to fight over "a few acres of snow," while Madame de Pompadour valued Canada only as the source of her furs. So the French aristocrats and senior officials went home, leaving behind their poorer compatriots.

Over the next two centuries, immigrants—including many American Loyalists—poured into Canada, but few were absorbed into the French-Canadian community, which expanded almost exclusively because of its own demographic vitality. From an initial population of some 65,000, the French-Canadians have grown to over six million, or about 30 percent of the total population of Canada. Taking into account the thousands of French-Canadians who migrated to New England in the nineteenth century, this means that this vigorous community virtually doubled its numbers over each successive generation.

The bulk of the French-Canadian population lives in Canada's largest province, Québec. The Québécois have had their own government—comparable to that of an American state—for over a hundred years, but they regard themselves as a nation because they have preserved a common language, a common culture, and a sense of their collective identity. Many of them also view Québec as an oppressed nation, although Canada's most durable prime minister, Pierre Trudeau, was a French-Canadian. The roots of this feeling are largely economic: despite some equalization, French-Canadians still have a lower average income and a higher unemployment rate than the rest of the country. In a city like Montréal the most affluent sections are predominantly English-speaking, but the labor force is almost exclusively French. Until very recently, learning English was an absolute precondition of upward social mobility for the French-Canadians.

The notion of an independent Québec is not exactly new, but during the mid-1960s it acquired an unprecedented vehemence marked by occasional terrorism. Emotions ran high when General de Gaulle visited Canada in 1967 and ended his prepared speech in Montréal with the provocative cry, "Vive le Québec libre!" Separatist movements combined in the 1970s to form the *Parti québécois* (PQ), which gained control of the provincial government in 1976 under the leadership of René Lévesque. The new government took steps to establish French as the official language of Québec and to generalize its use throughout the educational system. In June 1980, however, Lévesque's plan to make Québec a sovereign state freely associated with the rest of Canada was rejected by 59 percent of the province's electorate. Despite this setback, the PQ strengthened its hold on the provincial government by winning a decisive victory in the 1981 elections to the Legislative Assembly. By January 1985, however, the PQ party congress voted to delete the demand for "sovereignty" from its platform, after a poll had shown it to be opposed by 81 percent of Québécois respondents. Though he insisted that the issue was not being shelved but only "postponed," Lévesque was unable to prevent a minority of diehard separatists from bolting the PQ.

«*Je me souviens*» : *ces mots qu'on peut lire sur les plaques* (license plates) *des voitures québécoises rappellent l'attachement sentimental qui relie* (ties) *le Québec à ses origines françaises. Ce sentiment est exprimé ici par le romancier Claude Jasmin.*

# Le droit à l'héritage

Et nous avons fini par oublier que nous étions fils de France, petits-fils de Navarre° et de Normandie,° de Bretagne° et du Berri.° Or, je me dresse° maintenant et je pose la main droite sur toute la France et je réclame mon héritage, ma part, j'ai droit à Corneille° et à La Fontaine,° Renan° est mon
5 parent, Pasteur° est de ma famille, Lumière° est Français et je suis Français aussi. On avait intérêt° à me faire oublier l'héritage le plus riche de la terre, celui de ma mère France. Je réclame° fables et romans, Balzac° et Daudet,° j'ai droit au *Cid*, j'ai droit à Musset° et à Lamartine,° j'ai droit aux grands Ardennais,° Taine,° Michelet° et toi, Rimbaud.°[1] Notre histoire est plus
10 longue qu'ils le disaient. L'imposture est grave, ils faisaient de nous de tristes orphelins et on imaginait souvent, ma foi,° que nous étions nous-mêmes

*Le Château Frontenac, Québec*

**Navarre, Normandie, Bretagne, Berri** = *provinces françaises* / **se dresser** *to rise up* / **Corneille** *seventeenth-century playwright, author of Le Cid* / **La Fontaine** *seventeenth-century poet, author of Les Fables* / **Renan** *nineteenth-century historian* / **Pasteur** *nineteenth-century scientist* / **Lumière** *one of those credited with inventing cinematography* / **on avait intérêt** *it was in some people's best interest* / **réclamer** *to claim* / **Balzac, Daudet** *nineteenth-century novelists* / **Musset, Lamartine** *nineteenth-century Romantic poets* / **Ardennais** *native of the Ardennes, a territory bordering on Belgium* / **Taine, Michelet** *nineteenth-century historians* / **Rimbaud** *a Symbolist poet and forerunner of modern poetry* / **le savant** *scientist* / **ma foi** *for goodness' sake!*

[1]Taine, Michelet et Rimbaud étaient tous trois subversifs à leur façon. Comme les savants° cités ci-dessus, ils ont été les précurseurs de la pensée moderne.

peaux-rouges° arrosés de baptême,° habitants nés spontanément après que
Cartier° eut planté° sa croix en Gaspésie,° au bout du Golfe.° Or nous sommes
des colons,° fils de colons et notre berceau° est tout entier là-bas, il est riche
15 et puissant d'histoires navrantes° et exaltantes. Il est gravé de° misères et de
périls, d'honneurs aussi bien entendu mais encore de grands hauts faits. Et
nous allions oublier à jamais d'être fiers. On nous a fait ramper° assez longtemps, il faut vite se dresser, il faut que jeunesse de France et jeunesse du
Québec se rencontrent, il faut que l'esprit français puisse s'essayer encore
20 une fois de ce côté-ci de l'Atlantique. Avec avions et satellites, nous irons au
moins aussi vite que l'aviron,° sur le Mississippi de Joliette,° Marquette° et La
Vérendrye.° Debout Français d'ici!

Claude Jasmin, Rimbaud, mon beau salaud

## INTELLIGENCE DU TEXTE

1. Que réclame Claude Jasmin?
2. Quels sont ses sentiments à l'égard des grands écrivains et des savants français?
3. Qu'est-ce que les Canadiens français ont pris l'habitude d'imaginer?
4. Jasmin dit : «On avait intérêt à me faire oublier l'héritage le plus riche de
   la terre.» De qui parle-t-il? Quel intérêt avait-on à faire cela?

*La biographie de Pierre Vallières,* Nègres blancs d'Amérique, *est
considérée comme le manifeste du nationalisme québécois dont il représente
l'expression la plus dramatique.*

# La révolte

—Quelqu'un ne devient-il pas «capable» parce qu'il a de «l'instruction»? Et
cette instruction, qu'il a acquise à l'université, ne l'a-t-il pas payée très cher?
Avec quel argent? Où son père a-t-il pris cet argent? Comment se fait-il que
son père ait des revenus supérieurs à ceux de la moyenne° des gens?
5 Comment a-t-il pu devenir médecin ou industriel? Où le père de son père a-
t-il pris l'argent nécessaire pour faire instruire son fils? Et où le père du père
de son père... » se demande Un Autre.

**les peaux-rouges** *Redskins* / **arrosés de baptême** *doused with baptismal water* / **Cartier**
*sixteenth-century explorer who first claimed Canada for France in 1534* / **eut planté** = avait planté
(passé antérieur) / **la Gaspésie** *Gaspé Peninsula* / **le Golfe** = le Golfe du Saint-Laurent
*(Gulf of St. Lawrence)* / **le colon** *colonist* / **le berceau** *cradle* / **navrant** *heartbreaking* /
**gravé de** *engraved with* / **ramper** *to crawl* / **l'aviron** (m) *oar* / **Joliette, Marquette**
*discoverers of the Great Lakes region (1673)* / **La Vérendrye** *eighteenth-century explorer of the
northern prairie states* / **la moyenne** *average*

«Et puis, pourquoi mon père, à moi, n'a pas pu me faire instruire, m'envoyer à l'université? Pourquoi mon père à moi et le père de mon père ont-
10 ils toujours «tiré le diable par la queue»?° Et pourquoi les écoles des quartiers ouvriers sont-elles sales, mal équipées, humides, comme si elles avaient été construites pour vous dégoûter des études? Et pourquoi les salaires des travailleurs sont-ils si bas, et le coût de la vie tellement élevé qu'à quatorze ou seize ans il faut, comme son père, chercher un emploi, vendre à l'heure
15 ou à la semaine sa force de travail, et accepter, comme des dons° du Ciel, les travaux les plus pénibles,° parce qu'ils vous font gagner quelques piastres°... que vous dépenserez aussitôt à la mercerie,° à l'épicerie du coin, au cinéma, chez le médecin... et à la taverne° quand, au bout de six mois de cette vie de chien, vous irez y noyer° les rêves de votre jeunesse dans la bière et le bruit?
20 Pouvez-vous m'expliquer comment il se fait° qu'il y ait tant de tavernes à Montréal et tant d'ivrognes° dedans? Pouvez-vous m'expliquer pourquoi on y rencontre surtout des ouvriers, des «pas instruits» et des chômeurs? Et pourquoi ces tavernes sont plus nombreuses dans l'Est français que dans l'Ouest anglais?... »
25 —Il doit y avoir une explication à tout cela, se dit et se redit Joe. C'est impossible que tous nous autres, de l'est de la ville, de Saint-Henri et de la Pointe Saint-Charles, on ne soit qu'une bande d' «arriérés».° Et que tous ces maudits° riches de Westmount, d'Outremont, et de Ville-Mont-Royal, soient plus intelligents que nous autres. Tenez, par exemple, mon «boss» : il ne
30 sait même pas que Cartier faisait de la politique pour le compte° des compagnies de chemins de fer.[1] Il ignore l'histoire de son pays et prend des contes de fées° pour des événements réels. L'autre jour, bien sérieux, il m'a dit que son père connaissait bien Ringuet,° «l'auteur de *Maria Chapdelaine*»,° qu'il m'a dit! Comment ces maudits bornés°-là peuvent-ils s'enrichir si rapide-
35 ment, tandis que moi, qui prends encore des cours du soir et qui m'intéresse à tout ce qui se passe et à tout ce qui s'écrit, j'en suis encore à rembourser° mes dettes? Ma femme, en plein° XXᵉ siècle, est obligée d'aller «faire des ménages» pour payer les études de mon plus vieux° que je ne suis même pas certain de pouvoir envoyer au collège, l'an prochain. Et pendant que

---

**tirer le diable par la queue** *to be hard up (lit., to pull the devil by his tail)* / **le don** *gift* /
**pénible** = difficile, dur / **la piastre** *(French Canadian) dollar* / **la mercerie** *notions store* /
**à la taverne** = au café / **noyer** *to drown* / **il se fait** *it happens* / **l'ivrogne** (m)
*drunkard* / **l' arriéré** (m) *mentally retarded person* / **maudit** (terme canadien) *damned* /
**pour le compte** *on behalf* / **le conte de fées** *fairy tale* / **Ringuet** = romancier
québécois / *Maria Chapdelaine* = roman de l'auteur français Louis Hémon (1880–1913) /
**le borné** *person of limited views* / **rembourser** *to pay back* / **en plein** *in the middle of* /
**mon plus vieux** = mon enfant le plus âgé

---

[1]Sir George Cartier (1814–1873), homme d'état Canadien français et défenseur de la confédération canadienne. Gros actionnaire *(shareholder)* d'une compagnie de chemins de fer, il fit voter des subventions *(subsidies)* gouvernementales pour les chemins de fer en difficultés financières.

40  nous autres, on crève,° ces écœurants°-là nous disent de nous instruire! Je
suis fatigué de les entendre nous faire la morale.° Si ça continue, je vais
expédier° l'un de ces bourgeois-là dans l'autre monde. Si je ne l'ai pas déjà
fait, c'est que, voyez-vous, je ne suis pas sûr que cela serve à grand-chose.° Il
faudrait s'y mettre à plusieurs° et leur régler leur compte,° une fois pour
45  toutes, à toute cette «gang» de maudits sans-cœurs d'exploiteurs de... Il y a
assez de dynamite au Québec pour tous les faire sauter° en même temps.
Mais les gars° ont peur. Quand je me fâche au syndicat, le président me
coupe la parole, car il ne veut pas que les gars fassent des bêtises, qu'il dit.
Et les gars s'en laissent imposer,° parce que monsieur le président est le
50  grand ami de l'agent d'affaires! On est écœurés° d'être traités comme des
enfants par les patrons et par le syndicat. À partir de maintenant, ils vont
nous écouter ou bien on va leur casser la gueule°! J'espère que les gars vont
se tenir les coudes.° Il est mauditement° temps qu'on prenne nos responsabilités et qu'on arrête de faire nos révolutions dans les tavernes pour les faire
55  dans nos usines. J'ai hâte qu'un jour, au Parc Lafontaine, un gars de chez
nous, un débardeur,° tiens... ou un bûcheron,° oui, un bûcheron, un gars
solide, se place devant nous autres, des milliers de travailleurs rassemblés là
et qu'il entonne° la Marseillaise° ou le Chant des Partisans,° parce qu'icitte°
on n'a pas encore de chants comme ceux-là, et puis que ce bûcheron-là nous
60  crie : «Aux armes, Québécois!» Et que tous ensemble, comme un seul
homme, nous répétions : «Aux armes, Québécois!»

Pierre Vallières, Nègres blancs d'Amérique

## INTELLIGENCE DU TEXTE

1.  Pourquoi Vallières demande-t-il comment certains ont pu devenir médecins ou industriels?
2.  Selon lui, comment sont les écoles des quartiers ouvriers?
3.  Pourquoi doit-on chercher un emploi à quatorze ou seize ans?
4.  Qui sont les ivrognes des tavernes de Montréal?
5.  Où se trouvent, en principe, les ivrognes, les «arriérés» et les gens intelligents dans cette ville?
6.  Quelle anecdote raconte l'auteur concernant la culture du «boss»? Pourquoi?
7.  Quels moyens violents l'auteur est-il tenté d'employer?

**crever** (argot) = mourir  /  **l' écœurant** (m) *bastard*  /  **faire la morale** *to moralize*  /
**expédier** *to send*  /  **que cela serve à grand-chose** *that it would help much*  /  **Il faudrait s'y
mettre à plusieurs** *We ought to set about it, a bunch of us*  /  **régler leur compte** *to settle their
account*  /  **faire sauter** *to blow up*  /  **les gars** (fam.) *the guys*  /  **s'en laisser imposer** *to let
oneself be imposed on*  /  **écœuré** *fed up*  /  **casser la gueule** *to bust (someone) in the jaw*  /  **se
tenir les coudes** *stand shoulder to shoulder*  /  **mauditement** *damn well*  /  **le débardeur**
*longshoreman*  /  **le bûcheron** *lumberman*  /  **entonner** *to strike up (a song)*  /  **le Chant des
Partisans** *a song of the French Resistance*  /  **icitte** = ici (terme canadien)

8. Quelle image l'auteur se fait-il du commencement de la révolution?
9. Comment pourrait-on caractériser le ton et le langage de ce texte? Quel effet produisent-ils sur le lecteur?

## *Vocabulaire satellite*

—*Je ne suis pas anglais, moi!*

| | |
|---|---|
| ignorer, réclamer son héritage (m) | *to be ignorant of, to claim one's heritage* |
| avoir droit à | *to have a right to* |
| être fier (fière) de | *to be proud of* |
| être conscient de | *to be conscious of* |
| être coupé de | *to be cut off from* |
| la revendication | *demand* |
| les inégalités sociales | *social inequalities* |
| les beaux quartiers | *upper-class, fashionable neighborhoods* |
| les quartiers ouvriers | *working-class neighborhoods* |
| le réveil | *(re)awakening* |
| le bilinguisme | *bilingualism* |
| le pluralisme culturel | *cultural pluralism* |
| l' appui (m) | *support, backing* |
| s' identifier à | *to identify with* |
| renouer des liens (m) | *to renew, to reestablish ties* |
| la primauté | *primacy* |
| la parenté | *kinship* |
| l' affinité (f) | *affinity* |
| angliciser | *to Anglicize* |
| franciser | *to Gallicize, to Frenchify* |
| américaniser | *to Americanize* |

### PRATIQUE DE LA LANGUE

1. Faites le portrait psychologique de Pierre Vallières, tel qu'il apparaît dans l'extrait que vous avez lu. Quels traits de caractère manifeste-t-il? Le trouvez-vous sympathique? admirable? Pourquoi?
2. À discuter ensemble : Le gouvernement de M. Lévesque veut que tous les enfants d'immigrants qui s'installent au Québec apprennent le français à l'école. Cela vous paraît-il juste ou non? Pourquoi?
3. À discuter ensemble : Le français des Québécois et des autres Canadiens francophones est parfois différent de celui qu'on parle en France. Comment expliquez-vous cette différence? Est-il souhaitable qu'elle disparaisse? Pourquoi?
4. Imaginez que vous êtes une personnalité politique française favorable à l'indépendance du Québec. Parlant en votre nom personnel, vous expliquez à un groupe de politiciens ou de citoyens du Québec comment la France pourrait les aider (ou pourquoi elle ne le fait pas).
5. Improvisez un dialogue entre deux nationalistes québécois : l'un(e) met l'accent sur *(stresses)* les revendications culturelles, comme Claude Jasmin, tandis que l'autre parle surtout des revendications sociales et économiques, comme Pierre Vallières. À quoi donner la priorité?

## SUJETS DE DISCUSSION OU DE COMPOSITION

1. Pourquoi les émigrants ont-ils tendance à oublier leur héritage? à le réclamer? Citez des exemples, discutez-en.
2. Mettez en scène un groupe de discussion à la télévision où se rencontrent
   les francophones suivants : étudiants africains, antillais, réunionais et canadiens de diverses opinions. Un journaliste dirige les débats sur le thème suivant : Que pensez-vous de la France? Voulez-vous rester francophones?
   Êtes-vous heureux de votre parenté avec la France?
3. Est-ce que l'Amérique de nos jours souffre d'un complexe d'infériorité vis-à-
   vis l'Angleterre? Si oui, à quels égards? Si non, en a-t-elle jamais souffert
   dans le passé? Discutez.

# Vie culturelle

# La communication

## Le français tel qu'on le parle

Foreign visitors cannot fail to notice that the French are unusually sensitive about their language and its correct use. Daily newspapers such as *Le Monde* and *Le Figaro* feature regular columns devoted to language, and readers frequently write to inquire about the propriety of certain idioms. When queried about correct usage *(le bon usage),* any self-respecting Frenchman with a minimum of education will gladly offer a ruling, though often he will base it on a mysterious sixth sense attuned to *l'esprit de la langue.* Countless books and articles, and even some gov· ·nment decrees, try to determine what is proper French.

This normative attitude may be traced back to the seventeenth century and the emergence of absolute monarchy in a centralized state. The *Académie française*[c], founded in 1635 by Cardinal Richelieu, was given the task of standardizing the language, expurgating unwarranted neologisms, and certifying contemporary usage. The academy was also instructed to prepare a grammar and a comprehensive dictionary of the French language—two projects that have yet to be completed. In making its rulings, however, the Academy was guided primarily by the usage of the royal court and the upper classes: it declined to sanction thousands of words and idioms that were—and still are—in common use among a large segment of the population. The Academy has also been slow to approve recently coined terms used to designate new techniques, ideas, and instruments. As a result, the gap between formal and informal language, or between written and spoken usage, is probably wider in French than in any other major modern language.

Cautiously at first, but emboldened by the example of such writers as Céline, Queneau, and Prévert, more and more Frenchmen have been asserting their right to use, in writing and polite conversation, some of the more colorful and vigorous terms still frowned upon by the Academicians. This subversion of what the writer Claude Duneton[1] calls *la langue de la marquise* has now reached major proportions. In typical French fashion, this has taken the form of a comprehensive *Dictionnaire du français nonconventionnel* (Hachette, 1980) compiled by Jacques Cellard, who writes the language column for the prestigious newspaper *Le Monde,* and by Alain Rey, one of the editors of the respected *Robert* dictionary.

Another reaction provoked by the unrealistic rigidity of official French is the wholesale importation of foreign—especially American—terms. Over the centuries French has in fact absorbed a large number of Italian, Spanish, German, Dutch, and English words, but since the end of World War II it has faced an unprecedented influx of Americanisms. In 1964 Étiemble, a noted scholar and critic, vigorously denounced this creeping subversion in his well-known essay *Parlez-vous franglais?* In fact, Étiemble did not systematically oppose the borrowing of English words; rather, he attacked the uncritical adoption of English terms where adequate French equivalents existed, and the subtle distortion of French syntax under the influence of English—two problems long recognized by French-Canadians. Because it coincided with de Gaulle's efforts to restore France's prestige and self-respect, the campaign against *le franglais* soon attracted government support. After sifting through some 3,500 terms, several commissions of linguists and technicians recommended 350 for possible naturalization, and the *Académie française* eventually gave its stamp of approval to 300 of them, whether through outright acceptance of the original English term or by providing a French substitute. In December 1975 a series of government decrees produced a list of foreign terms and French equivalents approved for use by all public agencies, including the state radio and television networks. Since then, further decrees have periodically updated the list or extended it to new areas such as computer science.

No picture of the current state of the language would be complete without mentioning the several languages and dialects other than French that are still commonly used in France. A 1978 survey revealed that 35 percent of the French can speak and understand—at least fairly well—a regional language or dialect, and that 72 percent favored the survival of these languages as a means of preserving regional cultures and traditions. Most widely employed are the German dialects of Alsace and Lorraine (over 1.5 million users); Occitan (some 2 million in southern France); Breton (over 1 million, of whom

[1]Author of *Parler croquant, L'Anti-Manuel de français* and *La Puce à l'oreille*, in which he extols the versatility and expressive wealth of spoken French.

700,000 use it daily); Catalan (200,000); Corsican (150,000 to 175,000); and
Basque (between 80,000 and 150,000).

*Les deux documents que voici offrent des exemples de la variété des sources
qui enrichissent* (enrich) *le français d'aujourd'hui.*

## À propos du «franglais»

Il est apparu° aux commissions et aux académiciens° qu'un nombre important de termes anglais ne pouvaient pas, dans l'état de la langue, être rem-
placés, ce qui est la preuve d'un grand libéralisme linguistique. Sur les trois
cent cinquante mots nouveaux, cinquante ont été écartés° parce que jugés
5 «barbares», c'est-à-dire en contradiction avec l'esprit de la langue française.
Plusieurs mots anglais, passés dans la langue courante, ont été condamnés
surtout parce qu'ils ne permettaient pas une «francisation» complète par la
fabrication de dérivés ou la possibilité de conjugaison.
   L'Académie et les linguistes admettent que certains termes étrangers sont
10 trop ancrés° dans la langue pour les chasser° et que d'autres sont «intradui-
sibles», par exemple, marketing, management, drugstore, média. Pourtant,
c'est dans le vocabulaire de la radio, de la télé et des spectacles que les linguistes officiels et académiciens se sont montrés les plus intransigeants. Par
exemple, on impose «rétrospectif» pour «flash-back», «spectacle solo» pour

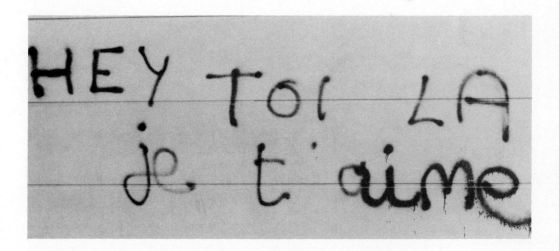

**il est apparu** it seemed, it was the opinion of   /   **l'académicien** = membre de l'Académie
française   /   **écarter** *to brush aside*   /   **ancrés** *deeply rooted, anchored*   /   **chasser** = expulser

15  «one-man show», «message publicitaire» pour «publicity spot» et «palmarès» pour «hit parade».

Dans l'industrie pétrolière ou aérienne, les équivalents les plus notables sont : «tour de forage» pour «derrick», «navire citerne» pour «tanker», «redevance» pour «royalty», «pipe-line» (prononcé à la française) pour

20  «pipeline», «gros porteur» pour «jumbo jet», «boutique franche» pour «tax-free shop».

Les Français seront probablement surpris d'apprendre que «gas-oil» devra s'écrire désormais° «gazole» et auront du mal à dire en six syllabes («navire transbordeur») ce qu'ils prononcent depuis toujours en trois : «ferry

25  boat», et «cuisinette» leur semblera moins chic que la déjà traditionnelle «kitchenette». Parmi les mots dénoncés mais conservés, «pipe-line» remporte une victoire malgré les nombreuses tentatives d'imposer ces dernières années «oléoduc». Dans leur sagesse° et compétence, les académiciens ont maintenu «pipe-line» en recommandant de le prononcer à la française

30  comme terme général irremplaçable et presque français, puisque «pipe» avait autrefois, en vieux français, le sens de «tuyau»° et que «line» c'est «ligne». «Oléoduc» restera pour les pipe-lines de pétrole et «gazo-duc» pour ceux acheminant° les gaz.

Et maintenant, la parole est au peuple... et aux peuples francophones.

Jean Montardat, Le Soir

*Écoutons à présent ce que Jacques Cellard répond à une journaliste de* L'Express *à propos de son dictionnaire.*

# À propos du français non-conventionnel

*Jacques Cellard :* Nous n'avons aucune hostilité ni contre Malherbe,° ni contre l'Académie, ni contre le beau langage. Mais en amputant les descriptions de notre langue de ce qu'elle a de plus violent, de plus organique, de plus humain, on lui cause un grand tort,° car ce vocabulaire non-conventionnel a

5  servi de support à des textes admirables.

*L'Express :* Zigouiller° et pioncer° se trouvent dans Proust...

*Jacques Cellard :* Proust avait une perception remarquable de la langue non-conventionnelle. Il savait exactement quand et comment employer les mots du peuple.

10  *L'Express :* Le Français non-conventionnel, ce n'est pas l'argot?

*Jacques Cellard :* C'est plus que l'argot et moins que l'argot. En parlant

---

**désormais** *henceforth*  /  **la sagesse** *wisdom*  /  **tuyau** *pipe, tube*  /  **acheminer** *to carry, to convey*
**Malherbe** *François de Malherbe (1555–1628), a French poet and critic whose opinions helped establish classical French*  /  **le tort** *harm, wrong, disservice*  /  **zigouiller** = tuer  /  **pioncer** = dormir

d'argot, on se limite à un vocabulaire considéré comme celui de la délin-
quance, des «classes dangereuses» comme on disait autrefois. Ou comme
celui d'un métier.° La ligne de partage des eaux° est évidemment subjective,
15  mais nous nous en sommes tenus à° cette règle : si le mot est resté rigoureu-
sement un mot d'argot de métier, nous l'avons éliminé.

  *L'Express* : Quels ont été vos critères de sélection?

  *Jacques Cellard* : Nous avons dépouillé° de quatre cents à cinq cents ouvrages, qui nous ont fourni trente mille citations. Lorsque nous avions plu-
20  sieurs fiches° sur le même mot, c'était la preuve qu'il correspondait à un
usage répandu,° et non pas à l'usage oral d'un petit groupe.

  *L'Express* : D'où vous est venu ce goût du français non-conventionnel?

  *Jacques Cellard* : D'un besoin de vérité dans la description de notre langue.
Je vais presque jusqu'à dire que ce dictionnaire et son appellation elle-même
25  sont partis, après des études classiques, d'un mouvement de révolte contre le
sentiment d'une censure,° contre une volonté de dissimuler° quelque chose
dans notre langue : une sorte de cadavre dans le placard.° Non seulement
nous l'avons sorti du placard, mais nous montrons que ce français n'est pas
un cadavre, qu'il est bien vivant, et qu'aucun Français ne doit avoir honte de
30  l'utiliser.

Propos recueillis par Sophie Lannes, *L'Express*

## INTELLIGENCE DES TEXTES

1.  Quelle preuve les académiciens ont-ils donnée de leur libéralisme linguis-
    tique?
2.  Pourquoi «marketing» et «management» ont-ils été admis?
3.  Donnez quelques exemples de termes pour lesquels les académiciens ont
    été intransigeants.
4.  Comment s'appelle une petite cuisine en bon français? Et en français
    «chic»? Pourquoi «pipe-line» a-t-il été préféré à «oléoduc»?
5.  Dans l'interview de Jacques Cellard, quels mots donnent l'impression qu'il a
    mené une bataille en publiant son dictionnaire?
6.  À votre avis, pourquoi un auteur emploie-t-il des mots du peuple dans un
    texte littéraire?
7.  Quelle différence voyez-vous entre l'argot et le langage non-conventionnel?
8.  Où les auteurs de ce dictionnaire ont-ils trouvé le vocabulaire non-conven-
    tionnel? Que pensez-vous de leur méthode?
9.  À l'aide du vocabulaire que vous trouvez ici, échangez des remarques en
    faisant alterner le style conventionnel et non-conventionnel.

**le métier** *trade, craft*  /  **la ligne de partage des eaux** *watershed*  /  **s'en tenir à** *to hold firmly*
*to*  /  **dépouiller** *to comb through*  /  **la fiche** *index card*  /  **répandu** *widespread*  /  **la censure**
*censorship*  /  **une volonté de dissimuler** = un désir de cacher  /  **le cadavre dans le placard**
*skeleton in the closet*

**Modèle**    J'en ai ras le bol des examens. Et toi?
J'en ai assez aussi.

| Français conventionnel | Français non-conventionnel |
|---|---|
| amusant | marrant |
| s'amuser | se marrer |
| l'agent (de police) | le flic |
| l'argent | le fric, le pognon |
| en avoir assez | en avoir marre, en avoir ras le bol |
| beau | chouette |
| ça va | ça marche, ça gaze, ça colle |
| avoir de la chance | avoir de la veine, avoir du pot |
| pas de chance! | manque de pot! |
| se dépêcher | se grouiller |
| la fille | la minette, la nana |
| fort (adj.) | costaud, baraqué |
| fou | dingue, cinglé |
| le garçon | le type, le mec |
| gentil | sympa, au poil |
| laid | moche |
| des malheurs, des ennuis | des embêtements, des tuiles, des pé-pins |
| | |
| manger | bouffer, casser la croûte |
| se promener | se balader |
| protester | rouspéter, râler |
| rendre un service, aider | donner un coup de main, dépanner |
| tranquille | peinard, pépère |
| le travail | le boulot |
| travailler | bosser |
| très bien | sensass, génial, terrible, géant |
| très (+ adj.) | drôlement, vachement (+ adj.) |
| c'est vrai? | sans blague? tu rigoles? |

## *Vocabulaire satellite*

| | |
|---|---|
| la **langue** | *language (of a people)* |
| le **langage** | *language (of an individual), diction* |
| la **langue courante, parlée** | *everyday language, spoken language* |
| la **langue littéraire, écrite** | *literary language, written language* |
| l' **orthographe** (f) | *spelling* |
| l' **argot** (m) | *slang* |
| le **néologisme** | *neologism (new word in a language)* |

| | |
|---|---|
| l' anglicisme (m) | *anglicism* |
| le barbarisme | *barbarism, improper use of a term (a frequent occurrence with* les faux amis*)* |
| un langage pédant, prétentieux | *pedantic, pretentious language* |
| un langage raffiné, soigné | *refined, polished language* |
| un langage négligé, vulgaire | *careless, coarse language* |
| le bon usage | *correct usage* |
| la règle | *rule* |
| l' esprit de la langue (m) | *spirit, genius of the language* |
| la facilité d'expression | *ease, glibness of expression* |
| la tournure (de phrase) | *turn (of phrase), form* |
| décrire | *to describe* |
| (s') exprimer | *to express (oneself)* |
| employer, utiliser | *to use* |

—*Pardon! Votre langage n'est pas correct.*

## PRATIQUE DE LA LANGUE

1. Depuis quand l'Académie française s'occupe-t-elle de maintenir la pureté du français? Pourquoi cette institution est-elle utile? Pourquoi le dictionnaire de l'Académie ne suffit-il pas?
2. En anglais, certains mots d'origine française sont prononcés à l'anglaise *(courage, ideal, audience)* et d'autres à la française *(gauche, vis-à-vis, détente)*. Comment interprétez-vous ce phénomène?
3. Vous faites partie d'un comité chargé de fonder une Académie américaine pour préserver la pureté de votre langue contre l'argot et l'invasion de termes étrangers («frenglish», yiddish, italianismes... ). Examinez le pour et le contre de cette initiative et dressez une liste des mots à bannir, en expliquant votre choix. Comment remplacer ces mots par des termes américains—même des néologismes?
4. À votre avis, les média aident-ils le public à s'exprimer plus correctement ou moins correctement? Expliquez votre réponse.
5. Pendant près de deux siècles, l'enseignement français s'est efforcé de combattre l'emploi de langues ou de dialectes autres que le français. Que pensez-vous de cette politique? Et quel est votre avis en ce qui concerne l'utilité de classes bilingues (anglais-espagnol, par exemple) dans certaines régions des États-Unis? Est-il souhaitable que les minorités ethniques conservent leur langue?

# La presse et les media

It is through the press, radio, and television that people acquire most of their information about public issues. In France, where the government controls most television channels and the only nationwide radio network, the press carries a heavy responsibility for providing the public with objective news coverage. It accomplishes this by virtue of the sheer diversity of the opinions it reflects, but most individual newspapers and magazines also project strong partisan views. *Le Monde,* considered by many as the world's best newspaper, is an independent daily that is frequently critical of the government but always fair and responsible. *Le Figaro,* the oldest Paris daily, generally espouses a conservative viewpoint, as does *L'Aurore,* now practically absorbed by *Le Figaro,* and also *France-Soir,* which as a popular daily is ostensibly apolitical. All three are controlled by press lord Robert Hersant, whose empire also includes fourteen regional dailies, a racing sheet, and eighteen periodicals. The newspaper *La Croix* has ties to the Catholic hierarchy, while *L'Humanité* is the official voice of the French Communist Party. Together, these two papers account for less than 10 percent of the total circulation of Paris-based dailies. Over the past decade, no fewer than three new dailies have been launched in Paris. *Le Matin* is linked to the Socialist Party, whereas *Le Quotidien de Paris* has been notable for its vigorous attacks against the Mitterrand[c] administration. The third new daily, *Libération,* is a maverick with an independent leftist leaning.

In France three-quarters of the population takes home a daily newspaper, but papers carrying a heavy dose of gossip, crime, comic strips, and horoscopes—such as *France-Soir* and its chief rival, *Le Parisien libéré*—have a strong following, as do illustrated weekly newsmagazines like *Paris-Match.* Among the serious weekly newsmagazines, *L'Express* and *Le Point* follow a typically centrist[c] orientation and reflect the views of the progressive bourgeoisie, whereas *Le Nouvel Observateur* is both politically and culturally nonconformist, being staffed by a uniquely French breed of *intellectuels de gauche* who are often equally critical of the United States and the Soviet Union.

In a class by itself is *Le Canard Enchaîné,* a well-informed satirical weekly specializing in muckraking gossip. For over sixty years it has maintained a unique style combining puns, cartoons, and other forms of lampooning. It has deflated political reputations and occasionally contributed to the downfall of leading public figures. Under its facetious garb, *Le Canard* nevertheless represents the nearest French equivalent of the American tradition of investigative reporting, and it jealously guards its independence by systematically refusing any form of advertising.

The impact of television is just as powerful in France as in the United States, yet the framework in which the electronic media operate is in several respects quite different. To begin with, until the early 1980s the French government held

a complete monopoly over radio and television, although this monopoly was
circumvented by the *postes périphériques*—private radio and TV stations such
as Radio-Télévision Luxembourg (RTL), Radio Monte-Carlo (RMC), and
Europe 1 that broadcast from just across the borders—and by a small number
of unlicensed stations *(radio pirates)* operating within France itself. In 1974, in
an effort to decentralize and liberalize the monolithic ORTF *(Office de
Radiodiffusion-Télévision Française),* the government of President Giscard
d'Estaing[c] created seven supposedly autonomous public corporations. Some of
these focus on research and production, but the others are better known to the
public; the RF radio network and, for television, TF 1, Antenne 2, and FR 3. TF 1
and Antenne 2 are national channels, while FR 3 is largely devoted to regional
programming. Shortly after coming to power in 1981, the Mitterrand
administration abolished the state monopoly over radio—thereby turning the
*radios pirates* into *radio libres*—and took steps to introduce a fourth channel
for cablevision. Private radio stations, however, remain subject to a number of
regulations designed to preserve the regional and public service character of
their programming.

For many years French television was strictly noncommercial, but today the
two major channels broadcast commercial messages for a total of 18 to 32
minutes a day. Commercials are never allowed to interrupt a program,
however, and tobacco and alcoholic beverages cannot be advertised. Radio
and television remain funded in large part by an annual fee *(la redevance)*
paid by the listeners and viewers.

Another major difference between French and American television lies in
the range of programming. Although the public can enjoy a popular fare of
sports, game shows, and serials (including imports such as *Dallas*), there are
more challenging programs available to the discriminating viewer or listener.
Educational and literary programs, opera, ballet, films and plays (televised
plays attract 59 percent of the television audience), book reviews, debates,
and classical music are regular features on all national channels.

At the end of World War II the provisional government headed by General
de Gaulle[c] adopted an antitrust decree aimed at curbing the concentration of
the print media in the hands of private conglomerates. This measure was
largely ignored, however, and it was not until the election of a Socialist
administration in 1981 that a serious attempt was made to revive and update
the decree. Directed at least in part against the mushrooming Hersant empire,
a bill designed to protect pluralism in the printed press and force newspapers
to release statements of ownership was finally passed at the end of 1984 after a
long and acrimonious debate. Constitutional challenges and the need for
enabling decrees, however, further delayed the implementation of this new
statute, and its future remained in doubt as the opposition proclaimed its
intention of rescinding it, if its hopes for victory in the 1986 general election
were confirmed at the polls.

Meanwhile, the French press has been faced with another problem
common to all capitalist societies: survival in a market economy at a time

when television cuts into the newspapers' readership and, more importantly, into their advertising revenue. In 1984, for example, *Le Monde* was forced into a drastic reorganization by an impending threat of bankruptcy. In the following article, Jean-Louis Servan-Schreiber analyzes the critical and, in some ways, paradoxical situation of five Paris-based dailies.

# Cinq crises à la une°

En apparence, ça ne va pas mal. *Le Monde* s'est enfin choisi un directeur[1]; *Le Figaro,* dans l'opposition, consolide ses ventes et fait un «tabac»° avec son magazine; *Le Matin* fête ses cinq ans, toujours vivant, et frise° les 200 000 exemplaires°; les ventes de *Libération* ont monté de 38% en 1981 et il s'ouvre,

**à la une** = à la page une *(the title is a take-off on the common journalistic idiom* «cinq colonnes à la une» = *front-page spread)* / **faire un «tabac»** (argot) *to score a hit; be a big success (esp. in show business)* / **friser** *to border on; to approach* / **l'exemplaire** (m) *copy*

[1]That director, André Laurens, was himself forced to resign in 1984 for failing to arrest the paper's gradual slide into bankruptcy.

5 enfin, à la publicité; *Le Quotidien de Paris,* feu d'artifice° antisocialiste, triple ses ventes depuis le 10 mai 1981.°

Ce sont vos journaux. Objets aussi familiers que votre café du matin, ou votre lampe de chevet° le soir, ils ont leur vie propre. En ce moment, malgré les apparences, elle est plutôt dure. Car tous s'interrogent sur leur survie.°
10 En 1982, il n'y a plus, en effet, de quotidiens rentables° à Paris. Les journaux populaires, *France-Soir* et *Le Parisien libéré,* sont tombés, en diffusion,° à moins de la moitié de leurs meilleures années. Les quotidiens d'opinion, *L'Humanité, La Croix,* vivent sous perfusion.° La «foi» et la publicité ne convergent guère. Seules les feuilles° spécialisées tirent leur épingle du jeu.°
15 Une seule constatation° éclaire cette situation : ils sont trop nombreux à se partager un gâteau qui ne grossit pas. Dix quotidiens nationaux publiés à Paris, c'est deux fois plus que dans n'importe quelle autre grande capitale du monde. Or les Français consomment, par tête, moitié moins de journaux que les Anglo-Saxons ou les Nordiques. Les cinq quotidiens «haut de gamme»°
20 considérés ici ne vendent pas plus à eux tous° dans toute la France (1 million d'exemplaires) que le seul *New York Times* à Manhattan et alentour.° Car— autre paradoxe—Paris, marché saturé, est un des seuls endroits du monde où naissent encore des quotidiens.

Aujourd'hui, les trois «jeunes» quotidiens (*Libération, Le Matin* et *Le Quo-*
25 *tidien de Paris,* tous lancés° dans les années 70) ont, ensemble, une diffusion totale pratiquement égale à celle du *Figaro* ou atteignent les deux tiers de celle du *Monde.* Le phénomène a cessé d'être marginal. Ces journaux demeu- rent toutefois en sensible° déficit. Le même, d'ailleurs : quelque 10 millions de francs pour chacun d'eux en 1981. Leur expérience montre que, pour
30 lancer un quotidien aujourd'hui il faut encore plus de folie ou de courage que d'argent. Or l'argent, il en coûte, au bas mot,° de 50 à 100 millions.

Les trois nouveaux venus n'ont pas perdu leur temps. Ils ont ressuscité le journalisme de combat,° réhabilité° le reportage et rajeuni le langage, donné des rides° aux deux vieux lions, *Le Monde* et *Le Figaro.* On peut discuter à
35 l'envi° pour savoir si *Le Figaro* est plus complet que *Le Matin,* ou si les en- quêtes de *Libération* sont plus fouillées° que celles du *Monde.* Mais aucun des cinq n'est en décalage° manifeste° par rapport aux autres. En quantité, ils fournissent un service étonnamment comparable. Mais les trois «jeunes» y parviennent avec des équipes de rédaction° inférieures d'un tiers ou de la
40 moitié à celles des deux anciens.

**le feu d'artifice** *fireworks*  /  **le 10 mai 1981** *date of François Mitterrand's election to the presidency*  /  **la lampe de chevet** *bedside lamp*  /  **la survie** *survival*  /  **rentable** = *profitable*  /  **la diffusion** *circulation*  /  **la perfusion** *perfusion; intravenous feeding*  /  **la feuille** *paper*  /  **tirer son épingle du jeu** *to extricate oneself; here: to break even*  /  **une constatation** *fact*  /  **haut de gamme** *top quality*  /  **à eux tous** *all together; among them all*  /  **alentour** (*adv.*) *in the vicinity, the surrounding area*  /  **lancer** *to launch*  /  **sensible** *perceptible; definite*  /  **au bas mot** *at the very least*  /  **de combat** *fighting, crusading, aggressive*  /  **réhabiliter** *to restore the reputation, good name, of*  /  **la ride** *wrinkle*  /  **à l'envi** *all around; in a circle; here: endlessly*  /  **fouillé** *detailed, in depth*  /  **en décalage** *lagging, out of step*  /  **manifeste** *obvious*  /  **l'équipe de rédaction** (*f*) *editorial team*

La situation est plus contrastée encore du côté technique. Pour composer ces mêmes volumes rédactionnels,° il faut au *Monde* et au *Figaro* cinq fois plus de clavistes° qu'au *Matin* et dix fois plus qu'à *Libération* ou au *Quotidien.* Quant aux équipes d'imprimerie,° elles sont la résultante, d'une part, de la

45 puissance du Syndicat du Livre,° supérieure à celle des directeurs de journaux, et, d'autre part, de l'état de la technologie au moment de la création du journal. Toutes les grandes grèves de la presse occidentale ont eu lieu sous la forme d'une partie de bras de fer° avec les ouvriers typographes : une question de vie ou de mort pour les journaux. Ce n'est donc pas un

50 hasard si les trois jeunes quotidiens sont nés dans les dix dernières années. Ils n'auraient même pas pu songer à se lancer avec les normes de personnel, de salaires et de productivité des années 60.

Le stade ultime° que permettent d'atteindre les machines les plus récentes, c'est celui où il n'y a plus de clavistes du tout. Les journalistes, au lieu de

55 taper leur papier sur une machine à écrire, utilisent le clavier° du terminal d'ordinateur qui, après relecture° et corrections directes, sort la colonne du texte en film. Seul le *Herald Tribune* a pu pousser jusque là, car il était le seul aussi à pouvoir dire au Syndicat du Livre : «C'est ça ou je vais m'installer à Zurich».

60 Lire un quotidien devient-il une habitude périmée°? Dans toute la France, on ne vend plus que 9 millions d'exemplaires par jour, alors que le nombre de téléviseurs dépasse 17 millions. Certes le marché de la presse nationale haut de gamme, qui nous intéresse ici, s'est accru de° 180 000 exemplaires entre 1977 et 1982. Résultat médiocre cependant, quand on pense qu'il a

65 fallu, pour cela, créer trois nouveaux titres.

En comparaison, la vitalité des hebdomadaires de même catégorie est éclatante. De 1977 à 1982, ceux qui existaient ont progressé et d'autres se sont créés, soit au total 880 000 nouveaux exemplaires vendus. Dans l'âpre° concurrence° qu'ils se livrent,° les cinq quotidiens s'obligent mutuellement à pu-

70 blier, par numéro,° un volume de mots qui dépasse, chaque jour, celui d'un hebdomadaire comme *L'Express.* Aussi° se sont-ils placés dans un cercle vicieux des prix. Depuis quinze ans, pendant que l'indice des prix triplait, le prix des quotidiens quintuplait. Les quotidiens français sont les plus chers du monde. Partout ailleurs, à Francfort, Londres, Milan, New York, ils coû-

75 tent environ la moitié.

Les cinq quotidiens favoris des revues de presse, ceux que lisent les décideurs,° sont des entreprises fragiles. Les plus riches dépensent trop, les mieux gérés° ont des recettes très insuffisantes. Leur nombre excessif les as-

---

**le volume rédactionnel** *volume (quantity) of editorial matter* / **le claviste** *keyboard operator,* *typesetter* / **l'équipe d'imprimerie** *printing team* / **le Syndicat du Livre** *the labor union representing all technicians in printing, bookbinding, and related operations* / **une partie de bras de fer** *arm wrestling bout* / **le stade ultime** *the ultimate stage* / **le clavier** *keyboard* / **la relecture** *rereading* / **périmé** *outdated, obsolete* / **s'accroître de** *to grow by* / **âpre** *harsh,* *bitter* / **la concurrence** *competition* / **se livrent** = *se font* / **le numéro** *issue* / **aussi** (with inverted verb) *thus* / **le décideur** *decision-maker* / **gérer** *to manage*

phyxie mutuellement. Vont-ils pour autant° disparaître? Compte tenu de°
80 leurs divergences d'affinités, il est exclu° qu'ils se regroupent. Pour le moment, leur rage de survivre offre au moins aux lecteurs exigeants° une qualité et une diversité de choix sans équivalent ailleurs.

Jean-Louis Servan-Schreiber, L'Expansion

## INTELLIGENCE DU TEXTE

1. Combien y a-t-il de quotidiens nationaux publiés à Paris? Parmi ceux-ci, combien sont considérés comme des journaux «de qualité»?
2. Publie-t-on plus ou moins de quotidiens à Paris que dans les autres grandes capitales du monde?
3. Citez les trois «nouveaux venus» parmi les quotidiens parisiens. Citez les deux principaux quotidiens populaires.
4. Comment expliquez-vous le succès des trois nouveaux quotidiens créés à Paris dans les années 70?
5. Pourquoi faut-il plus de clavistes au *Monde* ou au *Figaro* que dans les journaux de création plus récente?
6. Comment se manifeste la puissance du Syndicat du Livre?
7. Décrivez l'un des effets des innovations technologiques introduites dans la presse depuis les années 70.
8. Pourquoi le *Herald Tribune* a-t-il pu adopter les techniques les plus avancées?
9. Pourquoi les quotidiens français sont-ils les plus chers du monde?
10. Expliquez pourquoi il n'est pas vraisemblable que les quotidiens de Paris se regroupent. Est-ce un avantage pour le lecteur, et pourquoi?

## *Vocabulaire satellite*

| | |
|---|---|
| le **titre** | *title, headline* |
| les **gros titres** | *big headlines* |
| le **rédacteur en chef** | *editor* |
| l' **éditorialiste (m,f)** | *editorial writer* |
| la **rubrique** | *(specialized) section* |
| le **kiosque à journaux** | *newsstand* |
| l' **abonnement (m)** | *subscription* |
| la **prise dè position** | *stand (on issue)* |

---

**pour autant** *for all that, therefore*  /  **compte tenu de** *taking into account*  /  **exclu** *out of the question*  /  **exigeant** *demanding*

| | |
|---|---|
| l' envoyé(e) spécial(e) | *special correspondent* |
| le, la **pigiste** | *freelancer* |
| l' **article de fond** (m) | *background piece, "think piece"* |
| la **chronique mondaine** | *social page* |
| la **chronique hippique** | *(horse) racing page, section* |
| la **caricature politique** | *political cartoon* |
| la **bande dessinée** | *comic strip* |
| la **mise en page** | *page setting* |
| l' **encadré** (m) | *box* |
| le, la **porte-parole** | *spokesperson* |
| **interviewer** | *to interview* |
| la **liberté de la presse** | *freedom of the press* |
| la **censure** | *censorship* |
| le **rectificatif** | *correction (of an inaccurate news item)* |
| le **droit de réponse** | *right of reply; equal space* |
| **rendre** (remettre) **son papier** | *to turn in one's piece* |
| la **date** (l'heure) **limite** | *deadline* |
| le **chroniqueur** | *(specialized) columnist* |
| le **courrier des lecteurs** | *letters to the editor section* |
| le **courrier du cœur** | *advice to the lovelorn* |

—*Désolé, cet article a été censuré.*

| | |
|---|---|
| **mettre à nu** | *to expose* |
| **mettre à jour** | *to update* |
| **au jour le jour** | *(from) day to day* |
| le **communiqué** | *news release* |
| la **dépêche** | *dispatch, wire* |
| l' **agence de presse** | *news service* |
| la **coquille** | *typo* |
| les **nouvelles** (f) | *news* |
| l' **événement** (m) | *event, incident* |
| l' **émission** (f) | *program, broadcast, telecast* |
| le **journal parlé**, **télévisé** | *radio, television news* |
| la **chaîne** (de télévision) | *(TV) channel* |
| les **petites annonces** | *classified ads* |

## PRATIQUE DE LA LANGUE

1. Qu'est-ce que vous aimez trouver dans un journal? Quelles sont vos rubriques préférées et pourquoi?

2. Organisez un sondage parmi vos camarades pour déterminer la proportion de ceux qui lisent ou achètent quotidiennement un journal, et quels sont leurs journaux favoris. Essayez également de découvrir quelles sont les qualités les plus importantes d'un journal, à leur avis (les réponses multiples sont permises).

3. Vous arrivez pour la première fois dans une ville étrangère (Paris, par exemple) et vous souhaitez acheter un journal local. Comment choisir? Demandez l'avis du marchand de journaux dans son kiosque et de quelques

passants (un étudiant, un ouvrier manuel, un(e) concierge, un vieux monsieur bien vêtu) et discutez leurs suggestions.

4. Avez-vous déjà eu l'envie d'être journaliste? Si oui, quelle est la spécialité
qui vous plairait le mieux? Expliquez les raisons de votre choix.

5. Trouvez-vous normal qu'un journal ait des liens avec un parti politique?
Pourquoi? Quels sont les avantages ou les désavantages de la presse
d'opinion?

6. Improvisez les dialogues suivants :

   a. Un journaliste essaie de convaincre son directeur de la nécessité de mener une enquête à propos d'un scandale politique qui implique le
   maire de la ville. Le directeur se préoccupe des conséquences de cette
   enquête pour son journal.

   b. L'équipe rédactionnelle d'un journal d'étudiants discute de l'importance
   à donner aux différentes catégories d'articles et de nouvelles, selon ce
   qui peut intéresser leurs lecteurs. Ils passent en revue les sujets d'importance internationale, nationale ou locale, ainsi que les événements du
   campus afin de décider de la place à leur donner dans le prochain
   numéro du journal.

# *Communication et bandes dessinées*

*Tintin,* a weekly comic magazine named after the plucky little cartoon
character whose adventures have become popular around the world, calls
itself *"le magazine des jeunes de 7 à 77 ans."* This is hardly an idle boast: in
France, comic-strip enthusiasts come in all shapes and sizes. Popular comic
strips are regularly reprinted in hardcover editions and have been treated in
dissertations and seminars. Budding cartoonists and comic-strip fans constitute
a proliferating subculture with its own clubs and magazines. Today the city of
Angoulême, in west-central France, houses a museum devoted to *la B.D.*
*(bande dessinée)* and hosts an annual festival where cartoonists and their fans
can meet. Both the museum and the festival have been favored with
government subsidies; in fact, the festival was inaugurated by President
Mitterrand's trendy minister of culture, Jack Lang, who chose the occasion to
award the *Légion d'Honneur* to a well-known comic-strip artist.

Comic strips first appeared in France at about the same time as in the
United States, but remained confined to children's magazines until the 1930s.
The older tradition of the *images d'Épinal*—melodramatic or religious stories
told in sixteen broadly colored frames printed on a single sheet—remained
alive until the eve of World War II. Some of the comic-strip characters that
appeared before World War I *(Bécassine, Les Pieds-Nickelés)* have remained
popular to this day, though mostly among nostalgic adults. Yet certain durable

favorites of the younger generation—*Tintin, Spirou, Babar*—have been around for fifty years.

The development of a home-grown comic-strip tradition was powerfully assisted in the 1930s and 1940s by two unrelated factors: the appearance of a vigorous group of cartoonists in Belgium—best represented by Hergé, the creator of *Tintin*—and the outbreak of the war, which cut off the import of American comic strips. But the real revolution in *la B.D.* has occurred over the last twenty-five years. Until then, no self-respecting French adult could let himself be seen reading comics in public or even admit to a fondness for them. When the now-famous *Astérix* appeared in 1961, however, parents were asked to explain to their offspring a host of sophisticated puns, deliberate anachronisms, and tongue-in-cheek Latin quotations. This gave them a perfect excuse to immerse themselves in the adventures of the ornery little Gaul of Roman times—a shrewd champion of Celtic independence, and a refreshing contrast to the much taller but equally ornery (de) Gaulle[c] of modern times. More recently another French—or rather, Belgian—comic strip, "the Smurfs" (in French, *les Schtroumpfs*) took America by storm.

Once *la B.D.* had become respectable, comic strips geared to an adult public proliferated. Simultaneously, the traditional art of political cartooning—which traced its origins to the noted artist Honoré Daumier (1808–1879), but had become rather stereotyped in publications like *Le Canard enchaîné*—was rejuvenated by a new generation of artists (Siné, Wolinski, Topor, Gébé) who addressed a student audience.

Thus, there are now comic strips and cartoons for every age group and every kind of audience. *Tintin* and *Spirou*—or, for the younger set, *Pif*—retain a loyal following, but teenagers, students, and young adults with trendier and more volatile tastes have also turned to (and sometimes away from) a number of wacky and irreverent magazines such as the now-defunct *Pilote*, which spawned imitators like *Hara-Kiri, Charlie Hebdo, Métal Hurlant, À Suivre,* and *L'Écho des Savanes.* Even so serious a newsmagazine as *Le Nouvel Observateur* has been regularly publishing the works of cartoonists like Wolinski, the late Reiser, and Claire Bretécher, the first woman in a traditionally all-male profession. Comic strips have also helped transform the language: the Larousse dictionary recently admitted to its prestigious pages the word *Bof!,* an all-purpose expletive—the equivalent of a shrug of the shoulders—that first appeared in comic-strip balloons.

> *La bande dessinée a maintenant fait son entrée à l'école. À titre d'expérience,° des professeurs de français et de dessin° essaient de stimuler la créativité littéraire et artistique de leurs étudiants en les invitant à s'exprimer par le moyen de bandes dessinées. L'article ci-dessous, tiré de* Réalités, *donne un aperçu de cette tentative.*

**à titre d'expérience** *on an experimental basis*   /   **le dessin** *drawing*

# Les enfants coincent la bulle°...

Les temps changent. Les consommateurs d'images deviennent producteurs. Les enfants ont décidé de franchir le pas.° Ils font leurs propres bandes dessinées. Désormais° la bande dessinée est enseignée à l'école.

Certes, ce n'est encore qu'au stade° expérimental, mais tout laisse à penser
5 que cette tentative devrait encourager bien des volontaires et que l'enseignement de la bande dessinée pourrait être inclus dans les programmes officiels. Il faut dire que les enfants d'aujourd'hui baignent° dans un univers d'images comme jamais l'humanité n'en a connu. Un enfant qui dès le berceau° est mis en présence de la télévision et qui grandit au milieu du cinéma,
10 des photos, des bandes dessinées, fait plus que se constituer un stock considérable d'images en mémoire, il apprend à parler, à écrire, à penser en images.

Ces bandes dessinées par les enfants n'apprennent pas grand-chose aux adultes, mais constituent d'excellents exercices de créativité. Les jeunes en-
15 fants sont limités dans leur usage des mots, ils ne manient° pas toujours très bien la syntaxe et manquent souvent de vocabulaire. Le dessin leur permet de s'exprimer plus aisément. Mais le dessin seul développe le sens esthétique et l'imagination, sans participer clairement à la communication d'un message précis. La bande dessinée est le moyen de leur faire trouver les voies° et les
20 codes appropriés à la transmission d'un récit ou d'un effet comique. Le fait d'être limité à un petit nombre d'images est également important : les enfants doivent produire quelque chose d'achevé° dans un cadre contraignant.° Or chacun sait que la créativité est plus forte si on lui impose de fortes contraintes. Le dessin et l'écriture libres ont des résultats beaucoup plus
25 faibles.

Il est trop tôt pour savoir ce que la pratique de la bande dessinée produira chez les enfants. Il est à souhaiter qu'elle ne se fasse pas au détriment de l'acquisition complète de la langue. Car, si l'on peut penser en images, on pense d'abord en mots. Mais reconnaissons que «Glubs» et «Gasp» en disent
30 aussi long que° les «Sapristi»° et les «Crénom»° de nos grands-pères et que la bande dessinée constitue un mode d'expression artistique tout à fait original, au même titre que le cinéma ou le roman, et qu'il est toujours bon qu'un enfant apprenne à maîtriser une technique de communication. Cela dit, s'il y a des cours de bandes dessinées à l'école, ce n'est plus Mickey que l'on
35 cachera sous la table, puisqu'il sera au tableau. Alors qui? Victor Hugo? Des

---

coincer la bulle (argot) *to loaf. A play on words: literally,* coincer = *to corner,* la bulle = *bubble (here: the balloon where the captions are printed).* / **franchir le pas** *to take a decisive step* / **désormais** *from now on, henceforth* / **le stade** *stage, phase* / **baigner** *to be immersed (lit., to bathe)* / **le berceau** *cradle* / **manier** *to handle* / **la voie** *way* / **achevé** = fini, terminé / **un cadre contraignant** *a limiting framework* / **aussi long que** *as much as* / **sapristi, crénom** *mild swear words*

bambins° se délectant° d'alexandrins° dévorés à la sauvette° dans le car de ramassage°? On peut toujours rêver.

*Réalités*

### INTELLIGENCE DU TEXTE

1. Comment les enfants sont-ils devenus producteurs d'images?
2. Qu'est-ce qui arrive à l'enfant moderne dès le berceau? Comment êtes-vous conscient du rôle que les images jouent dans votre vie?
3. Qu'est-ce que le dessin permet aux enfants?
4. Pourquoi la bande dessinée est-elle plus utile au point de vue pédagogique que le dessin seul?
5. Pourquoi le fait d'être limité à un petit nombre d'images est-il important?
6. Pensez-vous que le rêve que l'auteur imagine à la fin du texte est seulement ironique? Comment pourriez-vous l'adapter à l'expérience américaine?

## *Vocabulaire satellite*

| | |
|---|---|
| la **bande dessinée** | *comic strip* |
| la **caricature poli-**<br>**tique** | *political cartoon* |
| le **dessin au trait** | *line drawing* |
| l' **encrage** (m) | *inking* |
| le **coloriage** | *coloring, applying of*<br>*color* |
| **décalquer** | *to trace* |
| le **décalque** | *tracing* |
| le **décalquage** | *operation of tracing*<br>*from a prior draw-*<br>*ing* |
| **ombrer** | *to shade (a drawing)* |
| la **planche** | *plate; set of frames in a*<br>*strip or page* |
| la **planche à des-**<br>**sin(er)** | *drawing board* |
| le **crayon** | *pencil* |
| la **plume** | *pen* |
| le **pinceau** | *(paint) brush* |

| | |
|---|---|
| le **lettrage** | *lettering* |
| la **légende** | *caption* |
| la **bulle** | *balloon (of a comic*<br>*strip)* |
| le **dessin animé** | *animated cartoon* |
| le **film d'animation** | *animation film* |

le **bambin** *tiny tot* / se **délecter** *to delight in* / l'**alexandrin** (m) *alexandrine: the twelve-syllable line that is standard in classical French poetry* / à la **sauvette** *on the sly* / le **car de ramassage** *school bus*

## PRATIQUE DE LA LANGUE

1. Quelles bandes dessinées préférez-vous? Expliquez votre choix.
2. Pourquoi la B.D. est-elle devenue un moyen de communication pour la nouvelle génération?
3. Connaissez-vous des personnages de la B.D. française (Tintin, Astérix, les Schtroumpfs, ou d'autres)? Expliquez en quoi leurs aventures sont différentes de celles des personnages de la B.D. américaine.
4. Dans un débat à la télévision, on propose le sujet suivant : «pour ou contre la B.D. à l'école». Les invités sont : un professeur de sociologie, un couple de parents partisans de l'enseignement traditionnel et un dessinateur célèbre comme Charles Schulz, Gary Trudeau, Wolinski ou Claire Bretécher. Reconstituez le dialogue.

## SUJETS DE DISCUSSION OU DE COMPOSITION

1. Composez une douzaine de messages publicitaires destinés à un public français, la moitié pour des produits américains et le reste pour des produits français de votre choix. Observez les cas où l'emploi du «franglais» semble le moins choquant ou le plus approprié.
2. Écrivez une lettre à un directeur d'un journal, ou à un de ses rédacteurs, pour protester contre une prise de position qui vous a déplu ou, au contraire, pour le féliciter à propos d'un article que vous approuvez. Un(e) de vos camarades se chargera alors d'écrire la réponse à cette lettre.
3. Que signifie à votre avis la liberté de la presse? L'information doit-elle être traitée comme une marchandise parmi d'autres? Quelles sont les responsabilités des journalistes envers leurs lecteurs? envers la société en général?

# La scène et les lettres

Rien n'est perdu si chaque soir le parvenu, le concussionnaire[1], le cuistre[2] doit se dire : «Tout irait bien, mais il y a le théâtre». Et si l'adolescent, le savant, le ménage modeste, le ménage brillant, celui que la vie a déçu, celui qui espère en la vie, se dit : «Tout irait mal, mais il y a le théâtre».
Jean Giraudoux

## Le renouveau du théâtre en France

With so many theaters being torn down, closed, turned into commercial emporiums, or taken over by the motion pictures (to the point where, for many people, the word "theater" is automatically taken to mean "cinema"), one may wonder whether the theater has lost much of its appeal in America. In France, on the other hand, of all the classic forms of artistic expression, theater may

[1]embezzler
[2]prig, pedant

well show the greatest promise of survival and renewal. Subsidized, criticized, scrutinized, and constantly reinvented, theater is very much alive not only in Paris but all over France.

The vitality of the French theater stems in part from its ability to attract a youthful audience. Young people can take advantage of low-priced seats, school-sponsored programs and performances, and summer workshops, so that young French people as a rule have a much wider exposure to the theater than their American counterparts.

In modern French theater there are three major currents. The *théâtre de boulevard* is the commercial theater, the Broadway of Paris, specializing in comedies designed to entertain; its proven box-office hits are subsequently exported to other major cities. Second, there is the classical tradition represented by the state-supported *Comédie-Française* (also known as *la maison de Molière),* which operates several theaters in Paris and takes its productions to the provinces and even abroad. The repertoire of the *Comédie-Française* also includes many foreign and twentieth-century plays. Finally, there is the French government's most remarkable contribution to the revival of the theater: new state-financed repertory companies like the *Théâtre National Populaire* (T.N.P.), the *Théâtre de l'Est Parisien* (Tep), and the *Théâtre de la Cité* at Villeurbanne. Currently, twenty-one such repertory companies— including one traveling company, *Le Tréteau de Paris,* familiar to many Americans and Canadians—are promoting classical and modern theater throughout the country.

This renaissance would not have been possible without a galaxy of dynamic

and progressive directors such as Jean Vilar, Roger Planchon, George Wilson, Jean-Marie Serreau, Jean-Louis Barrault, Roger Blin, Antoine Vitez, and others, most of them first-rate actors as well. Together, these innovators revitalized the repertoire and introduced revolutionary approaches. The late Jean Vilar was the true pioneer: in addition to creating and heading the T.N.P., he was instrumental in launching major theater festivals at Avignon. Other festivals then multiplied, including the *Festival du Marais* in Paris. As a result of Vilar's initiative, in France the theater season, which traditionally opens almost everywhere else in the fall, begins in July under the sunny skies of Avignon.

Peter Brook, the internationally renowned British director, has observed that the French language accurately renders the specific nature of the theatrical phenomenon by using *répétition* for "rehearsal," *représentation* for "performance," and *assistance* for "audience." In his view—and in the eyes of all actors and directors involved with collective experimentation in the theater—the audience *assiste au spectacle,* meaning that it not only attends the performance but also "assists" the actors in their encounter with the characters portrayed.

In the name of "participation," Ariane Mnouchkine and *Le Théâtre du Soleil* have been experimenting for twenty years with the dual challenge of a collective theatrical organization and a collective creation in which the spectators are directly involved. Based outside Paris at the *Cartoucherie de Vincennes* (a converted munitions factory), the *Théâtre du Soleil* has produced stunningly creative spectacles such as *1789* and *1793,* depicting episodes of the French Revolution, which they have presented throughout Europe with equal success, despite the language barrier. More recently, Ariane Mnouchkine and her troupe have been experimenting with the use of techniques borrowed from the traditional theater forms of India (Kathakhali) and Japan (Kabuki), which they have applied to a series of Shakespearean plays. This attempt electrified American audiences when the *Théâtre du Soleil* appeared at the 1984 cultural festival organized to coincide with the Los Angeles Summer Olympics. Some critics, however, saw it as a mere fad, and differences broke out even among the actors at the Avignon theater festival, where controversy is a well-established tradition.

> *Interviewée par la journaliste Catherine Degan, Ariane Mnouchkine explique pourquoi elle s'est tournée vers le théâtre de l'Orient et analyse les méthodes de travail de son équipe.*

## « *L'acteur est un scaphandrier° de l'âme* »

*Ariane Mnouchkine :* Ce qui m'intéresse dans la tradition orientale, c'est que l'acteur y est créateur de métaphores. Son art consiste à montrer la passion,

le **scaphandrier** *deep-sea diver*

à raconter l'intérieur de l'être humain—et aussi les histoires, bien sûr. J'ai
fait un voyage au Japon, un peu à la hippie. En y voyant des spectacles, je
5  me disais : «On dirait du Shakespeare»°, alors que je ne comprenais rien ni
aux thèmes ni au langage. Et cela parce que les acteurs étaient fantastiques.
Là, j'ai senti que la mission de l'acteur était d'ouvrir l'homme comme une
grenade.° Pas de montrer ses tripes,° mais de les dessiner, les mettre en
signes, en formes, en mouvements, en rythmes. Alors qu'en Occident, on
10  apprend plutôt aux acteurs à serrer les mâchoires° et à ne pas montrer ce
qui se passe.

Pourquoi, me suis-je demandé, un acteur de Kathakali me parle-t-il
complètement? Comment se fait-il, me demande-t-on aujourd'hui, que les
gens qui ne savent rien du Kabuki puissent aimer vos spectacles? La réponse
15  est la même : parce que c'est du théâtre! C'est à dire la «traduction en» de
quelque chose... Quand nous avons résolu de monter° Shakespeare, le re-
cours° à l'Orient est devenu une nécessité. Car Shakespeare se situe dans la
métaphore des vérités humaines. Nous cherchons donc à le mettre en scène
en évitant à tout prix le réalisme et le prosaïsme.°

20  *Catherine Degan :* Pourquoi, précisément, avez-vous décidé de monter
Shakespeare?

*A.M. :* Pourquoi Shakespeare? Parce que, son génie et sa poésie mis à
part,° il est si simple, il prend les événements de front.° Avec lui, nous allons
à l'école d'un maître, et nous espérons bien en tirer un tout petit quelque

---

**on dirait du Shakespeare** = on dirait que c'est du Shakespeare  /  **la grenade** *pomegranate*  /
**les tripes** (f) *guts, innermost emotions*  /  **serrer les mâchoires** (f) *to clench one's jaw*  /  **monter**
**(une pièce)** *to stage, to produce (a play)*  /  **le recours** *recourse*  /  **le prosaïsme** *the common-*
*place*  /  **mis à part** *(set) aside, aside from*  /  **de front** *head-on*

25 chose—qui n'est pas une recette,° bien sûr! De le côtoyer° avec tant d'obsti-
nation pendant trois ans, j'en ai plus appris (je ne dis pas : acquis°) sur le
théâtre que pendant toutes les années précédentes.

Le Théâtre du Soleil a presque toujours fait des tentatives° de rapport
avec l'histoire. *1789* et *1793* étaient des spectacles didactiques. Je ne les re-
30 nie° pas. Nous avions besoin d'en passer par là. Mais ce qu'il y a de beau
chez Shakespeare c'est qu'il ne fait rien d'unique.° Il ne montre jamais une
idée sans en montrer le contraire, il n'a pas un éclairage° particulier. Il
montre un personnage héroïque puis le montre aussi ignoble. Shakespeare
est un poète qui se permet tout, qui sonde° tout; peut-être même qui aime
35 tout. Bien sûr, il n'aime pas l'ignominie mais il en fait entre autres la matière
de son art—sans en faire l'apologie.° Il dit : elle existe, la voilà, connaissez-la
ou plutôt reconnaissez-la, puisque vous l'avez en vous comme je l'ai en moi...

*C.D. :* Comment travaille-t-on au Théâtre du Soleil?

*A.M. :* Les cinq ou six mois de répétition° d'un spectacle se passent à ex-
40 plorer, attendre, patienter,° s'impatienter,° se décourager, espérer de nouveau, rire aussi. Quand il y a un projet, il y a non pas une vision préétablie
mais quelques fragments, des désirs. Peut-être la conviction que ce chemin
inconnu doit mener là—mais comment? Alors le comédien° ou moi-même
découvrons un petit bout de chemin.° Nous disons à l'autre : viens, ce doit
45 être par là. Il arrive que nous tombions tous les deux dans un trou parce
que ce n'était pas par là. Puis nous repartons°... Ce que j'attends d'un acteur,
c'est qu'il soit un scaphandrier de l'âme, prêt à voyager très loin avec moi.
Même s'il n'a jamais joué, j'attends qu'il me révèle des choses.

Pour *Richard II* par exemple, je ne voyais a priori que ce que je ne voulais
50 pas : tomber dans la terrible banalité du feuilleton° shakespearien antédiluvien,° noir et vert.° La table de répétition était pleine de livres d'images, de
peintures, de photos, pour nourrir notre imaginaire° et nous donner une
distance. Je voulais un *Richard II* qui flamboie° dans le texte. Rien que le mot
«trône» me bloquait°—je ne voyais pas comment résoudre ce problème. Un
55 moment, Georges Bigot° est monté sur une table, et soudain cet éclair° : le
trône était là. Je tiens toujours à° faire comprendre combien des choses qui
ont l'air voulues sont venues,° arrivées. Nous avons cherché de l'intérieur ce
que ce «simple» texte provoque dans un acteur quand on ne préjuge pas
trop de ce qu'il veut dire. Au début, par exemple, les acteurs entraient et

---

**la recette** *recipe* / **côtoyer** *to live side by side with* / **acquis** (participe passé d'**acquérir**)
*acquired* / **la tentative** *attempt, experiment* / **renier** = désavouer / **unique** *standing as an
isolated case* / **l'éclairage** (m) *highlighting, emphasis* / **sonder** *to probe* / **l'apologie** (f)
*praise* / **la répétition** *rehearsal* / **patienter** = attendre avec patience / **s'impatienter** =
perdre patience / **le comédien** = l'acteur / **un petit bout de chemin** *a glimpse of the right
direction* / **repartir** *to start over* / **le feuilleton** *serialized story, potboiler* / **antédiluvien**
*antediluvian, i.e., antiquated, primitive* / **noir et vert** *macabre and crude* / **l'imaginaire** (m)
*make-believe world* / **flamboyer** *to burn bright* / **bloquer** *to give a mental block to* / **Georges
Bigot** = un des principaux comédiens du Théâtre du Soleil / **l'éclair** (m) *flash (of
inspiration)* / **tenir à** *to insist* / **venues** = survenues *(happened unexpectedly)*

60 sortaient de manière très lente, très majestueuse. Or, c'est faux. Mensonger.°
*Richard II* commence en plein conflit; Shakespeare n'introduit pas, n'expose°
rien. Nous découvrions que ces pièces sont rapides, versatiles et non pro-
gressives.° Et nous avons trouvé l'idée des entrées «au galop»,° qui résol-
vaient aussi un problème de durée. D'ailleurs quand un acteur ralentit,° c'est
65 toujours mauvais signe : c'est qu'il veut «faire sérieux»° ou se retrouver°
peut-être, mais qu'il quitte l'état.°

   *C.D.* : Qu'est-ce que c'est pour vous que le théâtre populaire?

   *A.M. :* C'est le plus beau théâtre possible, peut-être le plus raffiné, celui
où on se donne le plus de mal. Celui qui peut être reçu par différentes
70 strates de culture,° les jeunes chômeurs comme les professeurs d'université,
par divers orifices° mentaux. Ce qu'il y a de plus beau dans un public, c'est
son hétérogénéité. À Avignon° en particulier il y a, sinon beaucoup d'ouvriers, du moins des gens de toute sorte, de toutes les cultures ou de tous les
manques de culture. Le professeur d'université y reçoit l'émotion de l'être
75 moins cultivé qui est assis à ses côtés° et réciproquement.°

   *C.D.* : Le Théâtre du Soleil est aussi une école. On vous a appelé «accou-
cheuse° d'acteurs».

   *A.M. :* C'est le plus grand compliment qu'on puisse me faire. Souvent en
effet de très jeunes acteurs demandent à entrer pour apprendre leur métier°
80 au sein de la troupe.° Une troupe est la meilleure école qui soit. Si elle n'est
pas aussi une école, elle crève° très vite. J'aimerais peut-être qu'il y ait
quelques acteurs plus âgés au Théâtre du Soleil, mais il ne s'en présente pas.°
Car les plus anciens ont sans doute besoin de plus d'argent (nous gagnons
tous six mille francs par mois) et n'apprécient pas, je pense, les tâches collec-
85 tives auxquelles nous nous astreignons° tous—jusqu'à nettoyer les chiottes.°
Comme il se produit° un moment où certains membres de la troupe sentent
que c'est indigne d'eux. Alors, ils s'en vont.

   *C.D. :* Vous avez toujours en projet° un spectacle contemporain, une création d'auteur°?
90    *A.M. :* Oui, mais je n'en sais pas plus pour l'instant. Ce sera une création,
oui, avec un vrai texte. J'imagine parfaitement un spectacle qui naisse° sur
un plateau,° cela arrive d'ailleurs tout le temps. Mais pas ce qui se résume° à
être un texte. Je ne peux imaginer un poète qu'en rapport avec le plateau,
et je suis sûre par exemple que Shakespeare a changé ou réécrit des scènes

---

**mensonger** (adj.) *lying, deceptive* / **exposer** = expliquer, montrer / **progressif (-ive)**
*gradual* / **les entrées «au galop»** *(stage) entrances on the run* / **ralentir** *to slow down* / **faire**
**sérieux** *to appear ponderous* / **se retrouver** *to regain oneself* / **l'état** (m) *state of grace, trance,*
*condition of being worked up* / **les strates de culture** *cultural strata* / **l'orifice** (m) *openings,*
*apertures* / **Avignon** *a city in southern France where a theater festival is held every summer* / **à ses**
**côtés** *beside him/her* / **réciproquement** = vice versa / **l'accoucheuse** (f) *midwife* / **le**
**métier** *trade* / **la troupe** *theater company* / **crever** (fam.) = mourir / **il ne s'en présente**
**pas** *they are not forthcoming* / **s'astreindre** *to submit willingly* / **les chiottes** (fam.) *latrines* /
**se produire** = arriver / **en projet** *in mind* / **la création d'auteur** *an original work* /
**naisse** = subjonctif de naître / **le plateau** *stage* / **se résumer** = se limiter

95 en fonction de ses acteurs. Les acteurs sont des poètes avec leur corps, leurs émotions. Mais pour un texte, il faut un poète avec sa plume.

Propos recueillis par Catherine Degan, *Le Soir*

## INTELLIGENCE DU TEXTE

1. Pourquoi Ariane Mnouchkine avait-elle l'impression de comprendre les spectacles du théâtre japonais, alors qu'elle ne connaissait ni les sujets ni la langue?
2. Que veut dire Ariane Mnouchkine quand elle explique que le théâtre, c'est «la traduction en» de quelque chose?
3. Pourquoi les techniques du théâtre asiatique s'appliquent-elles bien au théâtre de Shakespeare?
4. Dans quel sens peut-on dire Shakespeare «ne fait rien d'unique»?
5. Résumez les méthodes de travail du Théâtre du Soleil.
6. Pourquoi Ariane Mnouchkine a-t-elle voulu que les acteurs entrent sur scène «au galop»?
7. Pourquoi le théâtre populaire est-il «celui où on se donne le plus de mal»?
8. Qu'est-ce qui pousse de jeunes acteurs à vouloir entrer dans la troupe d'Ariane Mnouchkine?
9. Pourquoi les acteurs plus âgés quittent-ils la troupe?

## *Vocabulaire satellite*

| | |
|---|---|
| la **pièce** (de théâtre) | *play* |
| le **décor** | *stage set* |
| les **coulisses** (f) | *wings* |
| le **souffleur** | *prompter* |
| **monter sur les planches** | *to go on the stage (lit., boards)* |
| (s') **exprimer** | *to express (oneself)* |
| le **dramaturge** | *playwright* |
| le **geste** | *gesture* |
| le **débit** | *delivery* |
| les **accessoires** (m) | *stage properties* |
| **improviser** | *to improvise* |
| le **naturel** | *naturalness* |
| **former** | *to train, to mold* |
| le **répertoire** | *repertory* |
| le **travail en équipe** | *teamwork* |
| le **rôle** | *part* |
| le **maquillage de scène** | *stage makeup* |
| le **spectacle** | *show* |
| le **monde du spectacle** | *the world of show business* |

—*Être ou ne pas être...*

| | |
|---|---|
| les **applaudissements** (m) | *applause* |
| le **rideau** | *curtain* |
| le **trac** | *stage fright* |
| **avoir un trou** (de mémoire) | *to have a (memory) lapse* |
| **placer sa voix** | *to project one's voice, to find one's register* |

**PRATIQUE DE LA LANGUE**

1. Qu'est-ce que vous aimez au théâtre? En quoi vous paraît-il différent du cinéma?
2. Croyez-vous que l'idéal pour le théâtre est d'être le plus «naturel» possible? Pourquoi ou pourquoi pas?
3. Êtes-vous déjà monté sur les planches? Dans quel genre de spectacle? Avez-vous connu le trac? les trous de mémoire? Comment avez-vous réagi?
4. Si vous pouviez être metteur en scène, quelle est la pièce que vous voudriez monter? Pourquoi? Quelles méthodes de travail aimeriez-vous employer?
5. Que pensez-vous de l'idée d'appliquer les techniques du théâtre oriental à des pièces occidentales? Est-ce légitime? artificiel? Pourquoi?
6. Pourquoi les acteurs doivent-ils être des «scaphandriers de l'âme», à votre avis? Qu'est-ce qu'ils découvrent de cette façon? Que font-ils découvrir aux spectateurs?

# Culture et animation

New blood has also come to French theater from the *Maisons de la Culture* and *Centres d'Action culturelle* (C.A.C) scattered all over France. Launched by de Gaulle's minister of culture, André Malraux, these centers were meant to disseminate culture outside Paris. There are twenty *Maisons de la Culture* in major provincial cities. Usually they combine a theater, artists' workshops, rooms for exhibits, music and projection rooms, and a film library. The government is an important source of funding for the *Maisons de la Culture*, whereas the local communities support the *Centres d'Action culturelle* in smaller cities.

On a much smaller scale, the *Maisons des Jeunes et de la Culture* (M.J.C.) also promote cultural programs, but they are primarily community centers where young people can learn and practice sports, crafts, and music. These centers are open to such activities as discussion groups, amateur theatricals, *ciné-clubs,* and lectures. More than fourteen hundred such centers have been built since 1961.

> *The following interview is with Guy Foissy, the dynamic director of the* Centre d'Action culturelle *of Mâcon, who is also a versatile playwright and the winner of several theatrical prizes such as the* Prix des Jeunes Auteurs *(1968), the* Prix Courteline *(1978), and the* Grand Prix de l'Humour Noir au Spectacle *(1979). Foissy shows how an institution that opens a window wide on the world of culture can revitalize the atmosphere of a charming but rather somnolent town in Burgundy.*

*Francine Bustin :* Que fait-on dans une Maison de la Culture ou dans un Centre d'Action Culturelle comme celui que vous dirigez à Mâcon?

*Guy Foissy :* D'abord, de la diffusion° artistique (dans tous les domaines : spectacles, expositions, concerts), ensuite de l'animation°, en général liée à la
5 programmation,° enfin nous apportons une aide (souvent technique) aux productions artistiques locales.

*F.B. :* Quels genres de spectacles ou de manifestations culturelles ont été offerts au public mâconnais° depuis la création du Centre?

*G.F. :* Nous avons présenté des manifestations dans les domaines les plus
10 divers de l'expression artistique et culturelle : théâtre, musique, jazz, musique folk, danse, variétés, poésie, café-théâtre, opérette, conférences, cinéma, spectacles pour enfants, spectacles de rue, expositions... Il faut préciser° que notre démarche° est double. Proposer, d'une part, un éventail° varié de manifestations intéressant différents publics; d'autre part, avoir une poli-
15 tique volontaire,° une cohérence, une ligne : depuis deux ans, c'est la défense des auteurs contemporains d'expression française, la mise en rapport° du public d'aujourd'hui avec les créateurs d'aujourd'hui.

*F.B. :* Que faites-vous de la formule café-théâtre?

*G.F. :* Ce n'est pas nécessairement un café où on fait du théâtre. C'est une
20 petite salle où sont présentés des spectacles peu coûteux, mais dans lesquels la direction° n'est pas impliquée° et ne prend pas de risques. Cela permet à beaucoup de jeunes comédiens de travailler, même peu (ou pas) payés.

*F.B. :* Et les «spectacles de rue»? À quoi servent-ils?

*G.F. :* Les spectacles de rue ont essentiellement une fonction politique et
25 sont souvent liés à des événements ponctuels° de la vie locale (urbanisme, écologie, etc.).

*F.B. :* La gamme de ces activités paraît extrêmement variée. Dans quelle mesure sont-elles déterminées par le goût du public?

*G.F. :* Il n'y a pas un public, mais des publics. Nous essayons de les faire
30 se rencontrer, se mélanger.° Mâcon n'est pas une ville universitaire et nous évitons la recherche à la mode° qui s'adresse à une petite élite intellectuelle.

*F.B. :* Dans vos rapports avec les différents secteurs de la population mâconnaise, qui touchez-vous le plus facilement? Dans quels milieux vous est-il le plus difficile de vous implanter et pourquoi?

35 *G.F. :* Nos statistiques donnent° une majorité de jeunes. Comme composition sociale : 19% d'employés, 18% de professeurs, 18% de membres de comités d'entreprise,° etc. Le milieu le plus difficile? La classe ouvrière, pour

---

**la diffusion** *promotion* / **liée à la programmation** *linked to the choice of programs* / **mâconnais** = de Mâcon / **préciser** *to specify* / **la démarche** *approach, policy* / **l'éventail** (m) *range, choice (lit., fan)* / **la politique volontaire** *deliberate policy* / **la mise en rapport** *putting in touch* / **la direction** *those in charge* / **impliquer** *to be held (financially) responsible* / **ponctuel** *topical, relevant* / **se mélanger** *to mingle* / **la recherche à la mode** *trendy sophistication* / **donnent** = indiquent que nous avons / **comité d'entreprise** (m) *company-sponsored social group*

des raisons historiques évidentes. De plus, la situation économique et sociale (chômage, fermeture d'entreprises) empêche une mobilisation totale pour la
40 culture.

F.B. : Donnez-vous des spectacles dans les entreprises ou dans les usines? D'où vient l'initiative de ce genre d'activité? des patrons? des travailleurs ou de leurs représentants?

G.F. : Oui, parfois, de petits spectacles, des animations. Mais cela coûte
45 cher, car ce n'est pas compensé par des recettes.° L'accord se fait entre nous et les représentants des travailleurs.

F.B. : Votre travail est donc bien différent de celui d'un directeur de salle de spectacle? Je pense, par exemple, au travail d'animation que vous entreprenez : en quoi cela consiste-t-il?

50 G.F. : En un travail d'information (je ne dis pas de publicité, mais d'information, avec ce que cette démarche a de pédagogique),° par une intervention sur le terrain,° par des débats, des documents, par des ateliers de mise en pratique° (par exemple, des ateliers de formation théâtrale). Nous invitons des auteurs, des comédiens, qui rencontrent les professeurs, les élèves, les
55 troupes d'amateurs à Mâcon et dans les villages, etc. Notre présence tend progressivement à se ramifier° dans tous les secteurs de la vie sociale et toutes les tranches d'âge.°

F.B. : Pourriez-vous me donner des exemples de projets d'animation qui vous ont mis en contact avec des écoles?

60 G.F. : Voici ce qui s'est passé dans l'école d'un village du Beaujolais : La Chapelle-de-Guinchay. Notre animateur-jeunesse avait, avec des professeurs, proposé de travailler ma pièce «La Crique» (*The Creek*) avec les élèves. La pièce devait être jouée dans le courant de° l'année par des professionnels, dans une tournée° venant de Paris. Pendant trois mois, l'ensemble du
65 collège^c a travaillé sur la pièce. Au niveau° théâtral, aidés par des comédiens professionnels de la région, cent élèves ont participé au spectacle : interprétation, conception et fabrication des décors, composition et exécution de la musique, mise en scène, régie,° etc. De plus, l'ensemble des cours de littérature avait la pièce comme support : orthographe, analyse de vocabulaire,
70 dissertation° sur les thèmes de la pièce. En cours d'anglais, les professeurs faisaient traduire la pièce... Le spectacle a été présenté dans deux villages, au Centre d'Action Culturelle de Mâcon, enregistré° et diffusé° par la radio.

F.B. : Est-ce que les pouvoirs publics° interviennent ou vous limitent dans le choix des activités que vous souhaitez organiser?

75 G.F. : Non. Ils donnent des subventions° et, en principe, n'interviennent

---

**les recettes** (f) *box-office receipts* / **avec... pédagogique** *with all the didacticism implied* / **sur le terrain** *in the field, at the grassroots level* / **l' atelier** (m) **de mise en pratique** *workshop* / **se ramifier** *to branch out* / **la tranche d'âge** *age group* / **dans le courant de** = pendant / **la tournée** *(theatrical) tour* / **le niveau** *level* / **la régie** *stage management (work of a stage manager)* / **la dissertation** = la composition / **enregistrer** *to record, to tape* / **diffuser** *to broadcast* / **les pouvoirs publics** *public officials* / **la subvention** *subsidy, funding*

pas... tant que° les choses marchent bien, je suppose, ce qui est le cas à Mâcon.

 *F.B. :* Y a-t-il un souvenir ou une anecdote qui résumerait à vos yeux le
succès du Centre d'Action Culturelle ou des programmes d'action culturelle
80 que vous organisez à Mâcon?

 *G.F. :* Récemment, certains professeurs s'étaient élevés contre° le fait
qu'on ne présentait pas d'auteurs classiques français mais uniquement des
auteurs contemporains. Nous n'avons pas cédé.° Un excellent travail a été
fait avec les professeurs et les élèves. Maintenant, nous proposons un clas-
85 sique (Molière) et les mêmes professeurs s'élèvent contre le fait de présenter
ce qu'on connaît trop et préfèrent des auteurs contemporains! Signe de réussite...Succès? Difficile à dire... Le nombre de spectateurs, bien sûr, le nombre
d'adhérents,° mais aussi surtout peut-être, la «vie» de notre Maison, son
rayonnement,° le développement et la qualité de son tissu relationnel,° sa
90 capacité à mobiliser des énergies pour travailler avec elle, et aussi sa réputation nationale et internationale.

## INTELLIGENCE DU TEXTE

 1. Si vous étiez à Mâcon, à quelles manifestations artistiques aimeriez-vous
assister?
 2. Quel est le but général que se donne Guy Foissy? Quelle direction prennent ses efforts?
 3. Comment cette institution culturelle peut-elle aider les auteurs contemporains et les acteurs, en général?
 4. Les spectacles de rue sont populaires en France. Pourquoi, à votre avis,
sont-ils pratiqués en général par de jeunes acteurs?
 5. Pourquoi la question de la variété des publics est-elle plus importante pour
le directeur d'une Maison de la Culture que pour le directeur d'un théâtre
ordinaire? Quel public semble le plus intéressé?
 6. Pourquoi est-il plus difficile d'intéresser la classe ouvrière aux manifestations culturelles?
 7. Montrez comment «faire de l'action culturelle», ce n'est pas seulement faire
de la publicité pour la culture. Qu'est-ce qui vous paraît le plus intéressant
dans cette démarche *(undertaking)*?
 8. Comment toute une communauté d'étudiants a-t-elle été impliquée dans
un programme d'animation et de représentation théâtrale?
 9. Le financement d'un centre culturel comme celui de Mâcon vient essentiellement de deux sources; quelles sont-elles?
 10. Avez-vous l'impression qu'à Mâcon on a réussi à créer une expérience
culturelle valable? Expliquez. Voyez-vous des équivalents aux Centres
d'Action Culturelle aux États-Unis? Lesquels?

---

**tant que** *so long as* / **s'élever contre** *to raise objections to* / **céder** *to yield* / **l'adhérent** (m)
*subscriber* / **son rayonnement** *the influence it radiates* / **le tissu relationnel** *network of*
*relationships*

## Vocabulaire satellite

| | |
|---|---|
| l' œuvre (f) | *work (usually artistic)* |
| l' acteur (m), l'actrice (f) | *actor, actress* |
| le comédien, la comédienne | *actor, actress* |
| le personnage | *character* |
| la scène | *stage* |
| l' assistance (f) | *audience* |
| la représentation | *performance, show* |
| la manifestation culturelle | *cultural event* |
| la salle | *house (theater)* |
| la réplique | *line (of a text)* |
| donner la réplique à | *to cue in* |
| les billets de théâtre | *theater tickets* |
| les feux (m) de la rampe | *footlights* |
| passer la rampe | *to get across to the audience* |
| les moyens techniques (m) | *technical means* |
| au (vers le) fond | *upstage* |
| à (vers) l'avant | *downstage* |
| l' éclairage (m) | *(stage) lighting* |
| la mise en scène | *(stage) direction, staging, production* |
| la régie | *stage management* |
| l' atelier (m) | *workshop* |

| | |
|---|---|
| l' outil (m) | *tool* |
| le moyen | *means* |
| le prix des places | *price of tickets* |
| la recette | *receipts, box-office take* |
| subventionner | *to subsidize, to fund* |
| la réduction pour étudiants | *student discount* |
| la tragédie | *tragedy* |
| la comédie | *comedy* |
| la bouffonnerie | *slapstick comedy* |
| faire rire quelqu'un | *to make someone laugh* |
| distraire | *to entertain* |
| émouvoir | *to move (emotionally)* |
| éveiller la sensibilité de quelqu'un | *to awaken someone's sensitivity* |
| éduquer le public | *to educate the public, the audience* |
| assister à | *to attend* |
| se passionner pour | *to be passionately fond of* |
| passionnant | *captivating* |
| avoir le feu sacré pour | *to burn with zeal for, be deeply committed to* |
| le machiniste | *stagehand* |
| en tournée | *on the road, on a (theatrical) tour* |

—*Mais enfin! C'est une tragédie!*

**PRATIQUE DE LA LANGUE**

1.  Qu'est-ce qui vous plaît dans le théâtre? Qu'est-ce qui vous déplaît? Comment peut-on amener les gens à s'y intéresser?
2.  Racontez votre expérience du théâtre (comme spectateur, comme acteur, comme machiniste, comme lecteur d'œuvres théâtrales) et expliquez ce qu'il vous apporte de différent.
3.  À quel type de théâtre appartiennent les œuvres suivantes : *Macbeth, Le Bourgeois gentilhomme, Death of a Salesman (Mort d'un commis-voyageur), The Taming of the Shrew (La Mégère apprivoisée), A Funny Thing Happened on the Way to the Forum?*
4.  Quels sont les avantages ou les désavantages d'une politique nationale de subvention des théâtres? Interrogez un étudiant parisien, un acteur du T.N.P. en tournée, le directeur d'un théâtre de boulevard, un spectateur du Festival d'Avignon, un animateur culturel[c], un représentant d'une fondation américaine qui protège les arts, un homme politique très conservateur.
5.  Quelle sorte de manifestation culturelle vous plaît le plus : le théâtre, la danse, le jazz, le rock, la peinture, etc.? Dans le domaine que vous préférez, comment feriez-vous pour monter un spectacle, une exposition, pour organiser un atelier?
6.  Peut-on dire que le vrai théâtre est universel? Peut-il franchir *(bridge)* les barrières culturelles, les différences de classe, le fossé *(gap)* des générations? Pourquoi ou pourquoi pas?
7.  Le «musical» est un genre théâtral proprement américain. À votre avis, qu'est-ce qui explique son succès dans le monde?

# La vie littéraire à Paris

In France, literature has always occupied a predominant place among the arts. French people are highly sensitive to the quality of written expression, which is not confined to literature in its narrow sense but includes private correspondence, political writing, and the press. The same preoccupation with formal excellence applies to oral expression.

This attitude explains why the distinction between literary achievement and prominence in other fields has never been as rigid in France as in the United States. Many French politicians and scientists have been regarded—or have regarded themselves—as writers of some importance. Napoleon tried his hand at literature, with unimpressive results. On the strength of his essays, memoirs, and collected speeches, de Gaulle can rightfully claim a place in the history of modern French literature, and President Mitterrand, who has authored several books, is justifiably proud of his abilities as a writer. Conversely, two well-known French novelists, André Malraux and Maurice Druon, have served as ministers of culture in the Fifth Republic. The public's interest in literature—in the specifically French sense just defined—is also reflected in the amount of space that popular illustrated magazines like *Paris-Match* devote to stories about writers, both living and deceased.

No place in France is heavier with literary associations than Paris. Though perhaps less narrowly concentrated today than it was before World War II, literary life in Paris is still predominantly linked with the Left Bank and specifically with the fifth, sixth, and seventh arrondissements,[c] where the major publishing firms are located, and where writers, critics, and journalists still meet to exchange gossip and make or unmake reputations within a relatively small circuit of cafés and restaurants. Writers still do a good part of their work in cafés—a practice dating back to the eighteenth century. Jean-Paul Sartre insisted that some of his best writing was done at those ancient literary haunts, *La Coupole* and the *Café de Flore*.

Some seven hundred literary prizes are awarded each year. The most celebrated and sought after is the *Prix Goncourt*. First awarded in 1903, it originated in a foundation set up by novelist Edmond de Goncourt. Every year since, the ten members of the *Académie Goncourt*, themselves reputable novelists, meet over lunch at the Drouant restaurant to make their famous award. In 1904 a competing prize, the *Fémina*, was created, to be awarded by a jury of women. Two other major awards, the *Interallié* and the *Renaudot*—named after Théophraste Renaudot, a seventeenth-century pioneer of French journalism—are purely honorary, but like the others confer prestige on the recipient and guarantee increased sales. Many French writers owe their initial fame to these prizes, but many other writers of equal importance have never received any; there are other, more explicitly commercial ways of promoting the sale of books. The postwar boom of the paperback market, and the more recent development of book clubs—two innovations borrowed from the United States—are among the most notable.

> Les statistiques sont un instrument bien peu adéquat pour rendre compte d'un phénc..ène aussi subjectif que le goût pour la lecture. Que pouvons-nous apprendre du fait que 30 pour cent des Français affirment lire plus de vingt livres par an? Il est vrai, pourtant, qu'il n'y a pas de littérature sans lecteurs....
>
> L'article reproduit ci-dessous examine un phénomène de marché qui suggère que l'intérêt du public français pour la littérature contemporaine se maintient, et même se développe.

# Les «amplis»° du succès

On n'en parle jamais. Pourquoi? Grâce à eux,° de nouvelles couches sociales°
se sont ouvertes à la lecture. Ils ont assuré, de Villefranche-de-Rouergue à la
Châtre,[1] la célébrité d'auteurs comme Bernard Clavel ou Robert Sabatier,
Marie Cardinal ou Émile Ajar[2] : ils agissent en somme comme de prodigieux
5   amplificateurs de succès. Pourtant, les éditeurs° les craignent. Les libraires°
les jalousent. Les grandes surfaces° les redoutent.° La presse les oublie. La
radio et la télévision les dédaignent.° De qui s'agit-il? Ce sont les clubs—et
en particulier l'un d'entre eux, le géant : France Loisirs, 2.600.000 adhérents, 575 millions de chiffre d'affaires° en 1979 (plus de 5% du marché total
10   du livre en France!), et qui fête cette année son dixième anniversaire. Anniversaire spectaculaire autour d'un gâteau de 20 millions de francs de bénéfice net° pour l'année dernière.

Ces clubs fonctionnent de cette façon. Chaque mois ou chaque trimestre,
ils adressent à leurs adhérents un catalogue leur présentant les nouveautés
15   sélectionnées et les titres encore disponibles.° Obligation est faite souvent au
souscripteur d'acquérir au moins trois ou quatre ouvrages dans l'année.
Moyennant quoi° il reçoit par la poste, à des prix inférieurs de 20% en
moyenne° à ceux des libraires, un livre (jaquette couleur et reliure carton-
née°) paru° originellement six mois, un an ou plus avant son passage en club.
20   Concrètement, cela veut dire, pour France Loisirs—qui possède également
un réseau° de boutiques et de librairies-relais°—plus de dix millions de cata-
logues expédiés° chaque année et quinze millions de livres vendus.

Que penser de France Loisirs et des autres? Les points positifs tout
d'abord : un élargissement de la tranche° de lecteurs, c'est incontestable. Une
25   enquête I.F.O.P.[3]-France Loisirs fait apparaître que 27% des adhérents du
club se recrutent en milieu ouvrier. Ce pourcentage augmente d'une année
sur l'autre et est bien supérieur à celui de la clientèle des libraires. Autant de
gagné° par conséquent pour la culture en général, et même pour les libraires

---

**l'amplificateur** (m) (abrév **ampli**) *amplifier*  /  **grâce à eux** *thanks to them*  /  **les couches
sociales** *social strata, groups*  /  **l'éditeur** (m) *publisher*  /  **le libraire** *bookseller*  /  **la grande
surface** (= un magasin à grande surface) *department store*  /  **redouter** = craindre  /
**dédaigner** *to scorn*  /  **le chiffre d'affaires** *sales*  /  **de bénéfice net** *net*  /  **disponible**
*available*  /  **moyennant quoi** *in return for which*  /  **en moyenne** *on average*  /  **la reliure
cartonnée** *cardboard binding*  /  **paru** (participe passé de **paraître**) = publié  /  **le réseau**
*network*  /  **la librairie-relais** *affiliated bookstore*  /  **expédié** = envoyé  /  **l'élargissement** (m)
**de la tranche** *broadening of the constituency*  /  **autant de gagné** *so much the better; so much ground
won*

[1]Deux petites villes de province
[2]Quatre romanciers contemporains ayant gagné plusieurs prix littéraires dont le Goncourt
(Sabatier, Ajar). «Emile Ajar» était, en fait, le pseudonyme du célèbre romancier Romain Gary
(mort en 1981), qui avait déjà remporté le Prix Goncourt sous son propre nom.
[3]Institut Français d'Opinion Publique

en particulier. Car la lecture est un virus dont il est parfois difficile de se
30  débarrasser.° 37% des adhérents de France Loisirs déclarent lire plus depuis
leur inscription au club.

Ce n'est pas tout. Dans un marché difficile, avec la crise à l'arrière-plan,°
les éditeurs ont de plus en plus de mal à amortir° leurs éditions courantes.
Ils vivent grâce à leurs droits annexes° : traductions, cinéma, télé, poche° et
35  clubs. Un livre cédé° même à bas prix, à France Loisirs, c'est un ballon d'oxygène.° C'est, pour l'auteur, une garantie ou une confirmation de popularité,
une assurance-succès pour ses livres à venir.

Mais il y a le revers de la médaille.° Les clubs agissent non comme des
initiateurs de culture mais comme des parasites. Ils vont droit au best-seller
40  réel ou supposé. C'est facile : il leur suffit d'attendre les premiers résultats
de la vente libraire (à l'exception toutefois du Grand Livre du Mois qui colle°
de plus près à l'actualité). Ce sont, en somme, les planqués° de l'édition.
Modiano° «marche», Soljenitsyne «marche», tant mieux!... Mais le catalogue
de France Loisirs propose au maximum 400 titres, et presqu'aucun «clas-
45  sique».

Ce qui impressionne, en bref, avec les clubs, c'est leur puissance. Ils pèsent

---

**se débarrasser** *to get rid of*  /  **l'arrière-plan** (m) *background*  /  **amortir** *to recover the cost*  /
**les droits annexes** (m) *subsidiary royalties*  /  **le (livre de) poche** *paperback*  /  **céder** *to concede,
turn over*  /  **un ballon d'oxygène** *windfall (lit., oxygen balloon)*  /  **le revers de la médaille** *the
other side of the coin*  /  **coller** = adhérer  /  **le planqué** *(argot militaire) shirker, risk avoider, one
who plays it safe*  /  **Patrick Modiano** *a leading French novelist (b. 1947), winner of the* Prix
Goncourt *(1978)*

plus ou moins consciemment° sur les éditeurs. À la limite, ils risquent d'infléchir° leur production. Si un livre n'a aucune chance de passer en club il a désormais moins de chance d'être édité tout court.° Et puis il y a un chiffre
50 qui laisse rêveur° : toujours selon l'enquête I.F.O.P., 63% des lecteurs de France Loisirs achètent un livre non sur la promesse du titre, le choix du sujet ou la réputation de l'auteur mais d'abord sur la simple description qui en est faite dans le catalogue.

Le livre est devenu pour beaucoup un produit. Ce que l'on appelle la
55 culture de masse. Avec ses ombres° et ses lumières.

Frédéric Vitoux, Le Nouvel Observateur

## INTELLIGENCE DU TEXTE

1. Quel effet positif les clubs de livres ont-ils sur la société? D'autre part, comment voyons-nous que c'est un phénomène encore mal connu en France? Et aux États-Unis?
2. Donnez une idée de l'importance du club France Loisirs. Comment fonctionne-t-il?
3. Quelle couche sociale s'ouvre à la lecture? Pourquoi les adhérents lisent-ils plus?
4. Quels avantages présentent les clubs de livre pour les éditeurs? pour les auteurs?
5. Quels autres moyens les éditeurs ont-ils de faire de l'argent malgré le marché difficile et la crise?
6. Expliquez comment les clubs stimulent la culture mais peuvent aussi la limiter. Donnez des exemples pour et contre.
7. Comment les lecteurs choisissent-ils les livres vendus par catalogue? Pourquoi est-ce que ça peut poser un problème?
8. Quelles sont les «ombres» et les «lumières» d'un phénomène de masse comme les clubs de livres? Cherchez dans le texte les mots qui traduisent les sentiments négatifs et positifs du journaliste.
9. Êtes-vous vous-même pour ou contre les livres considérés comme des produits, l'objet d'un marché? Expliquez.

## *Vocabulaire satellite*

| | |
|---|---|
| la **lecture** | *reading* |
| l' **ouvrage** (m) | *work (especially literary)* |
| le **chef-d'œuvre** | *masterpiece* |
| le **roman policier** | *mystery, detective story* |
| le **roman d'amour** | *love story* |

**consciemment** *consciously* / **infléchir** *to influence, distort* / **tout court** *at all* / **laisser rêveur** *to leave one wondering* / **l'ombre** (f) *shadow*

| | |
|---|---|
| le **roman** d'aventure | *adventure story* |
| le **conte**, la **nouvelle** | *short story* |
| la **poésie** | *poetry* |
| l' **essai** (m) | *essay* |
| l' **écrivain** (m) | *writer* |
| l' **auteur** (m) | *author* |
| le **romancier**, la **romancière** | *novelist* |
| le **critique littéraire** | *literary critic* |
| la **critique littéraire** | *literary criticism* |
| la **célébrité** | *fame; celebrity (of a person)* |
| le **titre** | *title* |
| l' **éditeur** (m) | *publisher* |
| **éditer, faire paraître, publier** | *to publish* |
| la **librairie** | *bookstore* |
| le, la **libraire** | *bookseller* |
| la **bibliothèque** | *library* |
| le, la **bibliothécaire** | *librarian* |
| les **classiques** (m) | *classics* |

| | |
|---|---|
| la **nouveauté** | *latest thing* |
| **décrire** | *to describe* |
| **raconter** | *to tell, to relate* |
| **impressionner** | *to impress* |
| **impressionnant** | *impressive* |
| **échanger une correspondance** | *to exchange correspondence* |
| la **formule de politesse** | *conventional form (as used in a letter)* |

*Les formules classiques pour une lettre :*

Le 10 mai 1986
Cher Monsieur (Chère Madame,
                Chère Mademoiselle),

| | |
|---|---|
| *pour commencer* | Auriez-vous l'amabilité de... ? |
| *ou :* | Je vous remercie sincèrement... |
| *pour terminer* | Veuillez croire, cher Monsieur, à ma considération distinguée. |
| *ou :* | Je vous prie de croire, chère Madame, à l'assurance de mes sentiments les meilleurs. |

## PRATIQUE DE LA LANGUE

1. L'opinion américaine s'intéresse-t-elle aux prix littéraires? Quels prix connaissez-vous?
2. Avez-vous le «virus de la lecture»? Comment peut-il s'attraper?
3. Faites un sondage parmi vos camarades à propos de leurs lectures. Quels

genres de livres lisent-ils? Quelle recommandation les guide dans leur choix—celle d'un ami, d'un professeur, de la critique, d'un club? le hasard?

4.  Vous vous proposez collectivement de former un club de livres; vous devez vendre vos livres préférés ou des lectures intéressantes. Quels titres proposez-vous pour ce catalogue? Faites une description rapide de chaque ouvrage. Incluez des classiques et des nouveautés.

5.  Quels sont les trois livres que vous voudriez emporter sur une île déserte? Justifiez votre choix.

6.  En France comme aux États-Unis c'est pendant la période des fêtes que l'on achète le plus de livres. Vous arrive-t-il souvent d'offrir un livre comme cadeau? Comment le choisissez-vous? Comment savez-vous à quel genre de personne un certain livre fera plaisir?

7.  Où achetez-vous le plus souvent des livres? Dans une librairie? dans une grande surface? dans une gare ou un aéroport? Pourquoi?

## SUJETS DE DISCUSSION OU DE COMPOSITION

1.  Champion du «théâtre de la participation», Augusto Boal a écrit que «spectateur est un mot obscène». Quels rapports voyez-vous entre cette déclaration, celle de Peter Brook (p. 168) et certaines expériences théâtrales comme celles que mènent Ariane Mnouchkine ou Guy Foissy? Êtes-vous d'accord avec cette interprétation du théâtre?

2.  Pensez-vous que Shakespeare est un auteur universel? Peut-il être également apprécié dans toutes les parties du monde? Quel avantage y a-t-il à lire un auteur dans la langue originale plutôt qu'en traduction?

3.  Pour la plupart d'entre nous, la correspondance est la seule occasion qui nous est donnée de devenir un peu homme ou femme de lettres. La plupart du temps, toutefois, nos lettres sont essentiellement des lettres d'affaires. En français, les lettres de ce genre sont astreintes *(bound)* à un certain formalisme. Elles sont introduites et se terminent par des formules classiques (voir *Vocabulaire satellite*).

    Exercez-vous à écrire de courtes lettres sur les sujets suivants :

    a.  pour remercier un(e) ami(e) français(e) qui vous a envoyé le Goncourt comme cadeau de Noël

    b.  pour annuler *(cancel)* votre souscription à un club de livres dont la sélection vous déplaît

    c.  pour solliciter une lettre de recommandation dont vous avez besoin pour être admis dans un certain programme

# *Chanson et cinéma*

## *La parole chantée*

En France, tout finit par des chansons...

France is a major producer and consumer of music, but statistics cannot measure the emotional impact on the French people of a tradition that goes back to the early Middle Ages. From its medieval origins to the present, the *chanson* has mirrored French society, reflecting both its history and the diversity of its local traditions.

In many parts of France, regional cultures and folk traditions remained very much alive as late as the nineteenth century but were diluted thereafter by the combined effects of industrialization, urbanization, and a centralized government. In recent years, however, the revival of regionalism[c] has brought forth a new generation of popular singers whose works often express the cultural pride they take in speaking for ethnic minorities. They use words from the regional dialect and often sing with a local accent. Among many others, Alan Stivell and Gilles Servat of Britanny, or Julos Beaucarne from Wallonie have achieved nationwide success, but the largest contingent of singers with a distinctive regional flavor comes from Québec: artists such as Félix Leclerc, Gilles Vigneault, and Robert Charlebois are not only popular performers but also poets in their own right.

Regionalism aside, pacifism and the environment have been recurrent, if marginal, themes in modern French *chansons.* Songs and politics have long been associated in France, and some of the songs have been heard round the world. How many insurrections have been launched to the strains of *La Marseillaise?*[c] Another revolutionary classic, the *Internationale,* was composed in 1888 on a small harmonium by an obscure woodworker, Pierre Degeyter.

The use of popular music as a vehicle for poetry is another major tradition. Many French singers have put to music poems of Villon, Hugo, Verlaine, Apollinaire, Prévert, Aragon, and others, and have turned some of them into commercial successes. The same artists themselves often write songs of poetic merit. Charles Trenet, who in the 1930s revived a tradition of the songwriter-performer that can be traced back to the medieval troubadours, is recognized today as the indirect progenitor of a whole modern generation of *chanteurs-poètes* such as Georges Brassens, Léo Ferré, Guy Béart, and Jacques Brel. Each of them has a distinctive style, but all have appealed to a wide audience that cuts across every age group. The new generation that appeared in the 1970s includes Jean Ferrat, Maxime Le Forestier, and Georges Moustaki, who maintain a tradition of political involvement; romantics such as Julien Clerc, Gérard Lenorman, and Yves Simon; and composers of remarkable verve like Alain Souchon, Claude Nougaro, and the streetwise teenager Renaud. Among the many talented women who write and perform their own songs, Barbara and Marie-Paule Belle stand out.

*Une intelligente adaptation en anglais de certaines chansons de Brel a assuré le succès du spectacle et du disque «Jacques Brel Is Alive and Well, and Living in Paris». La mort prématurée de ce chanteur belge en 1978 ne l'a pas fait disparaître de l'actualité musicale° : c'est en effet une de ses premières œuvres, «Ne me quitte pas», qui a été retenue comme la chanson favorite des jeunes filles de quatorze à dix-huit ans dans un sondage réalisé en 1981 pour Paris-Match. Dans un bref ouvrage intitulé «Brel : Une île au large de l'espoir», le Québécois Jean-Yves Richard essaie d'expliquer certains des paradoxes que l'on trouve dans l'œuvre de Brel. «Jef», la chanson que nous présentons ensuite, illustre précisément certaines de ces caractéristiques. Elle met en scène deux ratés,° deux ivrognes, mais il s'agit d'une œuvre tragique et non comique. La chanson oppose aussi la solidité de l'amitié entre hommes à l'incertitude de l'amour. Il s'agit là de thèmes tellement peu familiers dans la chanson américaine que lorsque la chanson a été adaptée aux États-Unis (sous le titre «No, Love, You're Not Alone»), les traducteurs en ont fait une chanson d'amour classique destinée à être chantée par une femme.*

**l'actualité musicale** *current musical scene* / **le raté** *failure, flop*

# *Jacques Brel, l'homme et ses chansons*

Brel chante l'amour et témoigne de° la violence. Il chante l'authenticité et témoigne de la tricherie.° Il revendique° la lucidité et témoigne de la peur. Aussi, témoin éloquent de cette coexistence humaine des contraires, l'œuvre de Brel se prête-t-elle à la naissance de plusieurs malentendus.° Les catho-
5 liques diront : Brel est un abbé.° Les communistes feront de Brel un marxiste militant. Les Flamandes° diront qu'il renie° son pays et hait° les Flamands. Les femmes diront qu'il est misogyne.° Voilà, je crois, un premier malen-tendu qui s'installe lors de la rencontre avec° les témoignages de Brel.

Malentendu aussi ce projet de «vivre seul». Malentendu si on ne sait pas
10 que Brel ne souhaite pas une solitude complète mais accepterait avec lucidité une solitude de fait° : «je suis foncièrement° seul» dira-t-il. Cette solitude cependant il la veut fructueuse.° Elle consisterait en fait à «être loin» du monde pour en «être plus près». Elle consisterait en un arrêt des tournées°

*Jacques Brel*

témoigner de *to bear witness to* / la tricherie *cheating* / revendiquer *to lay claim to* / le malentendu *misconception, misunderstanding* / l'abbé (m) *priest* / les Flamandes *Flemish women; one of Brel's songs, «Les Flamandes,» pokes fun at them* / renier = répudier, désavouer / haïr = détester / le misogyne *misogynist; many of Brel's songs depict faithless women* / lors de la rencontre avec *when one encounters* / de fait *de facto, real, actual* / foncièrement *fundamentally* / fructueux *fruitful* / la tournée *concert tour*

pour avoir le temps de penser et d'écrire; «écrire des romans, dira-t-il, pour
15 mieux et plus longuement m'exprimer». Cette solitude consisterait en un
arrêt pour mieux saisir l'humain. Elle consisterait en une absence pour donner mieux et répondre plus parfaitement aux hommes. Ainsi m'apparaît la
revendication° de solitude chez Brel. Ainsi comprise, elle n'est pas un malentendu. Cependant pour l'auditeur moyen, le malentendu subsiste et déjà l'on
20 se répète, déçu,° que «Brel démissionne° ou s'embourgeoise».°

Certes, tous ces malentendus provoquent et accentuent la solitude de Brel.
Mais ce poète qui se dit «convaincu d'être seul actuellement», comment
peut-il cohabiter avec l'auteur des «Vieux», de «Jef», de «Quand on n'a que
l'amour»? Cette coexistence de l'absence et de la présence est incompréhen-
25 sible et le malentendu s'intensifie si nous ignorons les capacités révélatrices
de l'absence. Ainsi, il faut vivre dans un hôpital où règne trop souvent
l'absence complète de tendresse pour découvrir toutes les facettes de la tendresse. Il faut perdre un ami pour découvrir toutes les dimensions de l'amitié. Celui qui n'a pas découvert existentiellement la vérité de cette loi hu-
30 maine ne pourra jamais comprendre chez Brel la coexistence du poète qui
se dit seul et du poète qui chante si bien l'amitié. Pour la majorité de ses
auditeurs, ce besoin de solitude demeurera toujours le premier et le plus
tenace des malentendus chez Jacques Brel.

Je souhaite à Brel de continuer à porter vaillamment° cette solitude qui
35 est sienne. Je souhaite que cette solitude soit toujours féconde° en rencontres
intérieures et en témoignages lucides de la réalité humaine. Pour habiter un
peu cette solitude, je lui laisse le mot de Braque° : «toute œuvre d'art est une
blessure° qui devient lumière».

Jean-Yves Richard, *Brel : Une île au large de l'espoir*

## INTELLIGENCE DU TEXTE

1. Comment Brel est-il un témoin éloquent des sentiments contraires qui animent l'homme?
2. D'après cette présentation de l'œuvre de Brel, montrez, en vous servant des mots du texte, qu'elle est tout le contraire d'une œuvre insignifiante, délicate et anonyme.
3. Quelles interprétations diverses donne-t-on de Brel?
4. Quel est le malentendu qui existe à propos de la solitude de Brel?
5. Qu'est-ce que le spectateur moyen pense de la solitude que Brel revendique?

**la revendication** *justification* / **déçu** *disappointed* / **démissionner** *to quit, to give up one's ideals* / **s'embourgeoiser** *to turn into a bourgeois, to join the Establishment* / **vaillamment** *valiantly* / **fécond** = plein / **Braque** *Georges Braque (1882–1963), French Cubist painter* / **la blessure** *wound*

# Une chanson témoin : «*Jef*»

Non Jef t'es pas° tout seul
Mais arrête de pleurer
Comme ça devant tout le monde
Parce qu'une demi-vieille
5 Parce qu'une fausse blonde
T'a relaissé tomber°
Non Jef t'es pas tout seul
Mais tu sais que tu me fais honte
À sangloter° comme ça
10 Bêtement devant tout le monde
Parce qu'une trois quarts putain°
T'a claqué dans les mains°
Non Jef t'es pas tout seul
Mais tu fais honte à voir
15 Les gens se paient notre tête°
Foutons le camp° de ce trottoir
Allez viens Jef viens viens
Viens il me reste trois sous
On va aller se les boire
20 Chez la mère Françoise
Viens il me reste trois sous
Et si c'est pas assez
Ben° il me restera l'ardoise°
Puis on ira manger
25 Des moules° et puis des frites°
Des frites et puis des moules
Et du vin de Moselle
Et si t'es encore triste
On ira voir les filles
30 Chez la madame Andrée
Paraît qu'y en a° de nouvelles
On rechantera comme avant
On sera bien tous les deux
Comme quand on était jeune
35 Comme quand c'était le temps
Que j'avais de l'argent
Non Jef t'es pas tout seul

---

**t'es pas** = tu n'es pas / **t'a relaissé tomber** *has ditched you again* / **sangloter** *to sob* / **la putain** *whore* / **t'a claqué dans les mains** (argot) = t'a quitté / **se paient notre tête** = se moquent de nous / **foutons le camp** (argot) *let's split* / **ben** = eh bien / **l'ardoise** (f) *the slate (where the customers' accounts are chalked up); i.e., I'll put it on my tab* / **moules, frites** *mussels and French fries (a popular Belgian dish)* / **paraît qu'y en a** = il paraît qu'il y en a

Mais arrête tes grimaces
Soulève tes cent kilos
40 Fais bouger° ta carcasse
Je sais que t'as le cœur gros°
Mais faut le soulever
Non Jef t'es pas tout seul
Mais arrête de sangloter
45 Arrête de te répandre°
Arrête de répéter
Que t'es bon à te foutre à l'eau°
Que t'es bon à te pendre°
Non Jef t'es pas tout seul
50 Mais c'est plus un trottoir
Ça devient un cinéma
Où les gens viennent te voir
Allez viens Jef viens viens

Viens il me reste ma guitare
55 Je l'allumerai° pour toi
Et on sera espagnols
Comme quand on était mômes°
Même que° j'aimais pas ça
T'imiteras le rossignol°
60 Puis on se trouvera un banc
On parlera de l'Amérique
Où c'est qu'on va aller
Quand on aura du fric°
Et si t'es encore triste
65 Ou rien que° si t'en as l'air
Je te raconterai comment
Tu deviendras Rockefeller
On sera bien tous les deux
On rechantera comme avant
70 Comme quand on était beaux
Comme quand c'était le temps
D'avant qu'on soit poivrots°

Allez viens Jef viens viens viens
Oui oui Jef oui viens

Jacques Brel, *J. Brel, chanteur et poète*

---

**faire bouger** *to move*  /  **avoir le cœur gros** *to have a heavy heart*  /  **se répandre** *to pour it all out*  /
**se foutre à l'eau** (argot) *to throw oneself in the river*  /  **se pendre** *to hang oneself*  /  **allumer** *to light up (i.e., to strike up)*  /  **le môme** *kid*  /  **même que** *even though*  /  **le rossignol** *nightingale*  /  **le fric** (argot) = *l'argent*  /  **ou rien que** *or merely*  /  **le poivrot** *boozer*

**INTELLIGENCE DU TEXTE**

1. Dans le passé, les chanteurs étaient souvent conteurs d'histoires. «Jef» est une histoire contée en trois minutes. Racontez-la à votre manière.
2. Quelles humiliations a subies *(undergone)* Jef? Quels mots montrent qu'elles sont intolérables pour son ami?
3. Quelles sont, à votre avis, les preuves les plus touchantes de l'amitié du co-pain de Jef?
4. Est-ce que l'ami a ses propres regrets? Lesquels?
5. Quelles sont les répétitions de mots qui ajoutent à l'intensité de cette chan-son?
6. Comment, dans cette chanson, Brel donne-t-il l'impression de la coexistence de l'absence et de la présence?
7. Quels malentendus pensez-vous que cette chanson puisse créer?

## *Vocabulaire satellite*

—*Quoi?! Ce vagabond?*
—*Mais oui! C'est un chanteur célèbre.*

| | |
|---|---|
| les **paroles** (f) | *words, lyrics* |
| l' **air** (m), la **mélo-die** | *tune, melody* |
| le **compositeur** | *composer* |
| le **chanteur**, la **chanteuse** | *singer* |
| le **thème** | *theme* |
| le **répertoire** | *repertory* |
| s' **inspirer de** | *to draw inspiration from* |
| **chanter en chœur** | *to sing together, to har-monize* |
| la **vedette** | *(for performers of either gender) star* |
| se **faire connaître** | *to make oneself known* |
| **devenir célèbre** | *to become famous* |
| le **«tube»** (argot) | *hit record* |
| **créer un mythe** | *to create a myth* |
| **être prisonnier d'une image** | *to be the prisoner of an image* |
| le **palmarès** (de la chanson) | *hit parade; top of the charts* |
| la **chanson tradi-tionnelle** (po-pulaire, senti-mentale) | *traditional (popular, sentimental) song* |
| la **chanson des rues** | *street song* |
| la **chanson folklo-rique** | *folksong* |
| un **style original** | *an original style* |
| une **voix émouvante** | *a moving voice* |

| | |
|---|---|
| s' **accompagner à la guitare** | *to accompany oneself on the guitar* |
| l' **auditeur** (m), l'**auditrice** (f) | *listener* |
| le **disque** | *record* |
| l' **enregistrement** (m) | *recording* |
| l' **électrophone** (m) | *record player* |
| le **magnétophone** | *tape recorder* |
| le **haut-parleur** | *loudspeaker* |
| le **son** | *sound* |
| **apprécier** | *to appreciate* |
| se **distraire** | *to relax, to entertain oneself* |
| **être (un) ama-teur de (mu-sique)** | *to be fond of (music)* |
| **raffoler de** | *to be crazy about* |

### PRATIQUE DE LA LANGUE

1. Est-ce que la chanson américaine puise *(draw)* aussi son inspiration dans le folklore? Donnez des exemples.
3. Êtes-vous plus attentif (attentive) aux paroles ou à la musique des chansons que vous écoutez? Pourquoi?
3. Qui considérez-vous comme des chanteurs-poètes américains? Comment expliqueriez-vous leurs qualités à un Français?
4. Les chanteurs ont besoin du public, mais souvent ils le rejettent. Pourquoi, à votre avis?
5. Si vous deviez composer une chanson, qu'est-ce qui vous inspirerait? Quel style choisiriez-vous?
6. Improvisez le dialogue suivant : un(e) étudiant(e) essaie de persuader son père de lui acheter un électrophone de bonne qualité et, par conséquent, assez cher. Quels seront leurs arguments?
7. Organisez avec vos camarades une enquête ou un sondage pour détermi-ner ce qui explique le succès des dix chansons les plus en vogue. Est-ce la musique? la qualité des paroles? l'originalité de l'instrumentation? la répu-tation du groupe ou encore d'autres facteurs? Présentez les résultats de votre enquête et ajoutez vos propres commentaires.
8. Préparez et jouez la scène suivante : une vedette française de la chanson voudrait faire une tournée aux États-Unis. Avec son impressario *(agent)*, il rencontre un groupe d'Américains —un organisateur *(promoter)*, un musi-cien, un représentant d'une maison de disques ou d'un studio d'enregistre-ment, un critique, et plusieurs étudiant(e)s—qui, chacun à sa façon, essaient de lui expliquer le monde de la chanson et du spectacle dans leur pays, les goûts du public, etc.

# *Le cinéma d'auteur*

The French cinema is one of the most consistently interesting in the world.
Roy Armes

"For the public, films are just a pastime, a form of entertainment which they have been accustomed, alas, to view out of the corners of their eyes. Whereas for me the image-making machine has been a means of saying certain things in visual terms instead of saying them with ink on paper." Expressed by Jean

Cocteau in 1954, this view of literature and filmmaking as related forms of creative expression has long been shared by French writers and directors. Cocteau was not the only writer attracted by the cinema; André Malraux, Jean-Paul Sartre, Marguerite Duras, Alain Robbe-Grillet, and many others have involved themselves—the last two quite successfully—in cinematic creation. Conversely, avant-garde director Jean-Luc Godard, while exclusively a filmmaker, insists that his movies should be viewed as novels—or rather as essays; he films them instead of writing them.

The French filmmaker's tendency to regard himself or herself as an author rather than just as a director, is reflected in the expression *cinéma d'auteur*, used to designate films strongly stamped by their creator's aesthetic and philosophical views (or, disparagingly, by his or her ego). Movie stars and their fans are also part of the system, but in France the filmmaker's name and style are a major box-office consideration; by and large, French moviegoers are more inclined than their American counterparts to select—and remember—a film by the name of the director rather than by those of the stars. Today directors like François Truffaut, Jean-Luc Godard, Louis Malle, Robert Bresson, Claude Chabrol, Eric Rohmer, Claude Lelouch, Alain Resnais, and Bertrand Tavernier are familiar to the average French person as well as to international audiences.

Most of the important contemporary filmmakers belonged to the experimental group known as *la nouvelle vague* (1958–1968). Often denounced today for its lack of social consciousness and its surrender to Establishment values, the New Wave never emerged as a coherent school but contributed new approaches and innovative techniques. Documentaries and shorts played an important part in the crystallization of this style. Most directors of the postwar generation began their careers through this type of work— frequently subsidized by the government—and derived from it a sense of film structure different from that of commercial filmmakers. Using handheld cameras, shooting most of the footage on location, shunning the traditional "arty" style of cutting and editing in favor of a crisp succession of short, self-contained scenes, these young directors achieved a more versatile, more candidly realistic narrative style that can be traced through most of their production, from Godard's social documentaries to the highly intellectualized works of Rohmer or Resnais.

More than any other form of art, the cinema exists only through its audience. Over the past decades, the tastes and viewing habits of the French public have been altered under the influence of several factors (most notably, the growth of television), but these changes are not equally reflected across all age or socioeconomic groups. The following texts, which are based on public opinion surveys and box-office statistics, illustrate some of these changes as well as the resilience of the cinema, whether in commercial or in artistic terms.

# Le cinéma et le public

Au temps des sorties° traditionnelles du «samedi soir», les foules qui se pressaient à l'entrée des salles° sont les mêmes qui, aujourd'hui, restent en faction° devant leurs postes de télévision. Mais il faut tout de même noter une certaine lassitude à rester devant son récepteur.° Le cinéma devient une sor-
5 tie, un but, un moyen de se dépayser° et de se délasser.° Nous aurons donc deux sortes de cinéma : des films de détente° et des films à thèse.°

On constate° alors que l'âge critique de la fréquentation des salles de cinéma en France se situe entre 20 et 25 ans; le mariage, la naissance du premier enfant marquent ou accentuent de façon radicale la baisse de fré-
10 quentation.°

De plus, ce rythme de fréquentation s'élève avec le niveau° des études. Et il est plus élevé parmi les spectateurs appartenant aux ménages de patrons, professions libérales et cadres supérieurs que dans les catégories socio-professionnelles moyennes ou modestes. Pourtant, si l'on considère l'échelle des
15 revenus,° c'est en bas et en haut de celle-ci (c'est-à-dire parmi les personnes relativement les plus aisées et les plus défavorisées à cet égard) qu'on observe la fréquentation la plus régulière.

D'autre part, la majorité des spectateurs interrogés estiment ne pas aller au cinéma aussi souvent qu'ils aimeraient le faire. Mais cette frustration dé-
20 clarée s'accompagne d'une grande résignation, bien que le désir d'aller au cinéma existe chez les spectateurs qui y vont peu ou moins, à condition que leurs désirs soient sollicités et entretenus.°

# Cinéma et télévision

Le cinéma est considéré comme une sortie. Et les spectateurs interrogés font bien la différence entre les films qu'ils voient chaque semaine sur le petit écran° (pour les deux tiers d'entre eux), et ceux qu'ils peuvent voir en allant au cinéma :
5    —59% : on choisit ses films; —45% : permet de voir des films récents; —11% : permet de voir les films dont on parle; —38% : on voit mieux les films dans les salles; —37% : on voit des films en couleurs; —36% : on a le plaisir de sortir de chez soi, de voir du monde.

En conséquence la spécificité° du cinéma par rapport à la télévision ap-

---

**la sortie** *outing, night out* / **la salle (de cinéma)** *movie theater* / **en faction** *glued (lit., on sentry duty)* / **le récepteur** *television set* / **se dépayser** *to remove oneself from one's usual surroundings* / **se délasser** *to relax* / **le film de détente** *film for entertainment* / **le film à thèse** *film with a message* / **constater** = *observer* / **la baisse de fréquentation** *drop in attendance* / **le niveau** *level* / **l'échelle (f) des revenus** *salary scale* / **entretenu** *sustained* / **l'écran (m)** *screen* / **la spécificité** *specific nature*

10 paraît évidente aux spectateurs interrogés; 9% seulement d'entre eux estiment que lorsqu'on a la télévision, ce n'est plus la peine d'aller au cinéma.

## Genre d'appréciation par ordre de pourcentage

—18% films comiques; —73% films policiers ou d'espionnage; —71% Wes-
terns; —66% films historiques; —61% films à thèse, «engagés»°; —58% des-
sins animés de long métrage°; —51% films d'amour; —49% films de
guerre—guerres modernes depuis 1939–1945; —41% comédies musicales;
5 —34% films d'épouvante° et de science-fiction

Rapport de l'I.F.O.P.,ᶜ «Où en est le Cinéma en France»,
*Tendances*

## Portrait robot° du spectateur de cinéma

53% des Français de plus de quinze ans ne fréquentent pas les salles; 28%
vont au cinéma moins d'une fois par mois; 15% de une fois à trois par mois
et 4% au moins une fois par semaine. Ces 4% représentent 44% des entrées.
    Le spectateur français qui fréquente au moins une fois par mois les salles
5 est jeune (75% des entrées sont le fait de° personnes de moins de 35 ans),
citadin° (66% des entrées dans les villes de plus de cent mille habitants),
instruit (60% des entrées sont réalisées par des spectateurs ayant fait des
études secondaires ou supérieures) et appartient à un groupe socio-profes-
sionnel favorisé° (44% des entrées pour les milieux de cadres°).

Enquête réalisée par le CESP, *Le Monde : dossiers et documents*

### INTELLIGENCE DU TEXTE

1. Que font les foules d'aujourd'hui le samedi soir?
2. Que devient le cinéma?
3. Quel est l'âge critique du spectateur de cinéma? Pourquoi?
4. De manière générale, dans quels groupes sociaux constate-t-on la fréquen-
    tation la plus régulière?
5. Quel est l'avantage d'aller au cinéma plutôt que de regarder la télévision?
6. Dans quelle catégorie rangez-vous les films de Woody Allen? les films met-
    tant en scène James Bond? Bugs Bunny? Dracula? des films comme *Star*

---

**engagé** *politically committed*  /  **de long métrage** *full-length*  /  **le film d'épouvante** *horror film*  /
**le portrait robot** *composite sketch*  /  **être le fait de** *to be due to, to be attributable to*  /  **citadin**
*urban*  /  **favorisé** = *privilégié*  /  **le cadre** *executive*

*Wars, The Bridge on the River Kwai, The Deer Hunter, My Fair Lady, Falling in Love?*

7.   Les «yuppies» français vont-ils souvent au cinéma? Comment le savez-vous?

## Vocabulaire satellite

| | |
|---|---|
| le **genre** | *genre, artistic style* |
| la **recette** | *box-office receipts* |
| les **réseaux** (m) **de distribution** | *distribution networks* |
| la **programmation** | *programming* |
| la **cinémathèque** | *film library* |
| le **magnétoscope** | *videocassette recorder (VCR)* |
| la **publicité** (fam., la **pub**) | *commercials; advertising* |
| la **sortie d'un film** | *release of a film* |
| la **critique** | *review; criticism* |
| le **critique de cinéma** | *movie critic, film reviewer* |

—*Je vous répète que ce film est un navet!*

| | | | |
|---|---|---|---|
| en exclusivité | *exclusive engagement* | l' **industrie** cinéma-tographique (du cinéma, du film) | *film industry* |
| l' **avant-première** (f) | *preview* | | |
| **projeter** | *to screen* | | |
| **visionner** | *to view* | | |
| la **reprise** | *revival* | le **ciné-club** | *film club* |
| le **cinéma de quar-tier** | *neighborhood theater* | le **cinoche** (argot) | *theater* |
| | | le **navet** (argot) | *bad film (lit., turnip)* |
| la **subvention** | *subsidy* | | |

## PRATIQUE DE LA LANGUE

1. Conseillez à un(e) ami(e) qui ne regarde que la télévision d'aller au cinéma. Quels arguments emploierez-vous pour le (la) convaincre?
2. Organisez une discussion sur l'utilité des magnétoscopes.
3. À votre avis, qu'est-ce qui explique le succès des films américains en Europe?
4. Faites un sondage parmi vos camarades pour déterminer s'ils voient des films étrangers : lesquels? souvent? pourquoi?
5. Discutez des avantages et des inconvénients des films sous-titrés *(subtitled)*.

# François Truffaut

The French filmmaker best-known to American moviegoers undoubtedly was François Truffaut (1932–1984), whose works regularly met with commercial as well as critical success. After riding the crest of the New Wave with *Jules et Jim* and *Les 400 Coups,* Truffaut gradually altered his style to incorporate many traditional techniques of commercial filmmaking. In the process, he evolved a highly effective mix, combining technical skills provocative enough to interest movie buffs, with an entertaining narrative tone that appealed to a broad international public. These qualities were repeatedly demonstrated in his last films, *Adèle H., Le dernier métro, La femme d'à côté,* and *Vivement Dimanche!*

## Truffaut, critique et réalisateur

C'était en 1954. Quand deux passionnés de cinéma se rencontraient, ils parlaient forcément° d'un article qui avait éclaté° comme une bombe : «Quelle insolence! —Mais les arguments sont si justes. C'est une attaque en règle°... »

---

**forcément** = nécessairement / **éclater** *to explode* / **une attaque en règle** *an all-out attack*

Le titre de cet article : «Une certaine tendance du cinéma français». Il fut
5 publié par *Les Cahiers du cinéma*. Son auteur était un jeune homme né en
1932. Tout le monde sait aujourd'hui qu'après quelques démêlés° avec l'armée où il s'était engagé sur un coup de tête,° il avait été recueilli° par André
Bazin qui fut pour lui plus qu'un père. André Bazin dirigeait *Les Cahiers du
cinéma*. Il ouvrit les colonnes de la revue à son jeune protégé. Celui-ci° en
10 profita aussitôt° pour démolir avec virulence ce que tout le monde considé-
rait alors comme le cinéma français de qualité.

Ainsi s'ouvrait une carrière de journaliste qui, jusqu'en 1959, a fait beaucoup de bruit. Le succès de ses articles, le passage fracassant° du métier° de
critique à celui de réalisateur,° enfin la réussite de ses films ont fait rêver
15 plus d'un épigone° ambitieux.

Les idées qu'il défend alors sont devenues si communes qu'il est inutile de
s'y arrêter ici : Truffaut défend le cinéma d'auteur contre un cinéma de
consommation impersonnel et dépourvu de° sincérité. La méthode, par
contre, mérite d'être retenue, car c'est elle qui va nous introduire à l'œuvre
20 cinématographique de l'ancien journaliste. Ou plutôt nous verrons que Truffaut réalisateur est resté Truffaut critique.

Sa méthode de travail est déroutante° et souvent mal comprise : Truffaut
progresse par contradictions successives. Il critique. Puis il fait la critique de
la critique.
25 La pensée de Truffaut se construit donc par réactions en chaîne. Ses films
aussi. Récemment, il avouait son immense admiration pour Orson Welles,
parce qu'il a construit son second film en réaction violente contre le premier.
*La Splendeur des Amberson* semble être une critique de *Citizen Kane*. Truffaut
ne procède pas différemment : «Je suis toujours en révolte contre le film
30 d'avant... *La Peau douce* : c'est l'anti *Jules et Jim*, c'est un fait divers° passion-
nel. C'est un film antipoétique, très réaliste, presque à la Simenon°... » Cette
méthode critique, en soi, n'est pas nouvelle. On peut même deviner tout ce
que Truffaut doit à cet autre enfant terrible[1] qui lui ressemble comme un
grand frère, à l'homme qui est photographié avec lui au festival de Cannes
35 1959, au moment où le jeune cinéaste° va recevoir le prix de la mise en
scène° pour son premier film, *Les 400 Coups*, le poète qui savait «jusqu'où on
peut aller trop loin»,° le maître en paradoxe : Jean Cocteau qui a si profondément marqué cette génération du cinéma français.

---

**le démêlé** *tussle, hassle* / **sur un coup de tête** *on a wild impulse* / **recueillir** *to take in, to
shelter* / **celui-ci** *the latter (= Truffaut)* / **aussitôt** = tout de suite / **fracassant** *smashing,
shattering* / **le métier** *craft, skill* / **le réalisateur** *director, filmmaker* / **l'épigone** (m)
*successor* / **dépourvu de** *devoid of* / **déroutant** *baffling* / **le fait divers** *news item* /
**Simenon** *Georges Simenon (1903–), a Belgian-born novelist best known for his mystery stories* / **le
cinéaste** *filmmaker* / **la mise en scène** *direction* / **«jusqu'où on peut aller trop loin»** *"just
how far one can go too far"; an expression used by Cocteau to describe his calculated audacities*

[1]*enfant terrible :* ici dans le sens de *maverick*. Jean Cocteau (1891–1963) était en effet connu
pour sa propension à se moquer des valeurs établies tout en honorant la tradition classique. *Les
Enfants terribles* est le titre de son roman le plus connu.

À la source de toute création, il y a chez Truffaut ce même goût de la
40 chose défendue,° un pari° à tenir, une gageure,° la tentation de l'impossible.

«J'aime tout ce qui brouille les pistes,° ce qui sème° le doute, je n'aime
que les détails inattendus, donc ceux qui ne prouvent rien... J'ai lu que Hitler, qui aimait comme Napoléon dormir par petites tranches° au milieu du
travail, se faisait apporter de vieux matelas° bien creux° au milieu; c'est un
45 détail émouvant comme tous ceux qui chez l'adulte renvoient à l'enfance. Si
je faisais un film sur Hitler, ce serait épouvantable° parce que je m'attache-
rais trop à ce genre de détails, c'est cela qui exprime le paradoxe de la vie».
Truffaut a publié un livre admirable sur Hitchcock. Il s'intéressait à l'art du
metteur en scène. Comment bâtissait-il une intrigue°? Sur quoi reposait le
50 suspense, etc.?

On devine que, pour Truffaut, ce retour au journalisme—le livre était une
somme° d'interviews avec «le maître»—devait correspondre à un besoin pro-
fond. Après avoir réalisé plusieurs films, il avait besoin de réfléchir sur les
secrets de son art.

55 Dans le jeune cinéma français une telle démarche° est profondément originale. Godard réfléchit en faisant des films. Il ne sépare pas la recherche de
l'œuvre. Il confond,° dans un même mouvement, critique et création. Il est
essayiste. D'autres ne réfléchissent jamais, s'accordent° plus ou moins momentanément avec les désirs du grand public; n'en parlons pas.

60 L'originalité de Truffaut, c'est qu'il veut à tout prix faire un «cinéma-
spectacle». Pour lui, le cinéma doit être populaire, accessible, drôle et tragique, simple, direct. Truffaut veut être un conteur° moderne. Il n'a aucun
mépris° pour les histoires. Il pense que le rôle du cinéma est de nous raconter des histoires. Il sait que c'est très difficile. Et de film en film il perfec-
65 tionne son métier.

Jean Collet, *Le Cinéma en question*

## INTELLIGENCE DU TEXTE

1. De quoi parlaient tous les passionnés de cinéma en 1954?
2. À quel âge Truffaut est-il mort? Que savez-vous de sa jeunesse?
3. À quel type de cinéma s'attaquait-il?
4. Pourquoi la double carrière de Truffaut fait-elle rêver?
5. Quelle est l'idée essentielle qu'il défendait?
6. Pourquoi sa méthode de travail était-elle déroutante?
7. Pourquoi Truffaut admirait-il Orson Welles?
8. Donnez un exemple de la méthode suivie par Truffaut d'un film à l'autre.
9. À quelle autre personnalité Truffaut doit-il beaucoup et pourquoi?

**défendu** *forbidden* / **le pari** *bet* / **la gageure** *wager, dare* / **brouiller les pistes** *to cover one's tracks* / **semer** *to sow* / **dormir par petites tranches** *to take catnaps* / **le matelas** *mattress* / **creux** *hollowed (from repeated use)* / **épouvantable** *horrible* / **l'intrigue** (f) *plot* / **la somme** *collection* / **la démarche** *approach* / **confondre** *to mingle, to blend* / **s'accorder** *to fit in, to be attuned* / **le conteur** *storyteller* / **le mépris** *scorn, contempt*

10. Pourquoi Truffaut dit-il que «ce serait épouvantable» s'il faisait un film sur Hitler?
11. Quel est le troisième mentor de Truffaut? Qu'est-ce qu'il admirait chez celui-ci?
12. Comment l'auteur définit-il le travail de Jean-Luc Godard?
13. Qu'est-ce qui fait l'originalité de Truffaut parmi les réalisateurs français actuels?

## *Vocabulaire satellite*

| | |
|---|---|
| le (la) **cinéaste** | *filmmaker* |
| le **réalisateur, la réalisatrice** | *director, filmmaker* |
| le **metteur en scène** | *director* |
| la **vedette (de cinéma)** | *(movie) star (male or female)* |
| le **passionné de cinéma** | *movie fan* |
| **réaliser un film** | *to make a film* |
| **filmer** | *to film, to shoot (a film)* |
| le **scénario** | *script* |
| le **dialogue** | *dialogue* |
| le **jeu (des acteurs)** | *acting* |
| le **plan** | *shot* |
| le **montage** | *editing* |
| le **mixage** | *sound mixing* |
| la **bande sonore** | *soundtrack* |
| la **musique de fond** | *background music* |

—*Bizarre? Peut-être, mais original, non?*

| | |
|---|---|
| le **découpage** | *cutting* |
| le **producteur** | *producer* |
| le **film à succès** | *(box-office) hit* |
| le **film sérieux** | *serious film* |
| le **film engagé** | *film of social or political commitment* |
| le **(film) documentaire** | *documentary* |
| le **film à thèse** | *film with a message* |
| le **film de détente** | *film for entertainment* |
| **divertissant** | *entertaining* |
| **ennuyeux** | *boring* |
| **émouvant** | *moving (emotionally)* |
| **subversif** | *subversive* |
| **pornographique** | *pornographic* |

| | |
|---|---|
| un **film qui fait rire** | *a film that makes you laugh* |
| un **film qui fait réfléchir** | *a film that makes you think* |
| **éveiller, satisfaire la curiosité** | *to awaken, to satisfy curiosity* |
| le **réalisme** | *realism* |
| l' **évasion** (f) | *escape* |
| l' **humour** (m) | *humor* |
| la **poésie** | *poetry* |
| la **fantaisie** | *fantasy* |
| la **propagande** | *propaganda* |

## PRATIQUE DE LA LANGUE

1. Quels types de films préférez-vous voir? Quels types évitez-vous? Pourquoi?
2. Préférez-vous voir un film à la télévision ou dans une salle? Pourquoi?
3. Préférez-vous lire la critique d'un film avant de voir ou après avoir vu le film? Pourquoi?
4. Donnez quelques exemples de «cinéma d'auteur». Qu'est-ce qui vous plaît ou qui vous déplaît dans ce genre de film?
5. Organisez un groupe de discussion pour essayer de définir selon quels critères un film devrait être jugé.
6. Quel est le film français que vous avez vu le plus récemment? Y avez-vous trouvé des aspects qui vous paraissent typiques du cinéma français? Lesquels?
7. Vous êtes cinéaste et un reporter vous interroge sur votre prochain film. Allez-vous faire un film original ou allez-vous adapter à l'écran un roman ou une pièce de théâtre et, dans ce cas, pourquoi?
8. Imaginez les dialogues suivants : des jeunes passionnés de cinéma rencontrent
   a. les cinéastes François Truffaut, Alfred Hitchcock et Francis Ford Coppola, ou d'autres de votre choix
   b. les acteurs Dustin Hoffman, Raquel Welch, Woody Allen et Jane Fonda, ou d'autres de votre choix

## SUJETS DE DISCUSSION OU DE COMPOSITION

1. Que pourriez-vous répondre à ce genre d'affirmation : Le cinéma moderne est responsable de la violence qui se manifeste aujourd'hui par les crimes.
2. Peut-on en même temps raffoler *(be crazy about)* du jazz et du rock et être un amateur de musique classique?
3. Que pourriez-vous répondre à cette affirmation : Le rock est destiné à abrutir *(stupefy)* les jeunes?
4. «Comme la photographie a forcé la peinture à suivre des sentiers nouveaux, le cinéma a obligé le théâtre à se renouveler.» Que pensez-vous de cette formule d'un critique?

# Index culturel

**Académie française** The best known of the five *académies* that together constitute the Institut de France, which is located on the left bank of the Seine, across from the Louvre. Originally an informal club of writers and critics, the *Académie* was granted an official charter in 1635 by Cardinal Richelieu for the purpose of establishing and maintaining the standards of modern French. The forty members—nicknamed *les Immortels*—are mostly writers, but usually include a small number of high-ranking churchmen, military men, diplomats, etc. New members are elected when vacancies occur through death. In 1980 the *Académie* elected its first woman member: Marguerite Yourcenar, a classical scholar and novelist of French and Belgian ancestry who is a naturalized American citizen and currently resides in the state of Maine. The attitude of noted French writers toward the *Académie* has always been ambivalent: some actively seek membership while others scorn it as a fossilized relic.

**Allocations familiales** An important part of the French social security system. They consist of monthly benefits paid by the government to all families with dependent minors. These benefits are based on the number of children in the family and are extended to all families irrespective of need. The system was initiated in 1940 and was designed to stimulate France's sagging birthrate. Other benefits for families with children include the *prime de naissance,* paid at the birth of each child, and the *prime de salaire unique,* paid as compensation to mothers of low- and middle-income families who stay home to take care of their children, and so are unable to work.

**Animateur culturel** See *Animation culturelle.*

**Animation culturelle** A loose term covering a wide range of activities. It generally refers to any private or public effort by groups or individuals *(animateurs culturels)* to stimulate cultural activities in a given community. Among the most significant forms of *animation culturelle* are the *Maisons de la Culture,* the *Maisons des Jeunes et de la Culture,* and the *Centres d'Animation culturelle.*

**Apéritif** A wine or light alcoholic beverage taken as an appetizer before dinner. Rather than the hard liquor or cocktails common in the United States, the French often have an *apéritif* in a café on their way home from work.

**Arrondissements** The city of Paris is divided into twenty administrative units called *arrondissements.* Most *arrondissements* have a distinctive character and are commonly referred to by number, for instance *"le seizième"* (the Sixteenth Arrondissement), a prestigious residential area. Until 1977 each *arrondissement* had a mayor, but these *maires* had only limited administrative duties. Since 1977 Paris has had its own mayor (an office which had been abolished in 1871), like other French cities and towns. In 1981 Mayor Jacques Chirac, a former prime minister, made an unsuccessful bid for the presidency.

**Assemblée nationale** The lower house of the French parliament (whose upper house is called the *Sénat*). It has a membership of 491, including eleven from the *départements d'outre-mer* and four from the *territoires d'outre-mer.* The members, called *députés,* are directly elected for five-year terms.

**Baccalauréat** The nationally administered examination—popularly known as *le bac* or *le* *bachot*—that comes at the end of *la terminale*, the last year of studies at the *lycée*. The *bac* tests both the students' general knowledge and their grasp of a chosen field of specialization. *Baccalauréat* degrees are awarded in letters *(Bac A)*, social sciences *(Bac B)*, mathematics and physics *(Bac C)*, natural sciences *(Bac D)*, computer science *(Bac E)*, accounting and secretarial skills *(Bac G)*, and various other technical fields *(Bacs F, H)*. Upon passing the exam the student, now a *bachelier*, will be declared admissible to a university. However, depending on the kind of *bac* passed, he or she may be required to enroll in a specific *faculté*.

**Bureau de tabac**    The sale of tobacco products and matches is a government monopoly in France. Retail outlets for these products are franchised by the government and are identified by a red sign in the shape of a stylized cigar. *Bureaux de tabac* are also licensed to sell postage stamps.

**Centres d'Animation culturelle**    More modest and less costly than the *Maisons de la Culture,* but pursuing similar goals, the *Centres d'Animation Culturelle* are designed to serve medium-sized cities, including the *villes nouvelles.* Over thirty such centers were in operation in 1976. Not to be confused with the *Maisons de la Culture* and the *Maisons des Jeunes et de la Culture.*

**Centristes**    A number of small political groups wedged in between the parties of the Left and the Gaullists and Independents on the Right. These groups, which include the Radicals and Christian Democrats, were much more powerful under the Third and Fourth Republics. During his presidency (1974–1981), Valéry Giscard d'Estaing managed to amalgamate most of them with his own independents so as to balance the Gaullists within the ruling coalition, but this group, officially known as U.D.F. *(Union pour la Démocratie Française)*, suffered a serious setback with Giscard's defeat in the 1981 presidential election. As the second largest opposition group, the U.D.F. has been linked in an informal alliance with the neo-Gaullist R.P.R., and both parties were pledged to rule in coalition if they managed to capture a majority in the 1986 legislative elections.

**Champs-Élysées**    A world-famous Parisian boulevard, running from the Place de la Concorde to the Arc de Triomphe, with a unique concentration of elegant stores, hotels, theaters, cinemas, cafés, banks, tourist offices, etc. Its places of entertainment draw large weekend crowds.

**Collège d'enseignement secondaire (C.E.S.)**    The lower section of the French secondary school cycle, intermediary between the elementary school and the *lycée*—roughly, the equivalent of the American junior high school and beginning of high school. The secondary cycle consists normally of six grades numbered in reverse order, the first four of which are taken in the *collège d'enseignement secondaire.* Thus, elementary school pupils who hold the *certificat,* or who have been approved by an official board of teachers, begin their secondary studies with the *entrée en sixième:* admission to the sixth or lowest grade of the *collège.* After four years of studies—at the end of the *troisième*—students take an important examination in order to receive the *brevet d'enseignment du premier cycle,* the highest diploma that most young people in France obtain. Thereafter many leave school to start work, while others go on to the *lycée.*

**Communes**    The smallest territorial units in France. There were 36,035 *communes* in metropolitan France in 1975, most of them (31,259) with a population of less than 1500. *Communes* are administered by a municipal council elected for six years, and by a *maire* (mayor) whose election is subject to government approval. The government has been encouraging mergers among the smallest *communes.* In 1977 the city of Paris recovered the right to elect its own mayor—a privilege lost in 1871.

**Communiste, Parti**    The *Parti Communiste Français* (P.C.F.) came into existence in 1921, after a majority of the militants of the *Parti Socialiste* (S.F.I.O) had voted to join the newly formed Communist International. The Communists were active in the Resistance during World War II and emerged in 1945 as the largest party on the Left, with most of the votes of the workers, and considerable support from intellectuals. They have consistently polled 20–25 percent of the vote in all subsequent elections, except in 1981. In 1972 the P.C.F. concluded an alliance with the *Parti Socialiste.* In February 1976 the French Communist Party formally renounced some basic tenets in its official Marxist creed. Despite losing much of its strength to the Socialists in 1981, the P.C.F. was nevertheless included, as a junior partner, in the ruling coalition but pulled out after three years to return to its more traditional posture as a perennial opposition party.

**de Gaulle** General Charles de Gaulle (1890–1970) was a World War II hero and the chief architect of the Fifth Republic. When France collapsed before the German attack in 1940, he organized the Free French movement and continued the struggle abroad. Returning after the war, he served as President of the provisional government in 1945–1946, then resigned. Contemptuous of the unstable party-dominated Fourth Republic, for some time he led the Gaullist opposition of the Right, then retired from politics, but was summoned to power at last in the crisis of 1958. Elected President of the new Fifth Republic, he gave Algeria and other colonies their independence and survived the plots and assassination attempts of die-hard supporters of *l'Algérie française.* He ruled France with an authoritarian hand, bolstered by popular support confirmed periodically through referendums. A French traditionalist deeply suspicious of "Anglo-Saxon" influences, he sought to restore French prestige and independence through a foreign policy that ostensibly diverged from that of the United States. He survived the student/worker revolt of May 1968, but resigned in 1969. Aristocratic and aloof, idolizing France's past glory and

often scornful of her present, he was a complex phenomenon, a figure of international importance, and, among Frenchmen, the most powerful personality of his time.

**Départements** The major administrative divisions of France, introduced at the time of the Revolution. The *départements* are not self-governing; their only representative body is a *Conseil Général* with very limited decision-making powers. The central government is represented in each *département* by a *préfet* who supervises and coordinates the administrative services. As of 1981 there were 101 *départements,* including five *départements d'outre-mer:* Martinique, Guadeloupe, French Guiana, Réunion, and Saint-Pierre-et-Miquelon. Artificially created for purely administrative purposes, the *départements* usually lack the cultural and historical associations of the old provinces (Normandy, Brittany, Burgundy, etc.). One of the first reforms inaugurated by the Mitterrand administration in 1981 was to enlarge the decision-making powers of the *départements,* with the chairman of the *Conseil Général* inheriting many executive prerogatives formerly held by the *préfets.*

**Facultés** Schools within a university, as for instance the *Faculté des Lettres* (School of Liberal Arts), *Faculté de Droit* (Law School), *Faculté de Médecine* (Medical School). Although they belong to the same university, the different *facultés* may be located in different parts of the city, or even in different cities (e.g., Aix-en-Provence and Marseilles). Thus French students will say *"Je vais à la Fac"* to indicate that they are off to a class.

**Foyer** Social center. There are many kinds: some provide supervised recreational facilities for young people; others assist immigrant workers, retired people, the handicapped, etc.; still others provide room and board for single women of modest income. Most such centers are operated by private, nonprofit agencies.

**Gaullistes** Originally used to designate the followers and supporters of General de Gaulle during World War II, this term was later applied to several successive movements which, from 1949 to 1969, were pledged to bring de Gaulle to and keep him at the helm of the French Republic (de Gaulle himself never joined any of them). The Gaullists ruled France, alone or in a coalition, from 1958 to 1981, but de Gaulle's death in 1970 deprived them of their chief inspiration and they suffered from splits and defections (notably to Giscard's *Centristes*). The bulk of the Gaullist (or rather neo-Gaullist) forces nevertheless rallied behind former Prime Minister Jacques Chirac (now mayor of Paris) who was defeated by Mitterrand in his 1981 bid for the presidency. Under the name of R.P.R. (*Rassemblement pour la République*) the neo-Gaullists have been the leading opposition party, and Chirac is widely regarded as the strongest candidate to succeed Mitterrand in 1988.

**Giscard d'Estaing, Valéry (b. 1926)** President of the Republic, 1974–1981. He was born to a wealthy, well-connected family. His father, a small-town lawyer who had risen in the world of banking, purchased the right to add "d'Estaing" (the name of an extinct aristocratic family) to his original name of Giscard. Giscard served briefly in the Free French forces during the last months of World War II, then went on to graduate from the prestigious École Nationale d'Administration. At the age of thirty-six he was appointed Finance Minister by de Gaulle. Dropped by de Gaulle in 1966, he was later reappointed to the same position by President Georges Pompidou. After Pompidou's death, Giscard narrowly defeated the Socialist François Mitterrand in the 1974 presidential election, drawing support from the Gaullists, Centrists, and his own followers of the Independent (non-Gaullist) Right. In 1981 he lost his bid for reelection to Mitterrand. Though he later managed to regain a seat in the National Assembly, his credibility as a leader of the opposition was seriously damaged, and his authority over his former followers was seriously challenged.

**Grandes Écoles** Institutions of higher education other than the universities. Unlike the universities, each *grande école* has its own very restrictive admissions policy. Admission is determined by fiercely competitive exams *(concours)* that may require two or three years of special preparation after the *baccalauréat*. Since the number of places is limited, being admitted to a *grande école* is a real achievement. The most famous of the *grandes écoles* are the *École Normale Supérieure* (familiarly known as "Normale Sup"), the École Polytechnique (nicknamed "l'X"), and the *Hautes Études Commerciales* (HEC), and the *École Nationale d'Administration* or ENA, whose graduates are often called *"les énarques."*

**Grands Ensembles** Large-scale housing projects, generally located in the suburbs and consisting of high-rise apartment buildings with their own shopping centers, schools, theaters, etc. Many were designed for low-income housing (H.L.M), while others were developed by private realtors for middle- to high-income families.

**H.L.M.** *Habitations à Loyers Modérés:* low-income housing units financed by the French government to alleviate the postwar housing shortage. Most H.L.M.'s are in the form of multiple-story apartment buildings, usually massed in *grands ensembles*.

**I.F.O.P.** *Institut Français d'Opinion Publique:* the leading French institute of public-opinion research. It publishes a review called *Sondages*.

**Lycée** The upper section of the French secondary school cycle, to which students who have successfully completed four years in the *collège d'enseignement secondaire* may proceed. At the *lycée* each student begins to concentrate in a chosen field of specialized studies: letters, social sciences, mathematics and physics, etc. After two years, those students who wish to take the *baccalauréat* exam—passing which permits one to attend the university—pursue a final third year of *lycée* studies, *la terminale*. The *lycées techniques* lack this seventh and last year of secondary studies. More advanced than the American high school, the *lycée* corresponds roughly to a junior college. The system is nationwide; students who cannot commute daily board at the school, and are called the *internes* (as opposed to *externes*) or *pensionnaires.* Today, for a peculiarly American touch, students of both the *lycées* and the *collèges* can be seen wearing T-shirts bearing the name of their schools: Lycée Bonaparte, C.E.S. Pierre-Curie, etc.

**Mai 1968** In May 1968 French university students staged violent antigovernment demonstrations. Initially directed against the antiquated university system, their revolt spread to the *lycées,* became nationwide, and sparked in turn the most massive labor strikes in French history. General de Gaulle promised reforms, then called for new elections; in a conservative backlash his supporters—Gaullists and Independents—won a landslide majority in the National Assembly. But his authoritarian regime had been severely shaken, and he resigned in the following year.

**Maisons de la culture** Major regional centers for the visual and performing arts. Launched by de Gaulle's Minister of Culture André Malraux, they were meant to disseminate culture outside Paris. Usually they combine a theater, artists' workshops, rooms for art exhibits, music rooms, a film library, etc. Half the cost is borne by the government, and half by the city where the *maison* is located. One *maison* was planned for each of the twenty-two *régions,* but by 1975 only ten had been established, mostly in the northern half of France. Not to be confused with the *Centres d'Animation Culturelle* or the *Maisons des Jeunes et de la Culture.*

**Maisons des Jeunes et de la Culture (M.J.C.)** Community centers where young people can learn about and practice a wide range of activities (sports, arts and crafts, discussion groups, amateur theatricals, music, social affairs, etc.). The first M.J.C.s were created at the end of World War II. More than 1400 such centers have been built since 1961. Not to be confused with the *Maisons de la Culture* or the *Centres d'Animation Culturelle.*

**Marseillaise, La** The stirring marching song of the Revolution that became the French national anthem. It was written in 1792 by a young Army officer, Rouget de Lisle, to rally patriots against the invading forces of Europe's absolute monarchs. It was first sung in Paris by the volunteers from Marseilles, whence it received its name.

**Mitterrand, François (b. 1917)** President of the Republic, elected in 1981. Born to a middle-class Catholic family, he was completing his law degree when World War II broke out. After escaping from a German POW camp, he joined the Resistance, then entered politics in 1946. As a member of a small Centrist party strategically positioned between Left and Right, he held a variety of cabinet posts throughout the Fourth Republic (1946–1958). Declining to support the Fifth Republic, he ran as the opposition candidate against de Gaulle in the 1965 election, but failed to get the nomination to run against de Gaulle's successor, Georges Pompidou, in 1969. In 1971 Mitterrand joined the ailing Socialist Party and over the next ten years rebuilt it as a major force. He narrowly lost to Valéry Giscard d'Estaing in 1974, but defeated him decisively in 1981. Under Mitterrand's leadership the Socialist party went on to win an overwhelming victory in the June 1981 parliamentary elections, capturing an absolute majority of seats and a major share of the popular vote at the expense of the Communists, Centrists, Gaullists, and "Giscardiens." As the Left lost popular support, however, Mitterrand was faced with the prospect of having to cope with a hostile, non-Socialist majority in the legislature.

**Pieds Noirs** A nickname applied to European settlers in North Africa (especially Algeria), who had to return to France when French rule ended. The origin of the term is unclear. Some explain it by the fact that many of the first settlers were so poor that they worked barefoot in the fields. Others suggest that it refers to the distinctive garb of some of them, which included black hose and shoes. The settler community included many people of Spanish and Italian descent; many from Alsace-Lorraine who refused to live under German rule after 1870, and the local Jewish community as well. Bitterly opposed to Algerian independence, many of the Pieds Noirs supported attempts to overthrow successive French governments on this issue. After 1962, when Algeria became independent, most of them resettled in France, especially in the South. They have met with a certain amount of hostility, and have occasionally clashed with North African laborers working in France. Many Pieds Noirs speak French with a distinctive accent and use a number of characteristic idioms.

**P.M.U.** *Pari Mutuel Urbain:* off-track betting. Betting on horse races is under government control and provides an important source of income for the state. Only the duly franchised branches of the P.M.U. are qualified to accept bets. Other forms of legalized gambling in France include the casinos and the *Loterie Nationale.*

**Préfet** A high-ranking civil servant representing the central government in each *département.* The administrative services under his jurisdiction are called *la préfecture,* a word also designating the town where they are located. The *préfet* is assisted by a variable number of *sous-préfets,* each of whom is responsible for a section of the *département* and is headquartered in a town referred to as a *sous-préfecture.* There are also *préfets de région.* Under the decentralization plan introduced in 1981 by the Mitterrand administration, the *préfets* and *sous-préfets* (now renamed *"Commissaires de la République"*) lost some of their powers to the elected authorities at the *département* level.

**Radical, Parti** In late-nineteenth-century France the Radicals constituted the left wing of the supporters of a republican form of government. They organized as a political party in 1901, but were gradually pushed toward the center as the Socialist and Communist parties grew on their left. Traditionally anticlerical middle-class property owners, the Radicals dominated the policital scene between the two World Wars, but are now reduced to insignificant numbers.

**Régionalisme** Collectively, a range of movements reacting against what they per-

ceive as the excessive centralization of the French state—a centralization dating from the Revolutionary and Napoleonic periods. Regionalist demands extend from simple decentralization to regional autonomy and even, in a few extreme cases, outright secession. Regionalist militancy has been most pronounced in areas that have preserved a distinct linguistic and cultural heritage: Occitanie (covering some thirty *départements* in the southern half of France); Brittany (especially in its western portion, where Breton is still spoken); Corsica; French Catalonia and the Basque region (both of them spillovers of ethnic minorities based primarily in Spain); and the two Germanic language areas of Alsace-Lorraine and French Flanders. Since 1951, limited teaching of the minority languages has been gradually introduced into the French school system.

**S.M.I.C.** *Salaire Minimum Inter-Corporation;* the minimum hourly wage, as determined by the government. Popularly, *"un smicard"* refers to the lowest-paid blue-collar worker, and by extension to "the ordinary man."

**Socialiste, Parti** France's present Socialist party (P.S.) was created only in 1971, but the tradition of French socialism predates Karl Marx. In 1905 two independent Socialist groups merged to form a new party affiliated with the (Second) Socialist International: *Section Française de l'Internationale Ouvrière* (S.F.I.O.). The S.F.I.O. was split when a majority of its militants joined the Communist International in 1920, giving birth to the *Parti Communiste Français* (P.C.F.). The S.F.I.O. Socialists remained the largest party on the Left until World War II. From 1945 on, however, the S.F.I.O. was consistently out-polled by the P.C.F. In 1971 the old S.F.I.O. and a number of smaller left-wing groups merged under the name of *Parti Socialiste* (P.S.). Led by François Mitterrand, the P.S. decisively surpassed the P.C.F. and, in 1981, went on to capture an absolute majority of seats in the National Assembly for the first time in the party's history. On that occasion the Socialists drew support from a broad range of voters, but much of this following was fragile and was rapidly eroded over the next few years. The Socialist electorate nevertheless remains broadly based and comprises a wider and more balanced sample of the population than that of any other party. It does, however, include a disproportionately large percentage of low-ranking civil servants, school teachers, and wine growers from southern France. Although the P.S. is now France's leading left-wing party by far, its appeal to blue-collar workers continues to be effectively challenged by the Communists, while its hold over the moderate center remains elusive.

**Syndicats**    Membership in unions *(syndicats)* tends to be lower in France than in other Western European countries. Unionized wage earners belong for the most part to one of the five major unions: the leftist *Confédération Générale du Travail* (C.G.T.), the largest of all unions; the C.G.T.-F.O. *(Force Ouvrière)*, which split off from the C.G.T. in 1947; the *Confédération Démocratique du Travail* (C.F.D.T.) and the *Confédération Française des Travailleurs Chrétiens* (C.F.T.C.), both of which grew out of the same Christian labor movement; and the *Confédération Générale des Cadres* (C.G.C.). Employers, small businessmen, and farmers also have their own organizations, which are legally regarded as *syndicats*.

**Territoires d'Outre-Mer (T.O.M.)**    From its once extensive colonial empire, France retains four overseas possessions: the islands of Wallis and Futuna (administered together), New Caledonia, and French Polynesia (including Tahiti) in the Pacific, and the Terres Australes et Antarctiques in Antarctica. Djibouti in Africa and the New Hebrides (formerly under joint Franco-British administration) in the Pacific achieved independence in 1977 and 1980, respectively. Another former possession, the Comoro Islands in the Indian Ocean, became independent in 1975, but one of the islands (Mayotte) voted to remain French and its status is currently under litigation. In the mid-1980s a strong independence movement developed among the indigenous Melanesian population of New Caledonia, forcing France to offer the island greater autonomy under a new status. In addition, five of France's former colonial possessions have become integral parts of the French Republic as *départements d'outre-mer*.

**Villes nouvelles**    New satellite cities created to relieve the pressure of overpopulation in metropolitan areas. Five have been developed around Paris; four more are being developed near Lyons, Marseilles, Lille, and Rouen.

# *Vocabulaire*

This vocabulary contains all words and expressions that appear in the text except articles and identical cognates. Irregular verbs are included, as are feminine forms of adjectives and nouns.

### Abbreviations

| | | | |
|---|---|---|---|
| *adv* | adverb | *m* | masculine |
| *esp* | especially | *pp* | past participle |
| *f* | feminine | *pres part* | present participle |
| *fig* | figurative | *pl* | plural |
| *impers* | impersonal | *ps* | passé simple |
| *invar* | invariable | *subj* | subjunctive |

## A

**abattre** to knock down
**abolir** to abolish
**abonder** to be plentiful
l'**abord** *m* access; **d'—** at first, in the first place, primarily
**aborder** to land, to approach
**abriter** to shelter
s'**abstenir** to abstain
**accéder à** to accede to, have access to
**accentuer** to stress, to increase
**accompagner** to accompany
**accomplir** to perform, to complete
l'**accord** *m* agreement; **être, se trouver d'—** to agree; **D'—!** OK!
**accoster** to accost, come up to
**accrocher** to hang up, to hook
l'**accroissement** *m* increase
**accroître** to increase, to enhance
l'**accueil** m reception, welcome

**accueillir** to greet, to welcome; to accept; **accueillant(e)** gracious
l'**achat** *m* purchase
**acheminer** to convey
**acheter** to buy
**acquérir** to acquire (**j'acquiers, nous acquérons;** *pp* **acquis**)
l'**acte** *m* deed, act
l'**acteur (actrice)** actor, actress
l'**action** *f* action, deed, effect
l'**actionnaire** *m, f* shareholder
**actuel (actuelle)** current, present
l'**addition** *f* bill (in café or restaurant)
**adoucir** to soften, to alleviate
**adresser** to address, to direct, to aim; **s'— à** to apply to, to speak to
l'**affaire** *f* business, affair, concern; **l'— Dreyfus** the Dreyfus case; **les —s** business, trade
l'**affiche** *f* poster

**afficher**   to post up, to display
**affirmer**   to state, to claim
l'**affluence** *f*   crowd, abundance
**affluer**   to abound, to flock (to a place)
l'**afflux** *m*   massive flow
**affreux (affreuse)**   frightful, ghastly
**affronter**   to face, to confront
**afin que**   so that, in order that
l'**agent** *m*   agent, representative, constable
**agir** to act; **s'— de**   to be the matter; **il s'agit de** it is a matter of, it is imperative to; **De quoi s'agit-il?** What is the issue?
**agréable**   pleasant
**agresser**   to assault
**aider**   to help
l'**aide** *f*   help
**ailleurs**   elsewhere; **d'—** besides, furthermore
**aimable**   kind, nice, amiable
**aimer**   to love, to like; **bien —** to like
**aîné(e)**   elder, eldest, senior
**ainsi**   thus, in this fashion
l'**air** *m*   tune
l'**aise** *f*   ease; **à l'—** at ease
**aisé(e)**   well-off; **aisément** readily, easily
**ajouter**   to add; **— crédit à** to lend credence to
l'**alcool** *m*   alcohol, spirits
l'**alimentation** *f*   food, food section (in a store)
l'**allée** *f*   aisle, alley, walk
**allemand**   German
**aller**   to go **(je vais, il va, nous allons;** *pp* **allé); s'en —** to go away
l'**allocation** *f*   benefit, allowance
**allumer**   to light up, to strike up
**alors**   then, at that time, in that case; **— que** when, even though; whereas
l'**âme** *f*   soul
**améliorer**   to improve
**amener**   to bring, to lead; **— à** to persuade
l'**ami(e)**   friend
**amical(e)**   friendly; **amicalement** in a friendly way

l'**amitié** *f*   friendship
l'**amour** *m*   love; **amoureux (amoureuse)** in love
l'**an** *m*   year
**ancien (ancienne)**   old, former, ancient
**ancré(e)**   anchored, rooted
**anémié(e)**   anemic, stifled
**anglais**   English
l'**angoisse** *f*   anguish, anxiety
l'**animateur** *m*   social director, host (on a radio or television show)
l'**animation culturelle** *f*   cultural stimulation, cultural community project
**animer**   to activate, to enliven
l'**année** *f*   year
**annoncer**   to announce
**annuel(le)**   yearly
l'**antenne** *f*   antenna, aerial; **sur l'—** on the air
**antillais(e)**   Caribbean, West Indian
**apercevoir**   to see, to catch sight of, to perceive **(j'aperçois, nous apercevons, ils aperçoivent;** *pp* **aperçu); s'— de** to notice, to realize, to become aware of
l'**aperçu** *m*   glimpse, outline, summary
**apitoyer**   to cause (someone) to feel pity
**apparaître**   to appear, to become evident
l'**apparition** *f*   advent
l'**appartement** *m*   apartment
**appartenir à**   to belong to
l'**appel** *m*   appeal, call
**appeler**   to call, to call to; **s'—** to be called, to be named
**appliquer**   to apply; **appliqué** studious
**apporter**   to bring, to supply
**apprécier**   to appreciate, to appraise
**apprendre**   to learn, to teach
**approuver**   to approve
**appuyer**   to support; **s'—** to lean
**après**   after; **l'— guerre** *m* postwar period; **l'— - midi** *m, f* afternoon
l'**arbitrage** *m*   arbitration
l'**arbre** *m*   tree

l'**argent** *m*   money; — **de poche** pocket money, small change

l'**argot** *m*   slang

l'**argument** *f*   point (in a discussion)

l'**armée** *f*   army

**armer**   to equip, to arm

**arranger**   to arrange; **s'—** to get by, to manage

l'**arrêt** *m*   stop, interruption

l'**arrêté** *m*   (executive) order, decree

**arrêter**   to stop, to arrest; **s'—** to come to a stop

l'**arrière** *m*   back part, rear, **en arrière**   behind, backward

**arriéré(e)**   retarded, old-fashioned

l'**arrivée** *f*   arrival, finishing line

**arriver**   to arrive, to happen

les **articles** *m* **de sport**   sporting goods

l'**ascendance** *f*   ancestry

l'**assassin** *m*   murderer

**asservir**   to enslave

l'**assesseur** *m*   associate justice

**assez**   enough, somewhat, fairly

l'**assiette** *f*   food plate

**assimiler**   to assimilate, to treat as similar

**assister à**   to attend, to witness

l'**assistance** *f*   audience

l'**assurance** *f*   insurance, self-confidence

**assurer**   to insist, to assure

l'**astrakan** *m*   lambskin fur (coat)

**astreint(e) à**   compelled to

l'**atelier** *m*   workshop

**attacher**   to tie; **être attaché à** to be attached to

**atteindre**   to reach

**attenant(e)**   attached, appended, adjacent

**attendre**   to wait, to expect; **s'— à** to expect, to anticipate

**attentif (attentive)**   attentive, heedful

**attirer**   to attract

l'**attribution** *f*   conferring

**aucun(e)**   none, no

**au-delà de**   beyond

**au-dessus**   above

l'**audience** *f*   hearing, court session

l'**auditeur (auditrice)**   listener

**augmenter**   to increase

**aujourd'hui**   today

**auprès de**   close to, at, by

**aussi**   too, also, as; — **... que** as . . . as

**aussitôt**   immediately, — **que** as soon as

**autant**   as much, so much, as (so) many; **d'— que** especially since; — **que** as much as, as well as

l'**auteur** *m*   author

l'**auto(mobile)** *f*   car

**autonome**   autonomous, self-governing

**autoriser**   to permit, authorize

l'**autoroute** *f*   expressway, superhighway

l'**autostoppeur (autostoppeuse)**   hitchhiker; **faire de l'autostop** to hitchhike

**autour (de)**   round, about

**autre**   other; **nous autres** we, us, our people

**autrefois**   formerly, in the past

**autrement**   in another way

l'**avance** *f*   advance; **en —** early, ahead

**avant**   before, earlier; — **tout** above all; **d'—** previous

**avec**   with

**avenant(e)**   comely, pleasing

l'**avenir** *m*   future

l'**avion** *m*   airplane

l'**avis** *m*   opinion, advice, view

l'**avocat** *m*   barrister, lawyer

**avoir**   to have; **en — à quelqu'un** to have some business with someone

l'**avortement** *m*   abortion

**avouer**   to confess

**axé(e) sur**   focusing upon

# B

le **baby-foot**   table soccer

le **bac,** le **bachot = le baccalauréat**

la **baffe** *(argot)*   slap

la **bagarre**   fight, brawl

la **baguette**   narrow stick of French bread

**baigner**   to bathe

le **bain**   bath; **la salle de —** bathroom

le **bal**   dance, ball

le **banc**   bench

la **bande**   gang, strip; **— dessinée**
comic strip

la **banlieue**   suburb(s)

**barbare**   barbaric

la **barre**   rod

le **bas**   lower part; **en —** (down) below

la **bataille**   battle, fight

le **bateau**   boat

le **bâtiment**   building

**bâtir**   to build

**battre**   to beat; **se —** to fight

**bavard(e)**   talkative

**beau, belle**   beautiful, handsome;
**avoir beau...** to do (something) in
vain

**beaucoup (de)**   much, many

le **beau-frère**   brother-in-law

**ben = eh bien**   well . . .

le **bénéfice**   profits

**bénéficier de**   to benefit from

le **besoin**   need; **avoir besoin de** to
need

**bête**   stupid, foolish; **bêtement**
foolishly

la **bêtise**   stupidity; **faire des —s** to
goof; **dire des —s** to talk nonsense

le **béton**   concrete

**bien**   well, adequately; **— des** many;
**— que** although

le **bien**   good; **les —** goods, property

le **bienfait**   good deed

le **billet**   ticket

**blanc, blanche**   white

le **blé**   wheat

**blesser**   to wound; la **blessure**
wound

**bloquer**   to block, to stymie

**boire**   to drink

le **bois**   wood

le **bolide**   fast-moving object

**bon, bonne**   good; **bon à** good for

**bon marché**   cheap

le **bonheur**   happiness

**borné(e)**   limited, narrow-minded

**bouder**   to pout, to snub

la **bouffe** *(argot)*   grub

**bouger**   to move

la **boulangerie**   bakery

**bouleverser**   to upset

le **boulot** *(argot)*   work, job

le **bourg**   market town

**bourgeoisement**   in a bourgeois or
middle-class fashion

**bousculer**   to knock over, to jostle

le **bout**   extremity, end part; **au — de**
at the end of, after

la **bouteille**   bottle

la **boutique**   small shop

**boutonner**   to button (up)

le **box**   the enclosure where the
accused sits in a French courtroom

**brader**   to discount, to sell short

le **bras**   arm

**brave**   brave, gallant; **un — homme**
a decent man, good old so and so

**bref, brève**   short; **bref** *adv* in short

la **brique**   brick

**brouiller**   to mix up, to confuse

le **bruit**   noise

**brûler**   to burn

**brusquement**   suddenly, curtly

**brut(e)**   raw, gross, undiluted; **1500
francs —** a gross of 1500 francs;
**alcohol —** straight liquor

le **bûcheron**   woodcutter

le **bureau**   office, study, desk; **— de
poste** post office; **le — de tabac:**
see Cultural Index

le **burlesque**   slapstick

le **but**   aim, goal

la **buvette**   small bar

## C

**ça = cela**

la **cabine téléphonique**   telephone
booth

la **cacahuète**   peanut

**cacher**   to conceal; **se —** to hide

le **cadavre**   corpse

le **cadre**   frame(work), surroundings,
environment; **les —s** management
personnel

le **café**   café, coffee

le **cahier**   copy book

le **caillou**   pebble

la **caisse**   box, cash box, cash register
le **caissier (caissière)**   cashier
le **calcul**   arithmetic
la **calomnie**   slander
le **calvaire**   calvary
le, la **camarade**   pal, friend
le **camion**   truck
la **camionnette**   van
le **campagnard**   countryman, rustic
la **campagne**   countryside, campaign
le **canard**   duck, *fig* newspaper
la **cantine**   cafeteria
**capable**   competent; **— de** able to, capable of
la **capacité**   ability, capability
**car**   for, because
le **car**   bus
la **carcasse**   hulk
le **carrefour**   crossroads
la **carrière**   career
la **carrosserie**   chassis
la **carte**   map, bill of fare
le **cas**   case, affair
**casser**   to break
**catégorique**   blunt
la **cause**   cause; **à — de** because of
**causer**   to talk, to chat
la **ceinture**   belt
**célèbre**   famous
**cent**   (one) hundred
**cependant**   however, meanwhile; **— que** while, although
le **cercle**   circle, club
**certain(e)**   certain, some, definite; **un — some**, one; **certains** some (of them)
**certainement**   certainly
**certes**   of course
**cesser**   stop, cease
**chacun(e)**   each, every one, each one, everybody
**chahuter**   to cause a rumpus, to heckle
la **chaleur**   heat, warmth
la **chambre**   room
le **champ**   field
le **chandail**   sweater
**changer d'avis**   to change one's mind

la **chanson**   song
le **chant**   song, hymn
le **chapeau**   hat
**chaque**   each, every
**charger**   to load; **— de** to charge with, to entrust with
le **château**   castle
**chauffer**   to heat; **faire —** to heat up
**chausser**   to shoe; **chaussé** shod;
la **chaussée**   surfaced road
la **chef**   leader, head, chief; **— de service** bureau chief, division chief
le **chemin**   way, road
la **chemise**   shirt
**cher (chère)**   dear, expensive
**chercher**   to fetch, to look for; **— à** to try to
le **chercheur**   researcher
**chétif, chétive**   puny, weak
la **chevelure**   head of hair
**chez**   at (someone's place), among, with; **— soi** at home; **— eux** at their home, in their case
la **chicanerie**   quibbling
le **chien**   dog
**choisir**   to choose
le **choix**   choice; **de —** first rate
le **chômage**   unemployment
**chômer**   to be unemployed; le **chômeur** unemployed man
**choquer**   to shock
**choyer**   to pet, to coddle
le **ciel**   sky, heaven
le **ciment**   cement
le **cimetière**   cemetery
le **cinéma**   cinema, movie theater
la **circulation**   traffic
**circuler**   to move about, travel
**citadin(e)**   of (relative to) the city; **le — city** dweller
la **cité**   city
**citer**   to quote, to cite, to subpoena
le **citoyen**   citizen
**clair(e)**   clear; **clairement** clearly
le **client(e)**   customer, patron
le **cloître**   cloister
**clore**   to close
**clos(e)**   closed
**cloué(e)**   nailed

le **cœur**   heart; **sans —** heartless
  **cohabiter**   to live with, to
    coexist
la **coiffe**   bonnet
le **coin**   corner
  **coincer**   to corner, to wedge
la **colère**   anger
le **collège**   college (secondary school)
le **collégien (collégienne)**   student of a
    **collège**
le **colon**   settler, colonist
la **colonne**   column
  **combien**   how many, how much
le **comédien (comédienne)**   actor,
    actress
  **commander**   to order
  **comme**   like, as, such as
  **commencer**   to begin
  **comment**   how
le **commerçant**   shopkeeper, tradesman
le **commerce**   trade, business
  **commettre**   to commit (a crime)
  **commode**   convenient
  **commun(e)**   commonplace
la **communauté**   community
la **commune**   township
la **compagnie**   company, firm; **en — de**
    together with
le **compagnon (compagne)**   companion,
    mate
  **complaisant**   accommodating,
    obliging
le, la **complice**   accomplice
  **compliqué(e)**   complicated
le **comportement**   behavior
  **comporter**   to comprise, to call for;
    **se —** behave
le **compotier**   fruit dish
  **compréhensif (comprehensive)**
    understanding
  **comprendre**   to understand, to
    include (*pp* **compris**); **y compris**
    including; **tout compris** (all)
    inclusive
le **compte**   account; **régler son —** to
    settle accounts; **trouver son —** to
    find one's due, not be shortchanged
  **compter**   to count

  **concerner**   to concern, to affect;
    **concernant** concerning
  **concevoir**   to conceive **(je conçois,
    nous concevons, ils conçoivent;** *pp*
    **conçu)**
le **concitoyen**   fellow citizen
  **conclure**   to conclude (*pp* **conclu**)
le **concours**   competitive examination
la **concurrence**   competition
  **condamner**   to condemn, to sentence
  **à condition que**   provided that
  **conduire**   to lead, to drive, **se —** to
    behave; **la conduite** behavior
la **confection**   making (of an object)
la **conférence**   lecture
  **confier**   to entrust, to confide
la **confiserie**   confectionery, candy
le **conflit**   conflict
le **confluent**   confluence, intersection
  **confondre**   to merge, to mix up
  **conforme**   consistent, in harmony
le **congé**   holiday, leave
la **connaissance**   knowledge,
    acquaintance
  **connaître**   to know (*pp* **connu**)
la **connerie** *(argot)*   stupidity, blooper
  **conscient(e)**   conscious; la
    **conscience** consciousness
le **conseil**   advice, council
la **conséquence**   outcome, consequence,
    **en —** in accordance, accordingly
  **conserver**   to retain, to preserve
  **considérer**   to consider, to regard; la
    **considération** regard, esteem
la **consommation**   consumption; **de —**
    consumer-oriented; le
    **consommateur** consumer
  **consommer**   to consume, to use up
la **constatation**   claim
  **constater**   to observe, to recognize
  **constituer**   to represent; **se — en** to
    organize as
la **construction**   building, construction
  **construire**   to build
le **conte**   tale, short story
  **conter**   to tell, to narrate; le **conteur**
    narrator, storyteller
la **contestation**   challenge, questioning

**continuer** to go on, to continue

la **contrainte** compulsion, duress, constraint

le **contraire** opposite, contrary; **au —** on the contrary

**contre** against, **par —** by contrast

le **contribuable** taxpayer

**convaincre** to convince (*pp* **convaincu**)

**convenir** to be suitable, to concur, to admit

le **copain (copine)** pal, buddy

le **corps** body; **— étranger** foreign body

le **costume** dress (of both sexes), man's suit

**côte à côte** side by side

le **côté** side, aspect; **sur le —** on the side; **à — de** next to, side by side with; **les à —s** side effects, sidelights

la **coterie** clique

la **cotisation** membership dues

la **couche** stratum, layer

**coucher** to lie down, to sleep

la **couleur** color

le **couloir** passageway, hallway

le **coup** blow, shot; **donner un — de main** to lend a hand

**coupable** guilty

**couper** to cut; **— la parole à** to interrupt

la **cour** court of law, courtyard, royal court

**couramment** regularly, commonly

**courant(e)** commonplace, everyday

le **courant** trend, current

la **courbature** stiffness, muscular ache

**courir** to run

le **cours** course; **— du soir** evening class; **au — de** during

les **courses** *f* errands

**court(e)** short

le **coût** cost; **— de la vie** cost of living; **coûteux (coûteuse)** costly

le **couteau** knife

**coûter** to cost

la **coutume** custom, habit

le **couvent** convent

**craindre** to fear

le **crâne** skull

la **cravate** necktie

le **crayon** pencil

la **crèche** day care center

le **crédit** belief, credibility, credit

**créer** to create

la **crème** cream

la **crêperie** pancake house

**crever** (*argot*) to croak, to die

**crier** to shout

la **crise** crisis

le **critère** criterion, yardstick

**critique** critical

le **critique** critic; la **critique** criticism, review (of a book, play)

**croire à** to believe (in) (*pp* **cru**)

**croiser** to cross, to run across

la **croissance** growth

la **croix** cross

la **cuisine** cooking, kitchen

le **cuisinier (cuisinière)** cook

la **cuisson** cooking

la **culpabilité** guilt

**cultiver** to farm, to till; **cultivé** cultivated, cultured

la **culture** crop, cultivation, culture

**cumuler** to combine

# D

la **dame** lady

**dans** in, into

**davantage** more

**débarquer** to disembark, to land

**débarrasser** to disencumber; **se — de** to get rid of

**déborder** to overflow

le **débouché** (job) opening

**debout** standing up, on one's feet; **ça ne tient pas —** it does not make sense

se **débrouiller** to manage, to fend for oneself

le **début** beginning; **débuter** to begin

**déceler** to discover, to divulge

se **décider** to make up one's mind

le **décor** stage set, scenery, setting

la **découverte**   discovery
**découvrir**   to discover (*pp*
   **découvert**); **se —** to take off one's
   hat
**décrire**   to describe
**déçu(e)**   disappointed
**dédaigner**   to disdain
**dedans**   inside, within
**défaire**   to undo
**défavorisé(e)**   underprivileged
**défendre**   to defend, to forbid
**définir**   to define
**dégoûter**   to disgust
**dehors**   outside; **en — de** outside of,
   except for
**déjà**   already
**déjeuner**   to lunch
**délaisser**   to forsake, to neglect
le **délassement**   rest, relaxation
se **délecter de**   to take delectation in
le **délit**   criminal offense, misdemeanor
**demain**   tomorrow
**demander**   to ask, to ask for; **se —**
   to wonder
**déménager**   to move (one's
   household)
**demeurer**   to remain, to stay, to
   reside
la **démission**   resignation
se **démoder**   to become outmoded
**démographique**   demographic
la **demoiselle**   single woman, maid
**démolir**   to demolish
la **dent**   tooth
la **dentelle**   lace
**dénudé(e)**   bare, denuded
**dépasser**   to pass, to exceed
**dépayser**   to change one's usual
   surroundings
**dépendre de**   to depend upon
**dépenser**   to spend
**dépeuplé(e)**   emptied of its
   population
**dépit, en — de**   in spite of
**déposer**   to leave, to drop off
**dépourvu**   devoid; **au —** off guard,
   unaware
**depuis**   since, for (time)
le **dérivé**   derivative

**dernier (dernière)**   last, latest
**déroutant(e)**   surprising, confusing
**dès**   from as early as; **— que** as soon
   as; **— lors** from then on, in that
   case
le **désarroi**   distress
**descendre**   to go down, to get out of
   (vehicle)
la **descente**   coming down, going down,
   downhill course
**déshérité(e)**   underprivileged
le **désir**   wish, desire, aspiration
**désirer**   to wish (for)
**désormais**   henceforth, from now on
le **dessin**   drawing; **— animé** animated
   cartoon film
**dessiner**   to draw, to design; **bande**
   **dessinée** comic strip
**dessous**   below; **en — de** under; **ci**
   **—** below, hereinafter
**dessus**   above, on top; **au — de** on
   top of, over
le **destin**   destiny; **à destination de**
   bound for; **destiné(e) à** destined to
**détendre**   to slacken; **se —** to relax
**détenir**   to hold, to withhold
la **détente**   relaxation
le **détour**   deviation, detour
**détriment, au — de**   at the expense of
**détruire**   to destroy
**devenir**   to become, to turn (into)
**deviner**   to guess
**déverser**   to pour out
**devoir**   must, to owe **(je dois, nous**
   **devons, ils doivent;** *pp* **dû)**
le **devoir**   duty, homework
**dévolu(e) à**   assigned to
**dévorer**   to devour
le **dieu**   (les **dieux**) god(s); **Dieu** God
**difficilement**   with difficulty
le, la **diplômé(e)**   graduate
**dire**   to say **(je dis, nous disons,**
   **vous dites;** *pp* **dit); se —** to think to
   oneself; **à vrai —** in all honesty
le **directeur**   manager, director
les **dires** *m pl*   sayings; **aux — de**
   according to
**diriger**   to rule, to administer; **se —**
   **vers** to move in the direction of;

**dirigeant(e)** directing, ruling; **les
dirigeants** the rulers, the directors
le **discours** speech
**discret (discrète)** discreet, able to
keep a secret
**disparaître** to disappear
**dispenser** to exempt
le **disque** record (phonograph)
la **dissertation** composition, paper
**distinguer** to distinguish; **se — de**
to be distinguished from
la **distraction** diversion, relaxation
**divers(e)** varied; **faits divers** minor
news items
**diviser** to divide
une **dizaine** (about) ten
**dominer** to tower over, to dominate
les **dommages** *m* damages
le **don** gift
**donc** then, consequently; **Que
faites-vous — ?** Whatever are you
doing?
**donner un coup de chapeau** to
salute, to raise one's hat
**dont** of which, whose
**dormir** to sleep **(je dors, nous
dormons)**
le **dortoir** dormitory
le **dos** back
la **douane** customs
**doucement** softly, gently, slowly
la **douceur** sweetness
la **douche** shower
le **doute** doubt
le **dramaturge** playwright
le **drap (de lit)** sheet
**dresser** to set up; **se —** to stand up,
to rise
le **droit** law, right; **avoir — à** to have a
right to, to be entitled to
**drôle** funny
**dur(e)** hard, harsh; **durement**
harshly
**durer** to last; **durant** during, for

# E

**ébranler** to shake
l'**ébullition** *f* boiling, boiling point

l'**échange** *m* exchange, swap
l'**échantillon** *m* sample
**échapper à** to escape; **s'— (de)** to
escape (from), to break loose
l'**éclairage** *m* lighting; **éclairer** to
light, to illuminate
**éclatant(e)** dazzling, striking
**éclater** to explode
**écœurer** to dishearten, to disgust;
**écœurant(e)** sickening; **Cet
écœurant-là!** *(Canad.)* That louse!
l'**école** *f* school
l'**économie** *f* economy, economics
**économique** economic, economical
**écossais(e)** Scotch
l'**écran** *m* screen
**écraser** to crush, to flatten out
l'**écrevisse** *f* crayfish
**écrire** to write **(j'écris, nous
écrivons;** *pp* **écrit)**
l'**écrivain** *m* (professional) writer
s'**écrouler** to collapse
**édifier** to build (an edifice)
l'**éditeur** *m* publisher
**effacé(e)** unobtrusive
**effaroucher** to startle, to frighten
**effectivement** in fact, as a matter of
fact
**effectuer** to execute, to carry out
l'**effet** *m* effect; **en —** as a matter of
fact
l'**effusion** *f* shedding (of blood)
**également** also, equally
l'**égalitarisme** *m* equalitarianism
l'**égard** *m* consideration; **à l'— de**
with regard to; **à cet —** in this respect
l'**église** *f* church
**égoïste** selfish, self-centered
**élaborer** to concoct
l'**élévation** *f* lifting
**élever** to raise, to bring up
(children); **s'—** to rise (up);
**élevé(e)** high, tall
**élire** to elect **(j'élis, nous élisons;** *pp*
**élu); les élus** *m* elected
representatives
**éloigner** to remove to a distance;
**s'—** to move off; **éloigné(e)** distant
**emballer** *(argot)* to pick up (a girl)

**embarquer**   to get on board, to embark

**embaucher**   to hire

**émerveillé(e)**   amazed, enchanted

l'**émeute** *f*   riot

**emmener**   to take away, to lead away

**émouvant(e)**   moving

**émouvoir**   to move (emotionally) (*pp.* **ému**)

**empêcher**   to prevent

les **emplettes** *f*   purchases (from a shop)

l'**emploi** *m*   employment

l'**employé(e)** *m, f*   employee (*esp.* white collar); l'**employeur** *m* employer

**employer**   to employ

**empocher**   to pocket

**emprunter**   to borrow

**en**   in, into; **— petite fille** as a little girl

**enceinte**   pregnant

**enclin(e) à**   inclined to

l'**encombrement** *m*   traffic congestion

**encore**   again, still

**endimanché(e)**   dressed in one's Sunday best

l'**endroit** *m*   place

l'**enfance** *f*   childhood

l'**enfant** *m, f*   child

**enfermer**   to lock up, to enclose

**enfin**   finally, at last, in short

**Enfin!**   At last! Well!

**enflammer**   to inflame; **s'—** to catch fire

**enfoncé(e)**   deep set

s'**enfuir**   to flee, to run away

**engagé(e)**   committed (politically)

**engager**   to hire; **s'—** to enlist, to volunteer

**engueuler**   to bawl out, to abuse

**enjoliver**   to beautify

**enlever**   to take away, to remove

l'**ennui** *m*   boredom; les **ennuis** trouble(s)

**ennuyer**   to bore; **s'—** to be (get) bored

**ennuyeux (ennuyeuse)**   boring

l'**enquête** *f*   inquiry, investigation, survey

s'**enrichir**   to get rich

l'**enrichissement** *m*   enrichment

l'**enseignant(e)**   member of the teaching profession

l'**enseignement** *m*   education, teaching (as a profession)

**ensemble**   together; **l'—** *m* the whole; **un —** an aggregate, an ensemble, **les grands —s** clusters of high-rise apartment dwellings

**ensuite**   after, afterwards, then

**entasser**   to pile up

**entendre**   to hear, to listen to, to understand; **s'—** to reach an understanding, to live in harmony

**entier (entière)**   whole; **tout —** whole, wholly

**entonner**   to strike up (a song)

**entourer**   to surround

**entre**   between, among

l'**entrée** *f*   entrance, admission

s'**entremêler**   to be intermingled

**entreprenant(e)**   enterprising

**entreprendre**   to undertake

l'**entreprise** *f*   undertaking, business concern

**entrer**   to go in(to), to enter

**entretenir**   to nurture

**envers**   toward, in regard to

l'**envie** *f*   craving, envy; **avoir — de** to have a craving for, to want, to feel like

**environ**   around, about, approximately; **les —** *m* surrounding area, neighborhood

**envisager**   to consider

**envoyer**   to send

l'**épicerie** *f*   grocery store

l'**époque** *f*   time, time period, era

**épouser**   to marry (someone), to espouse

**épouvantable**   terrible

l'**époux (épouse)**   spouse

**éprouver**   to experience, to feel, to test

**équilibrer**   to balance; **équilibré(e)** well balanced, emotionally stable

**équiper de**   to equip with

l'**esclave** *m, f*   slave

**espagnol(e)**  Spanish

l'**espoir** *m*  hope

l'**esprit** *m*  spirit, wit

**essayer**  to try, to try on; **s'— à** to try one's hand at

l'**essayiste** *m, f*  essay writer

l'**essence** *f*  gasoline

**esseulé(e)**  solitary, lonely

l'**est** *m*  east

l'**estime** *f*  esteem

**estimer**  to estimate, to be of the opinion (that)

**établi(e)**  established

l'**établissement** *m*  firm, premises

l'**étage** *m*  story, floor (of a building)

l'**étape** *f*  stage (of a journey)

l'**état** *m*  state, condition

l'**été** *m*  summer

**étendu(e)**  extensive

**étouffer**  to stifle, to suffocate

**étrange**  strange

**étranger (étrangère)**  foreign; **l'— *m,* *f* foreigner; **à l'étranger** abroad

l'**être** *m*  being; **le bien - —** well-being

**étroit(e)**  narrow

l'**étude** *f*  study

l'**étudiant(e)**  student

**étudier**  to study

l'**évasion** *f*  escape

**éveiller**  to awaken

l'**événement** *m*  event, occurrence

**éventuellement**  if needed, as needed

**évidemment**  of course, obviously

**éviter**  to avoid

**exaltant(e)**  inspiring

l'**examen** *f*  examination

**examiner**  to inspect, to examine

**excentrique**  peripheral, outlying

**exclure**  to exclude

**exécuter**  to execute, to perform; **s'—** to deliver (a promise), to comply

**exercer (un métier, une activité)**  to practice (a trade, activity)

**exigeant(e)**  demanding

l'**exigence** *f*  demand; **exiger** to demand

**exigu (ë)**  small, confining

l'**exode** *m*  exodus

l'**expérience** *f*  experience, experiment

**expliquer**  to explain; **s'— par** to be explained, accounted for, by . . .

l'**exposition** *f*  exhibit

**exprimer**  to express

**extérieur(e)**  external, peripheral; **l'— *m* outside; **à l'— de** on the outside of

l'**extrémité** *f*  extremity, far end

# F

la **fabrique**  factory

**fabriquer**  to manufacture

la **façade**  facade, front (of a house)

**face à face**  face to face

**fâcher**  to anger; **se —** to get angry

la **façon**  fashion, way; **de cette —** in this way

le **facteur**  factor, mailman

**faible**  weak; **— d'esprit** feebleminded

la **faillite**  bankruptcy

la **faim**  hungry; **avoir —** to be hungry

**faire**  to do, to make (**je fais, nous faisons, vous faites, ils font;** *pp* **fait); il se fait** it happens

le **fait**  fact; **en —** in fact; **tout à —** quite, completely; **hauts —s** great deeds

**falloir** *impers,*  used only in 3rd person: **il faut, il faudra, il a fallu)** one must . . . , it is necessary to . . .

la **famille**  family; **familial(e)** of, relative to, the family

**farouche**  fierce

**fatigué(e)**  tired

le **faubourg**  outskirts of a town

**faut, il —:**  see **falloir**

la **faute**  mistake; **— de** for lack of

le **fauteur (de troubles)**  fomenter

**faux (fausse)**  false, fake

**favoriser**  to facilitate, to favor, to encourage

**fécond**  fertile, full

la **fée**  fairy; **contes de —s** fairy tales

la **femme**  woman, wife

la **fenêtre**   window
la **fermeture**   closing time, closing device
le **fermier**   farmer
la **fessée**   spanking; **donner la (une) — à** to spank
la **fête**   feast, celebration
  **fêter**   to celebrate
le **feu**   fire
la **feuille**   sheet, leaf
  **fidèle**   faithful; **les —s** *m, f* the faithful, the fans
  **fier (fière)**   proud
se **fier à**   to trust, to rely on
la **fierté**   justified pride
le **filet**   net
la **fille**   girl, daughter; whore; **jeune —** girl, young woman
le **fils**   son; **petit-fils** grandson
  **financier(financière)**   financial
  **finir par**   to end in, end by
se **fixer**   to settle permanently
le **flipper**   pinball machine
  **flou(e)**   blurred, hazy
la **foi**   faith
la **fois**   time, occasion; **une —** once; **quatre —par jour** four times a day; **à la —** at one and the same time
la **folie**   madness
  **foncé(e)**   dark (color)
  **foncièrement**   fundamentally, basically
la **fonction**   function, duty, office; **en —de** in view of, in terms of
le **fonctionnaire**   official, civil servant
le **fonctionnement**   functioning, operation
  **fonctionner**   to function, to operate
  **fonder**   to found
le **football**   soccer
le **forage**   drilling
la **force**   strength; **à — de** by dint of
le **for intérieur (dans son for intérieur)**   in one's heart of hearts
les **formalités** *f*   formalities
la **formation**   training
la **forme**   outward appearance, shape, form, formalism
  **formellement**   formally, expressly
  **fort(e)**   strong; *adv* very strongly

  **fou (folle)**   insane, extravagant
la **foule**   crowd
  **fourmiller**   to swarm
  **fournir**   to furnish, to provide
le **foyer**   hearth, family, social center
les **frais** *m*   expense(s)
  **franc (franche)**   frank, free
à la **française**   in the French manner
la **franchise**   frankness
  **frapper**   to strike, to stun
  **fredonner**   to hum
la **fréquentation**   attendance
  **fréquenter**   to attend, to associate with
le **fric** *(argot)*   money, "bread"
le **frigo**   refrigerator
  **froid(e)**   cold
la **froideur**   coldness
  **fuguer**   to run away
  **fuir**   to flee, to shun

## G

  **gager**   to wager
  **gagner**   to win, to earn, to gain; to reach, to infiltrate
  **gai(e)**   merry, cheerful
la **gamme**   range, series
  **garantir**   to guarantee
le **garde**   watchman, guard
  **garder**   to keep, to retain
le **gars**   guy, chap
  **gâté(e)**   spoiled
la **gauche**   left
se **gaver**   to stuff oneself
  **géant(e)**   giant
  **gêner**   to embarrass, to bother
le **genou**   knee; **à genoux** on one's knees
le **genre**   kind, gender; **ce — de** that kind of
les **gens** *m*   people
  **gentil (gentille)**   nice
le **geste**   gesture
  **gifler**   to slap
  **glisser**   to glide, to slip
la **gloire**   glory
le, la **gosse**   kid
le **goût**   taste, preference
  **goûter**   to taste, to appreciate

**gouverner** to rule, to govern

la **grâce** grace: **de mauvaise —** with visible reluctance; **— à** thanks to

la **graisse** fat

**grand(e)** big, large, great

pas **grand-chose** not much

**grandir** to grow up

**gras (grasse)** fat, greasy

**gratuit(e)** free of charge

**grave** serious

**graver** to engrave

**grelotter** to shiver

le **grenier** attic

la **grève** strike (labor)

**grignoter** to nibble (away)

**grimper** to climb

**gros (grosse)** big, stout, heavy

**guère** hardly, not very, not much, hardly any

la **guerre** war

le **guichet** window (of a bank, post office, box office)

le **guichetier (guichetière)** clerk at a window

les **guillemets** *m* quotation marks

la **gymnastique** gymnastics, exercise

## H

**habiller** to dress (someone); **s'—** to get dressed

l'**habitant** *m* dweller, resident

l'**habitation** *f* dwelling

**habiter** to dwell, to reside; to populate

l'**habitude** *f* habit, custom

**habitué(e)** used, accustomed

**habituel(le)** usual, customary

s'**habituer** to become accustomed

la* **haine** hatred; **haineux (haineuse)** hate-filled

* **haïr** to hate (**je hais, nous haïssons;** *pp* **haï**)

les* **halles** *f* covered marketplace

le* **hameau** hamlet

* **happer** to grab, to catch

le* **hasard** chance, accident

la* **hâte** haste; **avoir —** to be eager; **hâtif (hâtive)** hasty

* **haut(e)** high, loud, **en —** up (on

top), upstairs; **du — de** from the height of; **le —** the top, the upper part

la* **hauteur** height, level

l'**hebdomadaire** *m* weekly paper or magazine

l'**hésitation** *f* hesitancy

l'**heure** *f* hour

**heureux (heureuse)** happy

l'**histoire** *f* story, history

l'**hiver** *m* winter

l'**homme** *m* man

la* **honte** shame; **avoir —** to be ashamed **faire —** to put to shame

* **hors (de)** out of; **— saison** out of season

**hospitalier (hospitalière)** hospitable

la* **houle** swell (of waves, of a crowd)

**humain(e)** human; **l'— ** *m* essence of humanity

**humaniser** to humanize

**humide** damp

* = h aspiré

## I

**ici** here (*Canad.:* **icitte**)

l'**idée** *f* idea

**ignorer** to be ignorant of

l'**image** *f* picture, image

**imagé(e)** vivid, picturesque

**immatriculation** *f* registration (plate) of a car

l'**immédiat** *m*: **dans l'—** for the present, as a first priority

l'**immeuble** *m* building

l'**immigré(e)** immigrant

**implanter** to plant, to graft

**impliquer** to implicate, to imply, to involve

**importer** to matter; **n'importe quel** any

**imposer** to prescribe, to impose

l'**imposture** *f* deception, swindle

l'**impôt** *m* tax, taxation

l'**impotence** *f* infirmity

**impressionner** to impress

**imprimer** to impress, to (im)print, to impart

**impuissant(e)**  powerless
**inattendu(e)**  unexpected
**inciter**  to incite
**inconnu(e)**  unknown
**incontestable**  undeniable
l'**inconvénient** *m*  drawback, disadvantage
**incroyable**  incredible
l'**inculpé** *m*  the accused, the defendant
l'**indice** *m*  index
**indigne**  unworthy
**indignement**  shockingly
**indiquer**  to indicate, to point to, to point out
l'**industrie** *f*  industry, industrial plant
l'**industriel** *m*  factory owner
**inégal(e)**  unequal, l'**inégalité** *f* inequality
**infirmer**  to invalidate
l'**infirmier (infirmière)**  nurse
l'**ingénieur** *m*  engineer
**innombrable**  countless
**inquiet (inquiète)**  anxious
**inquiéter**  to disturb; **inquiétant(e)** disturbing
l'**inquiétude** *f*  anxiety, concern
s'**inscrire**  to register; **— dans** to be inscribed in, to be a part of
**installer**  to set up, to install; **s'—** to settle (down)
l'**instant** *m*  instant; **pour l'—** for the moment, at this point
l'**instruction** *f*  education
**instruire**  to educate
**interdire**  to forbid
**interdit(e)**  forbidden
**intéresser**  to interest; **s'— à** to be interested in
**intéressant(e)**  interesting
l'**intérêt** *m*  interest
**intérieur(e)**  inner; **intérieurement** inwardly
l'**intérieur** *m*  inner part; **à l'— de** inside (of)
**interroger**  to ask, to question, to poll, to quiz
**interrompre**  to interrupt
**intervenir**  to interfere

**intraduisible**  untranslatable
l'**intrigue** *f*  plot (of play, novel)
**inutile**  useless
l'**investissement** *m*  investment
**irlandais(e)**  Irish
**irremplaçable**  irreplaceable
**isoler**  to isolate
**issu(e) de**  born of, emanating from
l'**itinéraire** *m*  itinerary, career
l'**ivrogne** *m, f*  drunkard

# J

**jalouser**  to envy
à **jamais**  forever
le **jardin**  garden
le **jardinier (jardinière)**  gardener
**jaunir**  to turn yellow
**jeter**  to cast, to throw; **— la pierre** to cast (the first) stone, to criticize
le **jeu**  game; **mettre en —** to bring into play, to set in action
**jeune**  young; **les —** young people
la **jeunesse**  youth
**joli**  pretty
**jouer**  to play
**jouir de**  to enjoy
le **jour**  day; **de tous les —s** everyday
le **journal**  newspaper; **— télévisé** television news
la **journée**  day, daytime
le **jugement**  judgment, trial
**juger**  to judge, to try, to believe
le **jumeau (jumelle)**  twin
la **jupe**  skirt
le **juré**  juror; **jurer** to swear
**juridique**  legal, juridical
le **jus**  juice
**jusque, jusqu'à**  as far as, until, even; **jusqu'à ce que** until (+ clause)
**juste**  right, to the point, well founded; *adv* rightly, precisely

# K

le **kilo = kilogramme**  kilogram (2.2 pounds)
le **kilomètre**  kilometer (.62136 mile)

# L

**là**   there; **— -bas** over there
**laborieux (laborieuse)**   hard working
**lâche**   cowardly; **un —** coward
**laid(e)**   ugly
la **laideur**   ugliness
**laïc (laïque)**   lay, secular
**laisser**   to let, to leave, to lead
le **lait**   milk
le **langage**   speech, language
la **langue**   language, tongue
le **lapin**   rabbit
**large**   broad, wide
la **lassitude**   tedium
**laver**   to wash
le **lecteur (lectrice)**   reader
la **lecture**   reading
**léger (légère)**   light
la **légitimité**   legitimacy
le **lendemain**   next day
**lent(e)**   slow
la **lettre**   letter; **à la —** literally
**lettré(e)**   lettered, well-educated
la **leucémie**   leukemia
**lever**   to lift, to raise; **se —** to rise
la **liaison**   linkage, connection
**se libérer**   to free oneself
la **librairie**   bookstore
**libre**   free; **le— -service** self-service
    store
le **lien**   tie, link
**lier**   to tie, to link
le **lieu**   place, location; **au — de** instead
    of; **avoir —** to take place; **en**
    **premier —** in the first place;
    **donner — à** to give rise to; **les**
    **lieux** *pl* site, location
la **ligne**   line
la **limite**   limite; **à la —** in the most
    extreme case
**lire**   to read (**je lis, nous lisons;** *pp*
    **lu**)
le **lit**   bed
le **livre**   book
la **location**   rental, rent
le **logement**   housing, lodging
la **loi**   law, act (of legislature), rule
**loin**   far

le **loisir**   leisure, free time
**long (longue)**   long; **le — de**
    alongside; **au — de** during the
    whole course of (time)
**longuement**   at length
**lorsque**   when
**louer**   to rent; to praise
**lourd(e)**   heavy; **lourdement**
    ponderously
le **loyer**   rent, rental price
**luisant(e)**   shiny, glowing
la **lumière**   light
la **lutte**   struggle
le **luxe**   luxury
le **lycéen (lycéenne)**   student of a **lycée**

# M

le **magasin**   store; **grand —** department
    store
**maigre**   thin, skinny
la **main**   hand; **aux —s de** in the hands
    of
la **main d'œuvre**   manpower, labor
    force
**maintenant**   now
**maintenir**   to uphold, to hold back
la **mairie**   town hall
**mais**   but
la **maison**   house, establishment; **à la**
    **—** at home
le **maître**   master, teacher
**maîtriser**   to master
**majeur(e)**   major, of age (legal)
le **mal**   evil, harm, ailment; **faire (du)**
    **—** to hurt, to harm; **avoir du — à**
    **faire quelque chose** to have
    difficulty in doing something; **les**
    **maux** *pl* ailments
**mal** *adv* badly, ill; **— à l'aise** ill at
    ease
le **malaise**   discomfort, uneasiness
le **malentendu**   misunderstanding
**malgré**   in spite of
le **malheur**   misfortune
**malheureusement**   unfortunately
le **mandat**   (postal) money order
**manger**   to eat
**manier**   to handle

la **manifestation** (*argot*: la **manif**)   street demonstration

**manifeste**   obvious

**manifester**   to exhibit, to take part in a demonstration

le **manque**   lack

**manquer**   to miss (a target); **— de** to lack

le **manteau**   coat

la **marchandise**   goods, merchandise

la **marche**   step (of stairs), act of walking

le **marché**   market(place), deal; **— du travail** labor market: **les lois du —** rules of a market economy; **bon —** cheap, inexpensive

**marcher**   to walk; to work; **Ça marche!** It works!

le **mari**   husband

le **mariage**   marriage, wedding

se **marier**   to get married

la **marque**   mark, brand

**marquer**   to mark, to leave a mark on

la **masse**   mass; **movement de —** mass mouvement

le **matelas**   mattress

la **maternelle** (i.e., l'**école —**) kindergarten

**maudit** (*Canad.*)   that blasted fellow

**mauvais(e)**   bad, wrong, poor (quality, taste)

la **maxime**   motto

**mécontent(e)**   dissatisfied

le **médecin**   physician

la **méfiance**   suspicion

**méfiant(e)**   suspicious, distrustful

**meilleur(e)**   better; le, la **meilleur(e)**   the better (of two), the best

le **mélange**   mixture

**mêler, se — de**   to interfere with, to meddle in

**même**   same, self, very; *adv* even; **ici- —** in this very place; **— pas** not even; **— si** even if

la **mémoire**   memory

le **ménage**   household, housekeeping; **faire des —s** to work as a housekeeper

**mener**   to lead (**je mène, nous menons**)

**mentir**   to lie (**je mens, nous mentons**)

le **mépris**   scorn; **mépriser** to despise

la **merci**   mercy; **tenir à sa —** to hold at one's mercy

**mériter**   to deserve

**méritoire**   deserving, worthy

**merveilleux (merveilleuse)** wonderful

les **messageries** *f*   parcel delivery service

la **messe**   mass (church)

la **mesure**   measure; **à la — de** commensurate with; **à — que** as, in proportion as, even as

la **métamorphose**   transformation

le **métier**   trade, craft, skill

le **métrage**   length, **un court —** film short; **un long —** full-length film

le **métro**   subway

le **metteur en scène**   director (stage, film)

**mettre**   to put, to set, to place (**je mets, nous mettons;** *pp* **mis**)

le **meurtrier**   murderer

(le) **midi**   noon, south; **le Midi** the south of France

**mieux** *adv*   better; **le —** best

**mièvre**   fragile, affected (style)

le **milieu**   middle, milieu, environment; **les —x** *pl* spheres, circles

la **mi-juillet**   mid-July

**militer**   to be (politically) active, to militate

un **milliard**   billion

un **millier**   a thousand or so; **des —s** thousands

le **mineur**   minor (age); miner

le **ministre**   minister, secretary of state

la **mise en place**   setting, installation

la **mise en scène**   staging, direction (play, film)

la **misère**   extreme poverty

**mixte**   mixed, coed

la **mode**   fashion (clothes)

**modéré(e)**   moderate

le **modernisme**   modernity

**modeste**   modest, unpretentious, mediocre

les **mœurs** *f*   mores, customs
**moindre**   lesser; **le —** the slightest
**moins**   less; **— de** less than; **le —**
least; **au —** at least; **tout au —** at
the very least
le **mois**   month
la **moisson**   harvest, harvesting
la **moitié**   half; **à —** halfway
**momentanément**   temporarily
le **monde**   world, people; **du —** people,
company; **tout le —** everybody
la **monnaie**   change (of cash)
**monter**   to go up, to walk up; **— et
descendre** to walk up and down; **—
un spectacle** to stage a show
la **montre**   watch (clock)
**montrer**   to show; **se —** (+ *adj*) to
prove, to show oneself . . .
se **moquer de**   to make fun of
le **morceau**   piece
**mort(e)**   dead; **les —s de 14–18** the
dead of World War I
le **mot**   word
**mourir**   to die **(je meurs, nous
mourons, ils meurent;** *pp* **mort)**
se **mouvoir**   to move, to stir
**moyen (moyenne)**   average, medium
le(s) **moyen(s)**   means
le **mur**   wall

## N

**naguère**   lately
la **naissance**   birth
**naître**   to be born **(je nais, nous
naissons;** *pp* **né)**
le **navire**   ship
**navrant(e)**   sad, heartbreaking
**né(e)**   born (see **naître**)
**néanmoins**   nevertheless
le **néant**   nothingness
**nécessaire**   necessary
la **nécessité**   need, necessity
le **nègre**   Negro
**néo-rustique**   fake rustic (style)
**nettoyer**   to clean
**neuf (neuve)**   new
**neutre**   neutral
**nier**   to deny
**n'importe quel(le)**   any

le **niveau**   level
les **noces** *f*   wedding
**noir(e)**   black
le **nom**   name; **au — de** in the name of
le **nombre**   number
**nombreux (nombreuse)**   numerous
**nommer**   to name, to appoint; **se —**
to be named, to be called
le **nord**   north
**notamment**   especially, among others
**noter**   to observe, to note
**nouer**   to tie (a knot); **— des
connaissances** to make
acquaintances
**nouveau (nouvel, nouvelle)**   new; **de
—** again; **les nouveaux venus**
newcomers
**noyer**   to drown (someone); **se —** to
drown (oneself), to get drowned

## O

l'**obéissance** *f*   obedience
l'**objet** *m*   object
**obligatoire**   compulsory
**obtenir**   to obtain, to get, to secure
l'**occident** *m*   West, western world
**occidental**   western
**occupé(e)**   busy, employed, occupied
l'**œil** *m* (*pl* les **yeux**)   eye
l'**œuvre** *f*   work (*esp.* creative work);
**les bonnes —s** good works, charities
**offenser**   to offend
**offrir**   to offer
**onéreux (onéreuse)**   costly
**opiniâtre**   obstinate
**opposer à**   to pitch against, to
contrast with
l'**opprobre** *m*   disgrace
**or**   now, but, whereas
**oralement**   orally
**ordinaire**   ordinary, common,
customary
l'**ordre** *m*   order; **dans cet — d'idées**
in this line of thinking
**orphelin(e)**   orphaned
l'**orthographe** *f*   spelling
**oser**   to dare, to venture to
**oublier**   to forget
l'**ouest** *m*   west

**outre**  beyond; **en —** besides, furthermore; **territoire d'— -mer** overseas territory

l'**ouverture** *f*  opening, gap

l'**ouvrage** *m*  work

l'**ouvrier (ouvrière)**  worker (*esp.* blue collar); **la classe ouvrière** working class

**ouvrir**  to open (*pp* **ouvert**)

# P

le **pain**  bread

la **paix**  peace

le **pantalon**  trousers

la **papeterie**  stationery (store)

le **papier**  paper

**par**  by, through; **— -ci — -là** here and there, this way and that way; **—ailleurs** in other respects

**paraître**  to seem, to appear (**je parais, il paraît, nous paraissons; *pp* paru**)

le **parc**  park; **— à voitures** parking lot

**parce que**  because

**pardonner**  to forgive

**pareil**  similar

le(s) **parent(s)**  parent(s), relative(s)

la **parenté**  kinship, kin group, relatives

**parfois**  sometimes

**parfumer**  to perfume

**parlementaire**  parliamentary, congressional; **le(s) —(s)** member(s) of parliament, politician(s)

le **parking**  parking lot

**parler**  to speak, to talk

**parmi**  among

la **parole**  spoken word, speech; **prendre la —** to take the floor; **couper la — à** to interrupt; **la — est à M. X** Mr. X has the floor; **les — s** lyrics (of a song)

la **part**  share, part; **d'une — . . . d'autre —** on the one hand . . . on the other hand; **à —** except for, aside (from), apart (from)

**partager**  to share, to divide

**particulièrement**  particularly

la **partie**  part, game; **faire — de** to belong to

**partir**  to leave, to be off; **à — de** beginning with

**partout**  everywhere; **— ailleurs** anywhere else

**parvenir à**  to succeed at

le **passé**  past, time past

**passer**  to pass, to spend (time); **se —** to occur, happen, take place; **Qu'est-ce qui se passe?** What's going on?

se **passionner pour**  to become passionate about; **un passionné de...** an enthusiast, a fan of . . .

la **pâtisserie**  pastry, pastry shop

le **patron (patronne)**  boss, employer; **la —** *fig* lady of the house

le **patronat**  the employers (as an interest group)

la **pause**  break

**pauvre**  poor; la **pauvreté** poverty

le **pavillon**  small house

le **pays**  country

le **paysage**  landscape

le **paysan (paysanne)**  peasant

la **peau**  skin

la **pêche**  fishing

**pêcher**  to fish; le **pêcheur** fisherman

la **peine**  penalty, sorrow, difficulty; **à —** barely, hardly; **valoir la —** to be worth the trouble

**pendant**  during

**pénétrer**  to enter, to penetrate

**pénible**  hard, unpleasant

la **pensée**  thought

**penser**  to think

le, la **pensionnaire**  boarder

la **perception**  cashing (of a money order)

**perdre**  to lose

le **père**  father

**périssable**  perishable

**permanent(e)**  ceaseless, continuing

**permettre**  to permit, to allow, to make possible

le **personnage**  character, personality

le **personnel**  staff, personnel

la **perte**  loss

**peser**  to weigh

**petit(e)**  small, little; **les —s** the young (of an animal)

**pétrifiant(e)** petrifying, frightening
**pétrolier (pétrolière)** relative to oil;
le **navire** — oil tanker
(un) **peu** (a) little; **à — près**
approximately; — **coûteux** cheap
le **peuple** people, masses; **le petit —**
the common people
**peuplé(e)** populated
la **peur** fear; **avoir —** to be afraid
**peut-être** perhaps
le **pharmacien (pharmacienne)**
pharmacist
la **phrase** sentence
la **physique** physics
la **pièce** room, play (theater)
le **pied** foot
le **pignon** gable
la **pilule** pill
la **piste** track
le **pivot** swivel; *fig* key factor or
person
la **place** space, place, room; position,
job; public square; **mise en —**
positioning, installing
la **plage** beach
**plaindre** to pity; **se —** to complain
**plaire** to please, to be agreeable (*pp*
**plu**) **ça me plaît** I like it;
**plaisant(e)** pleasing, pleasant
le **plaisir** pleasure
le **plat** dish, plate, course (of a meal)
**plein(e)** full
**pleurer** to cry
la **pluie** rain
la **plupart** most, the greatest part
**plus** more; **le —** most; **ne... —** no
more; no longer; **non —** (not)
either; **jamais —** never again; **de**
**—en —** more and more; **en — de**
in addition to; **de —** furthermore
**plusieurs** several, many
**plutôt** rather
**pluvieux (pluvieuse)** rainy
le **poids** weight
une **poignée** a handful
le **point** point; **— de vue** point of
view; **faire le —** to get oriented
la **pointe** point (of coastline); ballpoint pen
**pointer** to punch the timeclock

la **poire** pear
**poli(e)** polite
le **policier** policeman
la **politique** politics, policy
le **polo** knit shirt
la **pomme de terre** potato
la **pompe** pump
la **porte** door
**porter** to carry, to wear, to bear
le **porteur** carrier
**poser** to set down, to place, to ask (a
question)
**posséder** to own; le **possesseur**
owner
la **poste** post office
le **poste** job, position
**poster** to mail; **se —** to position
oneself
la **poubelle** garbage can
la **poularde** fowl
la **poule** hen; le **poulet** chicken
**pourquoi** why
**poursuivre** to pursue, to go on, to
chase
**pourtant** however, though, yet
**pousser** to push, to grow
**pouvoir** to be able, can (**je peux,**
**nous pouvons, ils peuvent;** *pp* **pu**)
le **pouvoir** power; *fig* government,
regime
**pratique** practical
la **pratique** practice; **en —** in practice,
practically speaking
**pratiquer** to practice, to be familiar
with
le **pré** meadow
**préférer** to prefer
le(s) **préjugé(s)** prejudice
**premier (première)** first
**prendre** to take (**je prends, nous**
**prenons, ils prennent;** *pp* **pris**)
**près (de)** near, close (to)
**présenter** to offer, to present
**presque** almost, nearly
la **presse** press; **avoir bonne —** to
have a good press, a good image
se **presser** to hurry
la **pression** pressure
**prêt(e)** ready
**prétendre** to claim

la **prétention**   pretentiousness, claim
**prêter**   to lend; **se — à** to lend oneself to
la **preuve**   evidence, proof; **faire — de** to give proof, to show
le **prévenu**   the accused, the defendant
le **principe**   principle
le **printemps**   spring
la **prise de position**   stand (on an issue)
**privé(e)**   private
**priver de**   to deprive of
**privilégié(e)**   privileged
le **prix**   price; prize, award
le **procès**   trial, lawsuit
**prochain(e)**   next
**proche (de)**   near (to), neighboring
la **proclamation**   declaration, manifesto
**proclamer**   to proclaim, to announce
le **procureur**   public prosecutor
le **producteur**   producer
**produire**   to produce; le **produit** product
les **professions libérales**   the professions
**profiter**   to take advantage, benefit; to thrive
**profond(e)**   deep; **profondément** deeply
le **programme**   (school) curriculum
le **progrès**   progress
la **progression**   forward move
la **promenade**   walk, stroll
**promettre**   to promise
le **promoteur**   promoter, originator (of an idea)
**promotion: en —**   on special (sale)
le **propos**   remark; **à — de** in connection with, concerning; **à ce — in** this connection, while we are on this subject . . .
**propre**   clean; own; **— à** peculiar to, characteristic of
le, la **propriétaire**   owner
le **prosaïsme**   the commonplace
**prouver**   to prove
**provisoire**   temporary
**proximité** *f*: **à — de** in the vicinity of
le **public**   audience, public
**publicitaire** *adj*   advertising

la **publicité**   advertising
**publier**   to publish
**puis**   then, afterward, next; **et —** and then, moreover
**puisque**   since, seeing that
la **puissance**   power, strength
**puissant(e)**   powerful
**punir**   to punish
**pur(e)**   pure; **purement** purely
la **pureté**   purity, clearness (of the sky)

# Q

**quand**   when
**quant à**   as for, as to
le **quart**   quarter, one-fourth part
le **quartier**   section of a town, quarter, ward
**quel(le)**   what, which; **— que soit...** whatever (whichever, whoever) . . . may be
**quelconque**   any (whatever); ordinary, commonplace
**quelque**   some, any
**quelquefois**   sometimes, occasionally
les **quenelles** *f*   fishballs or meatballs
la **querelle**   quarrel
la **question**   question, issue; **il est — de** the issue is to . . . , there is some talk of; **Pas —!** Out of the question!
la **quête**   search, quest
la **queue**   waiting line; **faire la —** to queue, to wait in line
la **quinzaine**   approximately fifteen, fortnight
**quitter**   to leave
**quoi que** ( + *subj*)   what(ever) . . . may . . .
**quoique**   although, though, albeit
le **quotidien**   daily paper, daily routine

# R

**raconter**   to tell, to narrate
**raffiné**   polished, refined
**ragaillardir**   to reinvigorate
la **raison**   reason, motive, justification; **avoir —** to be right, justified
**rajeunir**   rejuvenate

**ramasser**  to pick up; **car de ramassage (des enfants)** school bus

**ramener**  to repatriate; to bring (someone) back

se **ramifier**  to branch out, to spread

**rapide**  swift

le **rapport**  report, relationship; **par — à** with respect to, compared to

**rapporter**  to bring back, to fetch

**raréfier**  to make scarce

**rarement**  rarely, seldom

**ras le bol** *(argot)*  up to here; **en avoir —** to be fed up

**rater**  to miss; **un raté** a failure (person)

**rattraper**  to catch up (with)

le **rayon**  department (of a store)

le **réalisateur (d'un film)**  film maker

**réaliser**  to carry out (*Franglais*: to realize)

la **réalité**  reality; **en —** actually

**recenser**  to survey, to take a census of

le **récepteur**  (receiving) set (radio or TV)

la **recette**  recipe

**recevoir**  to receive, to get, to welcome **(je reçois, nous recevons, ils reçoivent;** *pp* **reçu)**

la(les) **recherche(s)**  research, search; **à la —de** in search of

le **récit**  narrative, account

**réclamer**  to demand, to claim, to complain

la **récolte**  crop, harvest

la **récompense**  reward

**reconnaissant(e)**  grateful, thankful

se **recruter**  to be recruited

**recueillir**  to gather, to shelter

**redevenir**  to become again

**redoubler**  to double, to repeat (a year at school)

la **réduction**  discount

**réduire**  to reduce

**réellement**  actually, in reality, truly

**refaire**  to remake, to do over again

**refermer**  to close back

**réfléchir**  to reflect, to think, to ponder

**refléter**  to reflect, to mirror

le **refus**  refusal

le **regard**  look, glance, stare

**regarder**  to look at, to watch

la **règle**  rule

la **réglementation**  regulating, regulation

**régler**  to regulate, to settle (bill, account)

le **règne**  reign; *fig* incumbency, administration

le **regroupement**  regrouping, consolidation

**(se) regrouper**  to regroup

**rejoindre**  to rejoin, to join, to catch up

**relié(e) à**  linked to

**remarquer**  to observe, to notice, to remark

**rembourser**  to reimburse

**remplacer**  to replace

**remplir**  to fill

**remporter (la victoire)**  to win, to achieve

la **rencontre**  encounter, meeting; **à la — de** in discovery of

**rencontrer**  to meet, to run across

le **rendement**  output, productivity

**rendre**  to give back, to return, to render (justice); **se — compte** to realize

**renforcer**  to reinforce

**renier**  to deny, to disclaim, to reject

le **renoncement**  sacrifice

le **renouveau**  revival

le(s) **renseignement(s)**  information, directions

**renseigner**  to inform; **se —** to make inquiries

**rentrer**  to go (come) home

**renvoyer**  to send back, to throw back

le **repas**  meal

**répandre**  to spread out

**répéter**  to repeat

le **répit**  respite, breathing spell

**répondre**  to answer, to respond

la **réponse**  answer, response

**reposer**  to set down; **se —** to rest;

**reposant(e)** restful

**représentant** representing; **le —** representative

la **représentation** performance (stage)

**réprimer** to repress, to suppress

**reprocher (quelque chose à quelqu'un)** to reproach (someone with something)

le **réquisitoire** public prosecutor's concluding speech

le **réseau** network

**réservé(e)** reserved

**résister à** to withstand

**résolu** *pp of* **résoudre**

**résoudre** to solve, to resolve

la **responsabilité** responsibility, liability

le, la **responsable** the person responsible for; the person in charge

**ressentir** to feel, to experience

**ressortir** to go (come) out again; to stand out

le **reste** remainder, rest

**rester** to stay, to remain, to be left

les **restrictions** *f* limitations, reservations

la **résultante** consequence, result

le **résultat** result, outcome; **proclamer les —s d'un concours** to announce the winners of a contest

le **retard** delay; **en —** late, delayed

**retenir** to retain, to remember

se **retirer** to withdraw

**retomber** to fall back, to fall down again

**retourner** to return, to go (come) back; to turn inside out

la **retraite** retirement

**retrouver** to meet, to find (again), to rediscover; **se — d'accord** to find oneself in agreement

la **réunion** meeting, gathering

**réunir** to gather, **se —** to congregate

**réussir** to succeed; la **réussite** success

le **rêve** dream

**révélateur (-trice)** revealing

se **révéler** to reveal oneself as

**revendiquer** to justify, to claim

**revenir** to come back

le(s) **revenu(s)** income

**rêver** to dream

se **révolter** to revolt

**rien** nothing; **— d'exceptionnel** nothing exceptional; **— que** merely, just

**rire** to laugh; **le —** laughter

**risquer** to take a chance

la **robe** woman's dress, gown

le **roman** novel; **— policier** detective novel; le **romancier** novelist

**rond(e)** round

**rose** rosy

**rouge** red

le **rouleau** roll, roller

**rouler** to drive (vehicle)

la **route** road

la **rue** street

**ruiner** to ruin; **être ruiné(e)** to be impoverished

# S

le **sabot** wooden shoe

le **sac** bag, purse

le **sachet** small bag

**sage** wise, good; **un enfant —** a good child

s'**agir de:** see **agir**

**saignant(e)** rare (of meat)

**sain(e)** healthy, wholesome

**saisir** to seize, to grasp

la **saison** season

le **salaire** wages, salary

le, la **salarié(e)** wage earner

le **salaud** *fam* despicable individual

**sale** dirty

**salir** to soil, to get dirty

la **salle** hall, (large) room; **— de bain** bathroom; **— (de théâtre)** house; **—(de séjour)** living room

**Salut!** Hi! Howdy!

le **samedi** Saturday

le **sang** blood; **en —** bloody, raw

**sangloter** to sob

**sans** without

le **sans-cœur** cruel person

la **santé** health

**satané(e)** devilish, confounded

**satisfaire**  to satisfy
le **savant**  scientist
**savoir**  to know (**je sais, nous savons, ils savent;** *pp* **su;** *pres part* **sachant); avoir su** to discover, to find out
**savoureux (-se)**  flavorful
la **scène**  stage, scene; family squabble; **mettre en —** to stage
le **schéma**  outline, blueprint
**scolaire**  (of, relative to) school
le **score**  score, tally
**sécher un cours**  to skip a class
**secouer**  to shake
le **secteur**  sector, area
**séduire**  to captivate, to seduce
**au sein de**  in the midst of
le **séjour**  stay, residence; **permis de —** residence permit
**selon**  according to; **— que** depending on whether . . .
la **semaine**  week
**semblable**  similar
**semblant: faire —**  to pretend
**sembler**  to seem, to appear
**semer**  to sow (seed)
le **sens**  sense, direction, meaning; **le bon —** common sense
**sensé**  sensible
le **sentiment**  feeling, sensation
**sentir**  to feel, to experience, to smell (of) **se — bien** to feel good
**séparer**  to separate
les **séquelles** *f*  sequels, aftermath
la **série**  series, succession
la **serveuse**  waitress
le **service**  service, agency, division (in a bureaucracy); **chef de —** division chief; **15 ans de —** 15 years in the (armed) services
se **servir de**  to use
**seul(e)**  lonely, single, alone; only
**seulement**  only, except (for the fact) that
**sévère**  stern, strict
**si**  if, while, though
**si** *adv*  so, so much, such, as
le **siècle**  century
le **siège**  seat, headquarters

**signaler**  to make conspicuous, to point out
**signer**  to sign
**significatif**  significant
la **signification**  meaning, significance
**signifier**  to mean, to signify
le **singe**  monkey, ape
**singulier**  singular, peculiar, odd
**sinon**  if not, unless, or else
la **situation**  position, job
**situer**  to place, to locate; **se —** to be located, to stand
**sobre**  sober, temperate, unadorned
le,la **sociologue**  sociologist
**soi**  oneself, him(her)self, itself
**soigner**  to nurse, to take care of; **langage soigné** polished forms of speech; **cuisine soignée** refined cuisine
le **soir**  evening, nightfall, night
la **soirée**  evening, evening party, night out
**soit... soit**  either . . . or
le **soleil**  sun
**solide**  robust
**solliciter**  to invite, to stimulate
le **somme**  nap
la **somme**  sum, whole; **en —** in sum
le **sommeil**  sleep
le **sommelier**  wine waiter, cellarman
le **sommet**  summit, peak
le **sondage**  sounding, public opinion survey
**songer**  to think, to consider, to dream
la **sorte**  kind, species; **de toutes —** of all kinds; **faire en — que** to see to it that
**sortir**  to go out; **la sortie** coming out, going out, outing, night out; exit
le **sou**  penny; **sans le —** penniless; **des —s** money; **trois —s** very little money; *adj* **de quatre —s** two-bit
le **souci**  concern, worry; **sans —** carefree
**souffrir**  to suffer, to endure (*pp* **souffert**)
le **souhait**  wish; **souhaiter** to wish

**soulever**   to lift (up), to raise (a problem)

**soumettre**   to submit, to subdue (*pp* **soumis**)

la **soumission**   subordination

**soupçonner**   to suspect

**souple**   flexible, lithe (of body)

**sourd(e)**   deaf

**sourire**   to smile

**sous**   under

**souvent**   often

le **spectacle**   show; **le monde du —** show business circles

**su**   *pp of* **savoir; j'ai su** I discovered, learned

les **subordonnés** *m*   underlings, subordinates

**subsister**   to last

la **subvention**   subsidy

**succéder à**   to succeed, to come after; **se —** to follow (one another) in succession

le **sud**   south

**suffire (à)**   to suffice, to be sufficient (for)

**suivant**   following, according to

**suivant(e)**   next, following

**suivre**   to follow, to attend (a course) (**je suis, nous suivons;** *pp* **suivi**)

**superbe**   superb, haughty

**supérieur(e)**   higher, upper-ranking, superior

**supplémentaire**   additional

**supporter**   to sustain, to endure, to withstand

**supposer**   to assume

**supprimer**   to suppress, to cancel

**sur soixante**   out of sixty

**surprenant(e)**   surprising

**surtout**   above all, especially

**susciter**   to arouse, to instigate

**suspect(e)**   suspicious, fishy

**sympathique**   pleasant, congenial

le **syndicat**   labor union

# T

le **tabac**   tobacco

la **table**   table; **une bonne —** a good restaurant

le **tableau**   board, blackboard; table (chart); painting

le **tablier**   apron

la **tâche**   task

la **taille**   size

se **taire**   to be (keep) silent (**je me tais, nous nous taisons;** *pp* **tu**)

**tandis que**   while, whereas

**tant de**   so much, so many

**Tant mieux!**   So much the better!

**tant que**   as much as, as long as

**taper:— à la machine**   to type

**tard**   late

le **tas**   heap; **des — de** lots of

la **taverne**   bar, tavern

**tel(le)**   such, like

la **télé = télévision**

le **téléviseur**   television set

**tellement**   so (to such a degree)

le **témoignage**   testimony

**témoigner**   to testify, to show; **— de** to testify to, to attest

le **témoin**   witness

le **temps**   time, weather; **au — de** in the days of; **de — en —** from time to time

**tenace**   stuborn (hard to get rid of)

**tenir**   to hold, to keep (**je tiens, nous tenons, ils tiennent;** *pp* **tenu**); **— à** to value (**il y tient**), to insist, to be due to (**cela tient à...** ); **— de** to take after

la **tentation**   temptation

la **tentative**   attempt

**tenter**   to tempt, to attempt

**terminer**   to finish, to complete

le **terrain**   a piece of land

la **terre**   soil, earth, ground; **par —** on the floor, ground

**terrestre**   earthbound

**terrible**   awful, dreadful

le **territoire**   territory

la **tête**   head; **par —** per capita

la **thérapeutique**   cure

le **tiers**   (one)-third (part); third party

**timide**   shy

**tirer**   to pull, to draw, to shoot

le **titre**   title; **au même — que** at the same level as, with as much justification as le **toit**   roof

le **tombeau**   grave

**tomber**   to fall

le **ton**   tone; **sur ce —** in this tone of
voice

**tôt**   early

**toujours**   always, ever, still

le **tour**   turn, spin; **faire un —** to go
for a ride

la **tour**   tower

**tourmenter**   to torment

**tourner**   to turn, to mill around, to
circumvent, to shoot (a film)

**tous**   see **tout(e)**

le **tout**   the whole

**tout** *adv*   quite, very; **— comme** just
as; **— en jouant** while playing; **— à
fait** quite

**tout** *invar*   all, everything; **en —
pour —** all in all; **à — prendre** all
things considered

**tout(e), tous, toutes** *pl adj*   any,
every, all, whole

**traduire**   to translate, to express

le **train**   train; pace, mood; **être en —**
to be in a good mood; **être en —
de** to be in the process of (doing)

le **trait**   feature

le **trajet**   journey, ride

**trancher**   to slice, to decide abruptly,
to cut in bluntly

**tranquille**   quiet, still

**transiter**   to move (travel) through

le **travail**   work, labor; **marché du —**
job market; **groupe de —** working
party; *pl* **les travaux** construction
work, chores

**travailler**   to work, to labor

le **travailleur**   working man; **les —s**
workers, the working class

**travailleur (travailleuse)**
hardworking

**à travers, au — de**   through

**très**   very, (very) much

**tricher**   to cheat

**triste**   sad, deplorable, unsavory

**tromper**   to fool, to betray, **se
tromper** to make a mistake

**trôner**   to sit proudly

**trop**   too, too much, too many; **de —**
in excess, superfluous, unwelcome

le **trottoir**   sidewalk; **faire le —** to be a
streetwalker

le **trou**   hole

**troubler**   to disturb

**trouver**   to find; **se —** to be located;
to find oneself (condition)

la **tunique**   tunic

la **tutelle**   guardianship; administrative
control

le **tuteur**   guardian; (admin.) supervisor

**tutoyer**   to address someone as "**tu**"
(showing either lack of respect or
familiarity)

le **tuyau**   pipe

## U

s'**unifier**   to become unified,
amalgamated

**uniforme**   solid, lacking in variety

s'**unir**   to get united, to join forces

les **uns**   some (people)

**Untel: Monsieur —**   Mr. X, Mr. So-
and-so

l'**urbaniste** *m, f*   city planner

l'**usage** *m*   use (of something), usage,
custom

l'**usager** *m*   user (of a public utility)

**user**   to wear out, to wear down; **—
de** to make use of

l'**usine** *f*   factory, industrial plant

**usité(e)**   in use

**utiliser**   to use, to utilize

## V

les **vacances** *f*   holidays, vacation

la **vache**   cow; *argot* stinker,
policeman

**vaillamment**   valiantly

**vaincre**   to overcome, to conquer, to
defeat (**je vaincs, il vainc(t), nous
vainquons;** *pp* **vaincu**)

le **vaisseau**   vessel, ship

la **vaisselle**   dishes, crockery;
dishwashing

**valable**   valid, sound

la **valeur** value, asset

**valoir** to be worth, to deserve (**je vaux, il vaut, nous valons, ils valent;** *pp* **valu**); **il (ça) vaut mieux** it is better; **faire —** to point out; **ça lui a valu des ennuis** it brought him trouble

**varié(e)** diverse, varied

**vécu:** see **vivre**

la **veille** the day before, the eve

la **veine** luck

le **vélomoteur** moped

le **velours** velvet

le, la **vendeur (vendeuse)** salesperson

**vendre** to sell

**venir** to come (**je viens, nous venons, ils viennent;** *pp* **venu**); **— de faire quelque chose** to have just done something

le **vent** wind; **Du —!** Beat it!

la **vente** sale

le **ventre** belly, stomach

**véritable** real, genuine

**véritablement** truly

la **vérité** truth

**vernir** to varnish

le **verre** glass; **prendre un —** to have a drink

**vers** toward

la **veste** jacket

le **vestiaire** cloakroom

les **vêtements** *m* clothes

**vêtir** to clothe (*pp* **vêtu**)

la **viande** meat

les **victuailles** victuals, food

**vider** to empty

la **vie** life; **à —** for life

le **vieillard** old man

**vieillir** to grow old

**vieux (vieille)** old

**vif (vive)** alive, vivid, sharp; **sur le —** live, candid, from life

le, la **villageois(e)** villager, village dweller

la **ville** city

le **vin** wine

une **vingtaine** approximately twenty

**vint** *ps of* **venir**

la **virulence** aggressiveness

le **visage** face

**viser** to aim, to take aim

**vite** quickly

la **vitrine** store window

**vivre** to live (**je vis, nous vivons;** *pp* **vécu**)

le **vœu** wish

la **voie** way, track

**voir** to see (**je vois, nous voyons;** *pp* **vu**)

**voisin(e)** neighboring, next door

la **voiture** car, carriage

la **voix** voice, vote

**voler** to fly; to steal

les **volontaires** *m* volunteers

**volontiers** willingly, readily

**volubile** talkative

**vouloir** to will, to want, to wish (for) (**je veux, nous voulons, ils veulent;** *pp* **voulu**); **en — à quelqu'un** to have a grudge against someone

le **voyage** trip, journey

**voyager** to travel

**vrai(e)** real, true

**vraiment** really, indeed

# W

**wallon (wallonne)** Walloon

la **Wallonie** the French-speaking part of Belgium

**w.c.** water closet, toilet

# X

**xénophobe** xenophobic

# Y

**y** *adv* there, here; **vous — êtes** you are there; of it, on it, at it; *pron:* used with all verbs constructed with **à, chez, dans** and other prep. implying location; **je m'— attendais** I was expecting it; **j'— pense souvent** I often think of it; **ça — est!** It's over! That's it!

les **yeux** *m pl of* **œil**

# Z

**Zut!** Rats! Darn it!

## Permissions

We wish to thank the authors, publishers, and holders of copyrights for their permission to reprint the following excerpts:

Pierre Barouh, "La Bicyclette."

"Lycée: Le diagnostic du Docteur Prost" from *L'Express*, février 1984.

Maurice Maschino, "Le Point de vue d'un professeur" from *Voulez-vous vraiment des enfants idiots?* Hachette, Paris, 1984.

"Les lycéens: une furieuse envie de changement" and "Que faire après le bac?" from *L'Étudiant*, février 1983.

Odile Cuaz, "L'angoisse des prépas" from *Le Nouvel Observateur*, janvier 1984.

Catherine Vallabrègue, "Vie sociale et culturelle des étudiants" from *La Condition étudiante*. Editions Payot, Paris, 1970.

Elisabeth Schemla, "Femmes de demain" from *L'Express*, mars 1975, and "Vendeuses" from "Trois semaines à Prisunic" from *L'Express*, janvier 1974.

Josyane Savigneau, "Un enfant pour elles toutes seules" from *La Société française en mouvement*. Dossiers et Documents du Monde.

Armand Bégué and Laurence Wylie, "Conception traditionnelle de l'éducation des enfants" from *Les Français*. Wylie//Bégué, *Les Français*, © 1970, pp. 102–105. Reprinted by permission of Prentice-Hall, Inc., Englewood Cliffs, New Jersey.

Christiane Rochefort, "Naître ou ne pas naître" from *Les Petis Enfants du siècle*. Editions Bernard Grasset.

Jean Mauduit, "La démission des parents" from *La Révolte des femmes*. Librairie Arthème Fayard.

Pierre Miquel, "L'urbanisation" from *Economie et société dans la France d'aujourd'hui. Collection Où en est la France?* Editions Fernand Nathan, 1971.

Alain Prévost. "Un Paysan de la Beauce" from *Grenadou, paysan français*. Editions du Seuil.

Edgar Morin, "Tradition et modernisme dans une commune bretonne" from *Commune en France*. Librairie Arthème Fayard, 1967.

Jean Ferniot, "Nous sommes heureux" from *Pierrot et Aline*. Editions Bernard Grasset, 1973.

Jérôme Duhamel, "Histoire d'un travailleur immigré" from *Abderhaman, voici mon histoire*. Textes Paris-Match.

Michel Labro, "Les Enfants de la V^{ème}" from *L'Express*, octobre 1983.

Michel Heurteaux, "Fonctionnaires de père en fils" from *Le Monde-Dimanche*, 8 janvier 1984.

"La Recette d'Antoine: Casser les Habitudes." Interview d'Antoine Riboud par Franz-Olivier Giesbert et Jacques Mornand from *Le Nouvel Observateur*, janvier 1984.

Régis Debray, "La Puissance et les rêves" from *La Puissance et les rêves*. Editions Gallimard, Paris, 1984.

Marcel Haedrich, "Elle disait..." from *Coco Chanel Secrète*. Editions Robert Laffont, 1971.

Jean-François Revel, "Parlons cuisine" from *Un Festin en Paroles*. Editions Jean-Jacques Pauvert, 1979.

J. P. N'Diaye, "France: la deuxième patrie" from *Enquête sur les Etudiants noirs en France*. Présence Africaine.